REMARKS ON THE
PHILOSOPHY OF PSYCHOLOGY
Volume II

BEMERKUNGEN ÜBER DIE PHILOSOPHIE DER PSYCHOLOGIE

Ludwig Wittgenstein

BAND II

Herausgegeben von
G. H. VON WRIGHT
und
HEIKKI NYMAN

The University of Chicago Press

REMARKS ON THE PHILOSOPHY OF PSYCHOLOGY

Ludwig Wittgenstein

VOLUME II

Edited by
G. H. von WRIGHT
and
HEIKKI NYMAN

Translated by
C. G. LUCKHARDT *and* M. A. E. AUE

The University of Chicago Press

BF
38
.W76513
1988
V 2

154832

Feb. 1992

The University of Chicago Press, Chicago 60637
Basil Blackwell, Oxford

© 1980 by Basil Blackwell. All rights reserved
Published 1980. Paperback edition 1988
Not previously published in German
Printed in Great Britain

Library of Congress Cataloging in Publication Data
Wittgenstein, Ludwig, 1889–1951.
  Remarks on the philosophy of psychology.
  Translation of: Bemerkungen über die Philosophie
der Psychologie.
  Remarks on the philosophy of psychology / Ludwig
Wittgenstein; edited by G. E. M. Anscombe and G. H.
von Wright; translated by G. E. M. Anscombe. Chicago:
University of Chicago Press; Oxford: Basil Blackwell,
1980.
    2 v.; 21 cm.
  Added t.p.: Bemerkungen über die Philosophie der
Psychologie. English and German.
  Vol. 2 edited by G. H. von Wright and H. Nyman;
translated by C. G. Luckhardt and A. E. Aue.
    ISBN: 0-226-90433-4 (v. 1); 0-226-90436-9 (pbk.)
    ISBN: 0-226-90434-2 (v. 2); 0-226-90437-7 (pbk.)
    1. Psychology—Philosophy.   I. Anscombe, Gertrude
Elizabeth Margaret.   II. Wright, Georg Henrik von, 1916–
III. Nyman, Heikki.   IV. Title.   V. Title: Bemerkungen
über die Philosophie der Psychologie.   80-52781

VORWORT ZUM BAND II

Die Unterlage dieses zweiten Bandes der *Bermerkungen über die Philosophie der Psychologie* ist das Typoskript Nr. 232. Es wurde von Wittgenstein wahrscheinlich im September oder Oktober 1948 diktiert. Die zugrundeliegenden Aufzeichnungen stammen aus der Zeit vom 19. November 1947 bis 25. August 1948 (MSS 135–137). Die Textstellen, die unrichtig oder unklar waren, haben wir auf Grund eines genauen Vergleichs mit den handschriftlichen Quellen zu berichtigen versucht. Bei dieser Arbeit haben uns die Übersetzer des deutschen Textes ins Englische, die Herren C. G. Luckhardt und M. A. E. Aue, wertvolle Ratschläge erteilt. Wir danken ihnen für ihre Bereitwilligkeit, uns zu helfen.

Helsinki   *Georg Henrik von Wright*
                                                  Heikki Nyman

PREFACE

The source of this second volume of *Remarks on the Philosophy of Psychology* is TS No. 232. Wittgenstein probably dictated it in September or October 1948. The remarks underlying this dictation stem from the period 19 November 1947 to 25 August 1948, MSS 135–137. The places in the text that were faulty or obscure we have tried to amend by an exact collation with the MS sources. During this task we received valuable suggestions from the translators of the German text into English, C. G. Luckhardt and M. A. E. Aue. We thank them for their readiness to help us.

Helsinki   *Georg Henrik von Wright*
                                                  Heikki Nyman

TRANSLATORS' NOTE

We have followed two principles in translating this material. First, since the text contains many passages already translated in *Zettel*, and a few passages from Part II of the *Investigations*, we had to decide between preparing an entirely new translation of these remarks, and following Professor Anscombe's translations as closely as possible. Since our translation would not differ significantly from hers, and because any minor stylistic differences might produce confusion, we decided upon the latter course. Few of these parallel passages are absolutely identical, however, and so almost all deviations from Professor Anscombe's translations should be taken as reflecting differences in the German texts.

Second, we have tried to preserve Wittgenstein's highly individual style of writing. For example, the quite large number of both ordinary dashes and specially long dashes, and the different uses to which Wittgenstein puts them, contribute to the vividness of his writing, as does the unusual practice of following a hypothetical subjunctive with a statement in the past tense. ("Suppose that someone were to.... Now did he...?", for example.) These we have retained. Another facet of Wittgenstein's writing which cannot fail to strike the German reader is his choice of words. Most of his verbs are very ordinary ones, and so we have "put into", for example, rather than "infuse". Likewise there is a noticeable lack of philosophical jargon in the text, and so "value judgment" is deliberately used, not "normative judgment". The German text is laced with Anglicisms, Austrianisms, and colloquialisms, and we have tried to retain the flavour of these in the translation.

We wish to express our thanks to Professor G. E. M. Anscombe for her time and diligence in going over our translation with us, and to the American Philosophical Society, whose generous travel grant made a visit to her possible. Also, we wish to thank Dean Glenn Thomas and the Dean's Advisory Committee on Research, of Georgia State University, for the release time and a travel grant which enabled us to complete the translation, and the University Research Committee of Emory University for its travel support.

C. G. Luckhardt
Georgia State University
Maximilian A. E. Aue
Emory University

II

1. 'Überraschung' und die *Empfindung* des raschen Einziehens des Atems.

2. "Ich hoffe unentwegt, . . ." im Gegensatz zu "Ich hoffe, du wirst kommen!". Dies heißt ungefähr das Gleiche wie: "Du wirst doch kommen!"

3. Man sagt "Ich wünsche . . ." normalerweise gewiß nicht auf Grund einer Selbstbeobachtung – es ist eben Wunschäußerung – es kann aber doch vorkommen, daß man einen Wunsch durch Beobachtung der eigenen Reaktionen erkennt, entdeckt. Wenn du nun fragst "Erkennst du in so einem Fall *dasselbe*, was du im andern durch die *Äußerung* ausdrückst, – so liegt in der Frage ein Fehler. (Als fragte man: Ist es derselbe Sessel, den ich sehen kann und auf dem ich sitzen kann?)

4. Ich sage "Ich hoffe, du wirst kommen", aber nicht "Ich glaube: ich hoffe, du wirst kommen"; wohl aber wäre es möglich zu sagen: "Ich glaube, ich hoffe noch immer, er werde kommen". [*Zettel* 79; in anderen Zusammenhängen wird der bloße Buchstabe Z *Zettel* vertreten.]

5. "Aber *erlebt* man nicht die Bedeutung?" "Aber hört man nicht das Klavier?" Jede der beiden Fragen kann sachlich und begrifflich gemeint sein, d.h.: gebraucht werden. (Zeitlich, oder zeitlos.)

6. Er sagt "Ich will jetzt ausgehen", plötzlich sagt er "Nein" und tut etwas anderes. Als er "Nein" sagte, fiel ihm plötzlich ein, er wolle zuerst . . . – Er sagte "Nein"; aber *dachte* er auch "Nein"? Dachte er eben nicht an jene andere Angelegenheit? Man kann sagen, er dachte an sie. Er mußte dazu aber weder laut noch im Stillen einen Gedanken aussprechen. – Er könnte freilich später die Absicht in einen Satz kleiden. Zur Zeit des Wechsels mochte ihm ein Bild vorgeschwebt haben, oder aber er sagte nicht nur "Nein", sondern irgend *ein* Wort, das Äquivalent eines Bildes. Wollte er etwa zuerst den Schrank zuschließen, so sagte er vielleicht "Der Schrank!"; wollte er erst die Hände waschen, so sah er sie etwa an und verzog das Gesicht. "Aber ist das Denken?" – Ich weiß es nicht. Sagt man denn in so einem Falle nicht, Einer habe sich etwas 'überlegt', er habe sich anders 'besonnen'?

II

1. 'Surprise' and the *sensation* of suddenly catching one's breath.

2. "I strongly hope . . .", as opposed to "I hope you'll come". This means approximately the same as "Surely you'll come!"

3. Surely one doesn't normally say "I wish . . ." on grounds of self-observation, for this is merely an expression of a wish. Nevertheless, you can sometimes perceive or discover a wish by observing your own reactions. If you now ask me, "Do you recognize the *same thing* in such a case as you express by the *utterance* in the other case?", then there is already a mistake in the question. (As if someone asked, "Is the chair I can see the same as the chair on which I can sit?")

4. I say "I hope you'll come", but not "I believe I hope you'll come", but we may well say: "I believe I still hope he'll come." [*Zettel* 79: henceforth Z will stand for *Zettel*.]

5. "But doesn't one *experience* meaning?" "But doesn't one hear the piano?" Each of these questions can be meant, i.e., used, factually or conceptually. (Temporally, or timelessly.)

6. He says "I want to go out now", then suddenly says "No", and does something else. As he said "No", it suddenly occurred to him that he wanted first of all to . . . – He said "No", but did he also *think* "No"? Didn't he just think about that other thing? One can say he was thinking about it. But to do that he didn't have to pronounce a thought, either silently or out loud. To be sure, he could later clothe the intention in a sentence. When his intentions changed maybe a picture was in his mind, or he didn't just say "No", but some *one* word, the equivalent of a picture. For example, if he wanted to close the closet then maybe he said "The closet!"; if he wanted to wash his hands he might have looked at them and made a face. "But is that thinking?" – I don't know. Don't we say in such cases that someone has "thought something over", has "changed his mind"?

Aber muß er zu *diesem* Denken unbedingt eine Sprache beherrschen lernen? Könnte nicht ein 'intelligentes' Tier so handeln? Man hat es abgerichtet, einen Gegenstand von dort und dort zu holen und ihn dorthin zu bringen. Es geht nun, ohne den Gegenstand dem Ziele zu, kehrt plötzlich um (*als hätte es gesagt* "Ach, ich habe . . . vergessen!") und holt den Gegenstand, etc. Sähen wir so etwas, so würden wir sagen: es sei in ihm, in seinem Geiste, damals etwas vorgefallen. Und was ist denn in *mir* vorgefallen, wenn ich so handle? "Nicht gar viel" möchte ich sagen. Und was innen vorgeht, ist nicht wichtiger, als was äußerlich, durch Sprechen, Zeichnen, etc. vorgehen kann. ((Woraus du lernen kannst, wie das Wort "denken" gebraucht wird.))

7. Denk dir nun, Einer habe einen Bau aufzuführen, mit Bausteinen, oder 'Mechano'. Er probiert nun verschiedene Stücke, versucht sie zusammenzupassen, macht vielleicht eine Skizze, etc. etc. Nun sagt man, er habe bei dieser Tätigkeit *gedacht!* – Gewiß, man unterscheidet so dies Tun von einem sehr anders gearteten. Aber ist es eine gute Beschreibung dieses Unterschieds: in einem Falle gehe mit dem manuellen Tun noch etwas anderes einher? Könnte man etwa dieses Andere isolieren, und es geschehen lassen, ohne die übrige Tätigkeit?

Es ist nicht wahr, daß Denken eine Art Sprechen ist, wie ich einmal sagte.[1] Der Begriff 'denken' ist vom Begriff 'sprechen' kategorisch verschieden. Aber natürlich ist das Denken keine Begleitung des Sprechens, noch sonst irgend eines Vorgangs.

Das heißt: man kann z.B. den 'Denkvorgang' nicht unbegleitet vor sich gehen lassen. Er hat auch nicht Abschnitte, die den Abschnitten der andern Tätigkeit (des Redens z.B.) entsprechen. D.h.: wenn man von einem 'Denkvorgang' redet, so ist er so etwas wie das Operieren (schriftlich oder mündlich) mit Zeichen. Das Schließen und Rechnen könnte man einen 'Denkvorgang' nennen.

8. Es wäre auch nicht ganz falsch, das Sprechen 'das Instrument des Denkens' zu nennen. Aber man kann nicht sagen, der Sprechvorgang sei ein Instrument des Denkvorgangs; oder die Sprache gleichsam der Träger des Gedankens, wie etwa die Töne eines Lieds die Träger der Worte genannt werden können.

9. Man kann das Wort "denken" so verwenden, daß es, beiläufig gesprochen, ein Reden zu einem Zweck bezeichnet, d.h. also, ein Sprechen oder Schreiben, ein Sprechen in der Vorstellung, sozusagen ein 'Kopfsprechen'.

[1] Vgl. *Tagebücher* 12.9.1916. (*Herausg.*)

But is it absolutely necessary that he gain the command of a language for *this* kind of thinking? Couldn't an "intelligent" beast act this way? It has been trained to fetch an object from one place and take it to another. Now it starts walking toward the goal without the object, suddenly turns around (*as if it had said* "Oh, I forgot . . .!") and fetches the object, etc. If we were to see something like this we would say that at that time something had happened within it, in its mind. What then has happened within *me* when I act this way? "Not much at all," I would like to say. And what happens inside is no more important that what can happen outside, through speaking, drawing etc. ((From which you can learn how the word "thinking" is used.))

7. Now imagine that someone has to construct something with blocks, or 'Meccano'. He tries out different pieces, tries to combine them, maybe even makes a sketch, etc., etc. Now one says that he *has been thinking* during this activity! – To be sure, in saying this one distinguishes this action from another of a very different sort. But is it a good description of this difference to say that in the one case something else accompanies the manual activity? Could one isolate this something else, perhaps, and make it occur without the other activity?

It isn't true that thinking is a kind of speaking, as I once said.[1] The concept 'thinking' is categorically different from the concept 'speaking'. But of course thinking is neither an accompaniment of speaking nor of any other process.

This means that it is impossible to have the "thought-process", for example, proceed unaccompanied. Nor does it have divisions which correspond to the divisions of other activities (speaking, for example). That is, when we do speak of a "thought-process" it is something like operating (in writing or orally) with signs. Inferring or calculating might be called a "thought-process".

8. Likewise it wouldn't be completely wrong to call speaking "the instrument of thinking". But one can't say that the process of speaking is an instrument of the process of thinking, or that language is, as it were, the carrier of thought, as, for example, the notes of a song might be called the carriers of the words.

9. The word "thinking" can be used to signify, roughly speaking, a talking for a purpose, i.e., a speaking or writing, a speaking in the imagination, a "speaking in the head", as it were.

---

[1] Cf. *Notebooks* 12.9.1916. (*Eds.*)

10. Man sagt "Überleg dir, was du sagen willst, ehe du sprichst". *Eine* Form dies zu tun, ist: sich die Rede leise vorsagen oder aufschreiben und Korrekturen anbringen. Man sagt sich etwa einen Satz vor, schüttelt den Kopf, sagt "Das ist zu lang" etc.; sagt den Satz wieder in einer anderen Form.

11. Man könnte etwa, was Denken ist, beschreiben, indem man den Unterschied zwischen einem Geistesschwachen und einem normalen Kind, das zu denken anfängt, beschreibt. Wollte man die Tätigkeit angeben, die der Normale lernt, der Geistesschwache nicht lernen kann, man könnte sie nicht aus ihrem Benehmen herausklauben.

12. Das Wort "Denken" wird in gewisser Weise sehr anders gebraucht als zum Beispiel "Schmerzen haben", "traurig sein", etc.: Man sagt nicht "Ich denke" als Äußerung eines Seelenzustands. Höchstens "Ich denke nach". "Laß mich in Ruh; ich denke über . . . nach." Und damit meint man natürlich nicht "Laß mich in Ruh; ich benehme mich jetzt so und so." Also ist "Denken" kein Benehmen.

13. "Ich dachte 'der Stab ist zu lang, ich muß einen Andern probieren'." – Als ich das dachte, sagte ich mir vielleicht gar nichts, – vielleicht ein oder zwei Worte. Und doch ist der Bericht nicht unwahr (oder kann doch wahr sein). Er hat eine Verwendung. Man sagt z.B. "Ja, ich hab dir zugeschaut und hab mir gedacht, daß du dir das gedacht hast".

14. "Der Mensch denkt, fühlt, wünscht, glaubt, will, weiß." Das klingt wie ein vernünftiger Satz. So wie: "Der Mensch zeichnet, malt, modelliert." Oder: "Der Mensch kennt Saiteninstrumente, Blasinstrumente . . ." Der erste Satz ist eine Aufzählung alles dessen, was der Mensch mit seinem Geiste tut. Aber so, wie man zum Satz über die Instrumente die Frage stellen kann "Und kennt der Mensch nicht auch Instrumente, die aus quiekenden Mäusen bestehen?" und die Antwort darauf wäre: Nein—so müßte es zu der Aufzählung der Geistestätigkeiten auch eine Frage geben der Art: "Und können die Menschen nicht auch . . . ?"

15. Jemand sagt: "Der Mensch hofft." Wie hätte man das naturgeschichtliche Phänomen zu beschreiben? – Man könnte ein Kind beobachten und warten, bis es eines Tages Hoffnung äußert; und man könnte dann sagen: "Heut hat es zum ersten Mal gehofft." Aber das klingt doch seltsam! Obwohl es ganz natürlich wäre zu sagen "Heut hat es zum ersten Mal gesagt 'ich hoffe'". Und warum seltsam? Man

10. We say, "Think about what you want to say before you speak". One way of doing this is to recite one's speech softly to oneself, or to write it down and make corrections. For instance, one might recite a sentence, shake his head, say "That is too long", etc., and then restate the sentence in another form.

11. What thinking is might be described by describing the difference between someone feeble-minded and a normal child who is beginning to think. If one wanted to indicate the activity which the normal person learns and which the feeble-minded cannot learn, one couldn't derive it from their behaviour.

12. The word "thinking" is used in a certain way very differently from, for example, "to be in pain", "to be sad", etc.: we don't say "I think" as the expression of a mental state. At most we say "I'm thinking". "Leave me alone, I'm thinking about. . . ." And of course one doesn't mean by this: "Leave me alone, I am now behaving in such and such a way." Therefore 'thinking' is not behaviour.

13. "I thought: 'this stick is too long, I must try another one'." While thinking that maybe I said nothing at all to myself, maybe one or two words. And yet this report is not untrue (or at any rate it may be true). It has a use. We say, for example, "Yes, I watched you and I thought that you were thinking that".

14. "Man thinks, feels, wishes, believes, intends, wants, knows." That sounds like a reasonable sentence, just like "Man draws, paints, models", or "Man is acquainted with string instruments, wind instruments, . . .". The first sentence is an enumeration of all those things man does with his mind. But just as one could add: "And isn't man also acquainted with instruments made from squealing mice?" to the sentence about the instruments – and the answer would be "No" —so there must be added to the enumeration of the mental activities a question of this kind: "And can't men also . . .?"

15. Someone says: "Man hopes." How should this phenomenon of natural history be described? – One might observe a child and wait until one day he manifests hope; and then one could say "Today he hoped for the first time". But surely that sounds queer! Although it would be quite natural to say "Today he said 'I hope' for the first time". And why queer? One does not say that a suckling hopes

sagt doch nicht von einem Säugling, er hoffe . . ., und man sagt es doch vom Erwachsenen. – Nun, das tägliche Leben wird nach und nach zu dem, worin für Hoffnung Raum ist. [Z 469a.]

16. Ich habe in diesem Fall den Ausdruck "eingebettet" gebraucht, gesagt, die Hoffnung, der Glaube, etc. sei im menschlichen Leben, in allen den Situationen und Reaktionen, die das menschliche Leben ausmachen, eingebettet. Das Krokodil hofft nicht, der Mensch hofft. Oder: Vom Krokodil kann man nicht sagen, es hofft; aber vom Menschen.

Wie aber müßte sich ein Mensch verhalten, von dem man sagen würde: er hoffe nie? – Die erste Antwort ist: Ich weiß es nicht. Eher könnte ich schon sagen, wie ein Mensch sich benehmen müßte, der sich nie nach irgend etwas sehnt; oder der sich nie über irgend etwas freut; oder der nie erschrickt, oder sich vor nichts fürchtet.

17. Furchtbenehmen bei Furchtanlässen (etc.) ist ein Phänomen unseres Lebens. Aber Furcht? – Nun, man könnte sagen, statt "Ich fürchte mich": "Das Phänomen der Furcht zeigt sich in mir"; wobei man nicht an das eigene *Benehmen* denkt. Könnte man dann aber im gleichen Sinne sagen: "Das Phänomen der Furcht zeigt sich in ihm"?

18. Wenn ich jemandem sage: "Die Menschen denken, fühlen, . . .", so mache ich ihm, scheint es, eine *naturgeschichtliche* Mitteilung. Sie soll ihm etwa den Unterschied des Menschen von den Tierarten zeigen. Kann er sie aber exemplifizieren, indem er sagt "Ja; ich selbst z.B. sehe jetzt"? Ist denn "Ich sehe . . ." eine naturgeschichtliche Mitteilung über mich? Würde es nämlich nicht ebenso gut sein, wenn ich sagte "Ich sehe nicht"?

19. "Der Mensch denkt, fürchtet sich, etc. etc.": das könnte man etwa Einem antworten, der gefragt hat, welche Kapitel ein Buch über Psychologie enthalten soll. [Z 468.]

20. Woher nehmen wir den Begriff 'denken', den wir hier betrachten wollen? Aus der Alltagssprache. Was unsrer Aufmerksamkeit zuerst ihre Richtung gibt, ist das Wort "denken". Aber der Gebrauch dieses Worts ist verworren. Und wir können es nicht anders erwarten. Und das läßt sich natürlich von allen psychologischen Verben sagen. Ihre Verwendung ist nicht so klar, und so leicht zu übersehen, wie die der Wörter der Mechanik z.B. [Z 113.]

21. Es ist mit den psychologischen Wörtern etwa so, wie mit denen, die aus der Sprache des Alltags in die der Mediziner übergehen. ("Schock.")

that . . ., but one does say it of a grown-up. – Well, bit by bit daily life becomes such that there is a place for hope in it. [Z 469a.]

16. In this case I have used the term "embedded", have said that hope, belief, etc., were embedded in human life, in all of the situations and reactions which constitute human life. The crocodile doesn't hope, man does. Or: one can't say of a crocodile that it hopes, but of man one can.

But how would a human being have to act for us to say of him: he never hopes? The first answer is: I don't know. It would be easier for me to say how a human being would have to act who never yearns for anything, who is never happy about anything, or who is never startled or afraid of anything.

17. Fear behaviour on fearful occasions (etc.) is a phenomenon of our life. But fear? Well, instead of "I am afraid" one could say "The phenomenon of fear is occurring in me", in which case one doesn't think of his own *behaviour*. But then could one say in the same sense, "The phenomenon of fear is occurring in him"?

18. If I tell someone "Men think, feel, . . .", it seems I am making a statement of *natural history* to him. It might be intended to show him something about the difference between man and the various kinds of animals. But could one give an example of this by saying, "Yes, I myself, for instance, am now seeing"? Then is "I see . . ." a statement of natural history about myself? Couldn't I just as well say, "I am not seeing"?

19. "Man thinks, is afraid, etc. etc.": that is the reply one might give to someone who asked what chapters a book on psychology should contain. [Z 468.]

20. Where do we get the concept 'thinking' from, which we now want to consider here? From everyday language. What first fixes the direction of our attention is the word "thinking". But the use of this word is tangled. Nor can we expect anything else. And that can of course be said of all psychological verbs. Their employment is not so clear or so easy to get a synoptic view of, as that of terms in mechanics, for example. [Z 113.]

21. Psychological words are similar to those which pass over from everyday language into medical language. ("Shock.")

22. Ich sage Einem: "Die Menschen denken." Er fragt mich: "Was ist *denken*?" – Nun erkläre ich ihm den Gebrauch dieses Worts. Aber ist danach jener erste Satz noch eine Mitteilung?

((Könnte nicht eine Ameise so zu einer Ameise sprechen?))

23. "Die Menschen denken, die Heuschrecken nicht." Das heißt etwa: Der Begriff 'denken' bezieht sich auf das Leben der Menschen, nicht der Heuschrecken. Und diese Mitteilung könnte man Einem machen, der das deutsche Wort "denken" nicht versteht und etwa irrtümlich glaubt, es beziehe sich auf etwas, was Heuschrecken tun.

24. "Heuschrecken denken nicht." Wohin gehört das? – Ist es ein Glaubensartikel, oder gehört es in die Naturgeschichte? Wenn das letztere, so sollte es etwa ein Satz sein wie: "Heuschrecken können nicht lesen und schreiben." Dieser Satz hat einen klaren Sinn, und wenn er vielleicht auch nie verwendet wird, so ist es doch leicht, sich eine Verwendung für ihn vorzustellen.

25. "Eine Dampfmaschine hat einen Kreuzkopf, eine Dampfturbine nicht." Wem, in welchem Zusammenhang, würde man das sagen?

26. "Kann ein Mensch verstehen, was 'lesen' ist, es sei denn, er könne selber lesen; kann er verstehen, was 'fürchten' ist, ohne Furcht zu kennen; u.s.w.?" Nun, ein Analphabet kann doch gewiß sagen, er könne nicht lesen, aber sein Sohn habe es gelernt. Ein Blinder kann sagen, er sei blind und die Leute um ihn seien sehend. "Ja, aber meint er nicht doch etwas anderes mit den Worten 'blind' und 'sehend', als der Sehende?" Worauf beruht es, daß man das sagen will? Nun, wenn Einer nicht wüßte, wie ein Leopard ausschaut, so könnte er doch sagen und verstehen "Dieser Ort ist sehr gefährlich, es gibt Leoparden dort". Man würde aber doch vielleicht sagen, er weiß nicht, was ein Leopard ist, also nicht, oder nur unvollständig, was das Wort "Leopard" bedeutet, bis man ihm einmal ein solches Tier zeigt. Nun kommt es uns mit den Blinden ähnlich vor. Sie wissen, sozusagen, nicht, wie sehen ist. – Ist nun 'Furcht nicht kennen' analog dem 'nie einen Leoparden gesehen haben'? Das will ich natürlich verneinen. [Z 618, von "Ein Blinder kann sagen" an.]

27. Die Frage ist: Was für Sprachspiele kann, der die Furcht nicht kennt, eo ipso, nicht spielen?

Man könnte da z.B. sagen: er würde einer Tragödie ohne Verständnis zuschauen. Und man könnte das so erklären: Wenn ich den Andern in einer furchtbaren Lage sehe, auch wenn ich selbst gar nichts zu fürchten habe, so kann ich schaudern, aus Mitgefühl

22. I tell someone: "Human beings think." He asks me, "What is *thinking?*" – Now I explain the use of this word to him. But when I have finished, is the first sentence still a piece of information?
   ((Couldn't an ant speak this way to an ant?))

23. "Human beings think, grasshoppers don't." This means something like: the concept 'thinking' refers to human life, not to that of grasshoppers. And one could impart this to a person who doesn't understand the English word "thinking" and perhaps believes erroneously that it refers to something grasshoppers do.

24. "Grasshoppers don't think." Where does this belong? – Is it an article of faith, or does it belong to natural history? If the latter, it ought to be a sentence something like: "Grasshoppers can't read and write." This sentence has a clear meaning, and even though it is perhaps never used, still it is easy to imagine a use for it.

25. "A steam engine has a crosshead, a steam turbine doesn't." To whom, and in what context, would one say that?

26. "Can a human being understand what 'reading' is unless he himself can read, can he understand what 'fearing' is without knowing fear, etc.?" Well, an illiterate man can certainly say that he can't read but that his son has learned how. A blind man can say that he is blind and the people around him sighted. "Yes, but doesn't he after all mean something different from a sighted man when he uses the words 'blind' and 'sighted'?" What is the ground of one's inclination to say that? Well, if someone did not know what a leopard looked like, still he could say and understand "That place is very dangerous, there are leopards there". He would perhaps all the same be said not to know what a leopard is, and so not to know, or not completely, what the word "leopard" means, until he is shown such an animal. Now it strikes us as being the same with the blind. They don't know, so to speak, what seeing is like. – Now is 'not knowing fear' analogous to 'never having seen a leopard'? That, of course, I want to deny. [Z 618, beginning at "A blind man can say".]

27. The question is: What kind of language-games can someone who is unacquainted with fear *eo ipso* not play?
   One could say, for example, that he would watch a tragedy without understanding it. And that could be explained this way: When I see someone else in a terrible situation, even when I myself have nothing to fear, I can shudder, shudder out of sympathy. But

schaudern. Wer aber die Furcht nicht kennte, täte das nicht. *Wir* fürchten uns *mit ihm,* auch wenn wir nichts zu fürchten haben; und *das* ist es, was Jener nicht kann. Wie ich mein Gesicht schmerzlich verziehe, wenn man dem Andern Schmerz zufügt.

28. Gut; aber wäre es nicht denkbar, daß Einer, der den Schmerz nie gefühlt hat, ihn in der Form des Mitleids dennoch empfände? Er würde also, was immer ihm geschähe, nicht stöhnen, wohl aber, wenn einem Andern Schmerz zugefügt wird.

Aber ob wir nun von Diesem sagen würden, er habe Mitleid? Ob wir nicht sagen würden: "Es ist eigentlich kein Mitleid, weil er ja eigenen Schmerz gar nicht kennt." – ? Oder man könnte sich in so einem Fall denken, daß die Leute sagten, diesem Menschen habe Gott ein Gefühl für das Leid, die Furcht des Andern gegeben. So etwas würde man vielleicht eine Intuition nennen.

29. "Die Menschen denken manchmal." Wie habe ich gelernt, was "denken" heißt? – Es scheint, ich kann es nur gelernt haben, indem ich mit Menschen lebte. – Man könnte sich freilich denken, daß Einem das Leben der Menschen im Film vorgeführt würde, oder daß er das Leben nur beobachten dürfte, ohne mitzutun. Er würde ihr Leben dann etwa verstehen, wie wir das Leben der Fische verstehen, oder gar der Pflanzen. Von Lust und Leid etc. der Fische können wir nicht reden.

30. Ich meine aber natürlich nicht: Er kann es, erfahrungsgemäß, nicht verstehen, wenn er das Leben nicht mitlebt (als sagte man: man kann Rudern nicht lernen, indem man bloß Andern beim Rudern zuschaut) – sondern gemeint ist: Ich würde von mir nicht (noch vom Andern) sagen, wir verstünden die Lebensäußerungen, die uns fremd sind. Und hier gibt es natürlich Grade.

31. Das Denken kann man keine Erscheinung nennen; wohl aber kann man von 'Erscheinungen des Denkens' reden, und Jeder wird wissen, was für Erscheinungen da gemeint sind.

32. Man kann offenbar sagen: "Denk an Zornanlässe und Zorner- scheinungen (Zornbenehmen)."

Nenne ich aber den *Zorn* eine Erscheinung, so muß ich *meinen* Zorn, meine Zornerfahrung eine Erscheinung nennen. (Eine Er- scheinung meines Innenlebens etwa.)

33. Sieh es einmal rein behaviouristisch an: Jemand sagt: Der Mensch denkt, wünscht, freut sich, ist zornig, etc. Denk, es sei hier nur von

someone who is unacquainted with fear wouldn't do that. *We* are afraid along *with the other person*, even when we have nothing to fear; and it is *this* which the former cannot do. Just as I grimace when someone else is being hurt.

28. Good; but isn't it conceivable that someone who has never felt pain could still feel it in the form of pity? So no matter what happened to him he wouldn't groan, but would whenever someone else was being hurt.

But would we really say that he feels pity? Wouldn't we say, "It really isn't pity because he isn't acquainted with any pain of his own" — ? Or we could imagine people saying in such a case that God has given this man a feeling for the sorrow or fear of others. One might call something like that an intuition.

29. "Human beings sometimes think." How did I learn what "thinking" means? — It seems I can only have learned it by living with people. — To be sure, one could imagine seeing human life in a film, or being allowed merely to observe life without participating in it. Anyone who did this would then understand human life as we understand the life of fish or even of plants. We can't talk about the joy and sorrow, etc., of fish.

30. But of course I don't mean that as a matter of experience one can't understand it if he doesn't join in living (as if one were to say: no one can learn how to row merely by watching others rowing). — Rather, I mean that I wouldn't say either of myself (or of others) that we understood manifestations of life that are foreign to us. And here, of course, there are degrees.

31. Thinking cannot be called a phenomenon, but one can speak of "phenomena of thinking", and everyone will know what kinds of phenomena are meant.

32. Clearly, one can say: "Think about occasions for anger and phenomena of anger (anger–behaviour)."

But if I call *anger* a phenomenon then I have to call *my* anger, my experience of anger, a phenomenon. (A phenomenon of my inner life, for instance.)

33. Look at it purely behaviouristically: Someone says, "Man thinks, wishes, is happy, angry, etc.". Imagine that these words were only

gewissen Formen des Verhaltens bei gewissen Anlässen die Rede. Man könnte sich vorstellen, wer so vom Menschen redet, habe diese Verhaltungsweisen zuerst bei andern Wesen beobachtet und sage nun, beim Menschen ließen sich diese Erscheinungen auch beobachten. Das wäre also, wie wenn wir dies von einer Tierart sagten.—

34. Plötzlich lächle ich und sage . . . Als ich lächelte, war mir der Gedanke gekommen.
    Worin bestand er? Er bestand in gar nichts; denn das Bild, oder Wort, etc., das etwa auftauchte, war nicht der Gedanke.

35. Ich würde gerne sagen: Die Psychologie hat es mit bestimmten *Aspekten* des menschlichen Lebens zu tun.
    Oder auch: mit gewissen Erscheinungen — aber die Wörter "denken", "fürchten", etc. etc. bezeichnen *nicht* diese Erscheinungen.

36. "Wie ist es aber möglich, daß man ein Ding einer *Deutung* gemäß sieht?" — Die Frage stellt diese als ein seltsames Faktum dar; als wäre hier etwas in eine Form gezwängt worden, was eigentlich nicht hineinpaßt. Aber es ist hier kein Drücken und Zwängen geschehen. [*Philosophische Untersuchungen* II, xi, S. 200, Absatz e.]

37. Und nun ist das Merkwürdige, daß man sozusagen nicht weiß, was man tut, wenn man die Figur einmal als *das*, einmal als *das* ansieht, oder sieht. Das heißt, man ist versucht, zu fragen "Wie mache ich das?", "Was sehe ich eigentlich anderes?" — Und darauf erhält man keine relevante Erklärung zur Antwort.

38. Denn nicht das ist die Frage: was ich mache, wenn . . . (dies könnte nur eine psychologische Frage sein) — sondern, welche Bedeutung die Äußerung hat, was sich aus ihr entnehmen läßt, welche Folgen sie hat.

39. Wer den Aspektwechsel nicht empfände, wäre nicht geneigt zu sagen: "Jetzt sieht es ganz anders aus!" oder "Es ist als hätte sich das Bild verändert, und hat sich doch nicht verändert!" oder "Die Form ist gleich geblieben und doch hat sich etwas verändert; etwas, was ich die Auffassung nennen möchte und was man sieht!" —

40. Etwas einmal als *das*, einmal als *das* sehen, könnte ein bloßes *Spiel* sein. Man redet zum Kind einmal in dieser Weise — etwa: "Jetzt ist es . . .! jetzt . . .!" — und es reagiert; ich meine, es lacht, macht nun verschiedene solche Übungen (so, als hätte man es darauf auf-

about certain forms of behaviour on certain occasions. One could suppose that whoever talks about human beings in this way had first observed these kinds of behaviour in other beings and was now saying that these phenomena could also be observed in human beings. That would be like our saying this of a species of animals.—

34. Suddenly I smile and say "...". When I smiled the thought had occurred to me.

Of what did it consist? It consisted of nothing at all; for the picture or word, etc., which may perhaps have appeared was not the thought.

35. I would like to say: Psychology deals with certain *aspects* of human life.

Or: with certain phenomena. – But the words "thinking", "fearing", etc., etc. do *not* refer to these phenomena.

36. "But how is it possible to *see* a thing according to an *interpretation*?" – The question represents it as a queer fact; as if something were being forced into a form it did not really fit. But no squeezing, no forcing took place here. [*Philosophical Investigations* II, xi, p. 200, paragraph e.]

37. Now the strange thing is that one doesn't know, as it were, what he is doing when he regards or sees the figure now as *this*, now as *that*. That is, one is inclined to ask, "How am I doing that?" "What other thing am I actually seeing?" – And as an answer to this one gets no relevant explanation.

38. For the question is not, 'What am I doing when ....?' (for this could only be a psychological question) – but rather, 'What meaning does the statement have, what can be deduced from it, what consequences does it have?'

39. Anyone who failed to perceive the change of aspect would not be inclined to say, "Now it looks completely different!", or "It seems as if the picture had changed, and yet it hasn't!", or "The form has remained the same, and yet something has changed, something which I should like to call the conception, and which is seen!" –

40. To see something first as *this* and then as *that* could be a mere *game*. One could speak to a child in this way – for instance: "Now it is ...!, now ...!", and it reacts; I mean it laughs, and now it practices the thing in various ways (as if you were to point out that

merksam gemacht, daß die Vokale Farben haben). Ein anderes Kind empfindet weder diese Farben, noch versteht es, was mit jener Änderung gemeint ist.

41. Wie aber, wenn man *diesem* Kind die Aufgabe stellte, die Gestalt $\mathcal{4}$ in der Figur aufzusuchen?[1] (Dies könnte eine Aufgabe im ersten Unterricht der Kinder sein.) Könnte es die Aufgabe nicht lösen (oder die, eine Reihe verschiedener Gestalten in jener Figur zu finden), wenn es sich einer Aspektänderung nicht bewußt wird, nicht sagen möchte, die Figur ändere sich irgendwie, werde zu einem anderen Gebilde, oder dergleichen?

42. Du sagst, der normale Mensch sähe die Figur [2] als zwei Kreise von einer Geraden durchschnitten. Aber wie zeigt sich das? Wenn er die Figur etwa kopiert, soll ich sagen, es zeige sich darin, *wie* er's tut? Wenn er die Figur mit Worten beschreibt, zeigt es sich darin, welche Beschreibung er wählt? Diese Wahl könnte durch die Bequemlichkeit der Darstellung bestimmt sein. Ja, wenn das Kind auf verschiedene Arten der zeichnerischen Wiedergabe (Reihenfolgen der Striche) käme, wäre *das* unser Kriterium für den Wechsel des Aspekts? – Wenn es aber sagt "Jetzt ist es . . . – jetzt . . .", wenn es redet, als *sähe* es jedesmal einen anderen Gegenstand, dann werden wir sagen, es sieht die Figur auf verschiedene Weisen.

43. Das Wesentliche am Sehen ist, daß es ein *Zustand* ist, und ein solcher in einen anderen umschlagen kann. Aber wie weiß ich, daß er in einem solchen Zustand ist? nicht also in einem, der einer Disposition vergleichbar ist, wie das Wissen, das Verstehen oder eine Auffassung. Was ist das logische Charakteristikum so eines Zustands?

44. Denn, sagen, man erkenne ihn eben als solchen, wenn man ihn *habe*, ist Unsinn. Denn *woran* erkennt man ihn?
   (Das Kriterium der Identität.)

45. Ich will von einem 'Bewußtseinszustand' reden, und das Sehen eines bestimmten Bildes, das Hören eines Tons, eine Schmerzempfindung, Geschmacksempfindung, etc. so nennen. Ich will sagen: Glauben, Verstehen, Wissen, Beabsichtigen, u.a. seien nicht Be-

---

[1] Das Typoskript enthält keine Figur. Wir haben sie dem entsprechenden Manuskript entnommen. (*Herausg.*)
[2] Wir haben die Figur der entsprechenden Manuskriptstelle entnommen. (*Herausg.*)

vowels have colours). Another child neither perceives these colours nor understands what is meant by that change of aspect.

41. But what if *this* child were given the problem of locating the configuration ϟ in the figure $\bigodot$?[1] (This could be included as a problem in the child's first lessons.) Would he be unable to solve this problem (or one of finding a series of different configurations in that figure) if he were not aware of a change of aspect, if he were not inclined to say that the figure was somehow changing, becoming a different pattern, or something like that?

42. You say that a normal person would see the figure $\bigcirc\!\!-\!\!\bigcirc$ [2] as two circles cut through by a straight line. But how does that come out? If he copies the figure, for example, should I say it comes out in the *way* he does it? If he describes the figure verbally, does it come out in the description he chooses? This choice could be determined by the convenience of representing it this particular way. Even if the child hit upon different ways of reproducing it pictorially (a different sequence of lines), would *that* be our criterion for the change of aspect? – But if he says, "Now it is ... – now ...", if he talks as if he *saw* a different object every time, then we'll say that he sees the figure in different ways.

43. The essential thing about seeing is that it is a *state*, and such a state can suddenly change into another one. But how do I know that a person is in such a state, and therefore is not in one comparable to a disposition, like knowing, understanding, or having a conception? What are the logical characteristics of such a state?

44. For to say that one recognizes the state as a state whenever one *is in it* is nonsense. *By what* does he recognize it?
    (The criterion of identity.)

45. I want to talk about a "state of consciousness", and to use this expression to refer to the seeing of a certain picture, the hearing of a tone, a sensation of pain or of taste, etc. I want to say that believing, understanding, knowing, intending, and others, are not states of

---

[1] The typescript contains no figure. We have taken it from the corresponding manuscript. (*Eds.*)
[2] Ibid. (*Eds.*)

wußtseinszustände. Wenn ich diese letzteren für einen Augenblick "Dispositionen" nenne, so ist ein wichtiger Unterschied zwischen Dispositionen und Bewußtseinszuständen, daß eine Disposition durch eine Unterbrechung des Bewußtseins, oder eine Verschiebung der Aufmerksamkeit nicht unterbrochen wird. (Und das ist natürlich keine kausale Bemerkung.) Man sagt wohl überhaupt kaum, man habe etwas seit gestern "ununterbrochen" geglaubt, oder verstanden. Eine Unterbrechung des Glaubens wäre aber eine Periode des Unglaubens, nicht z.B. die Abwendung der Aufmerksamkeit von dem Geglaubten, oder z.B. der Schlaf.

(Der Unterschied zwischen 'knowing' und 'being aware of'.) [Z 85, von "Man sagt wohl überhaupt kaum" an.]

46. Das ist wohl der Punkt, an dem man sagt, man könne dem *Andern* eben nur die Form mitteilen, nicht aber den Inhalt. – So redet man also zu sich selbst *über den Inhalt!* und was heißt das? (Wie 'beziehen' sich meine Worte auf den mir bewußten Inhalt? und zu welchem Zweck?) [Z 87.]

47. Wir ziehen in diesen Betrachtungen oft, was man 'Hilfslinien' nennen kann. Wir machen Konstruktionen wie die des 'seelenlosen Stamms' – die am Schluß aus der Betrachtung herausfallen. Daß sie herausfielen, mußte gezeigt werden.

48. "Schmerz ist ein Bewußtseinszustand, Verstehen nicht." – "Nun, ich *fühle* eben das Verstehen nicht." – Aber diese Erklärung tut's nicht. Es wäre auch keine Erklärung zu sagen: Was man in irgend einem Sinne *fühlt*, ist ein Bewußtseinszustand. Das hieße ja nur: Bewußtseinszustand = Gefühl. (Man hätte nur ein Wort durch ein anderes ersetzt.) [Z 84.]

49. Beobachte dich beim Schreiben, und wie die Hand die Buchstaben formt, ohne daß du es eigentlich veranlaßt. Du fühlst wohl etwas in deiner Hand, allerlei Spannungen und Drücke, aber daß *die* dazu nötig sind, diese Buchstaben zu erzeugen, davon weißt du nichts.

50. Wo es echte Dauer gibt, da kann man Einem sagen: "Merk auf und gib mir ein Zeichen, wenn das Bild, das Geräusch, etc. sich ändert.

Es gibt da überhaupt ein Aufmerken. Während man nicht das Vergessen des Gewußten, u. dergl., mit der Aufmerksamkeit verfolgen kann. [Z 81.]

consciousness. If for the moment I call these latter "dispositions", then an important difference between dispositions and states of consciousness consists in the fact that a disposition is not interrupted by a break in consciousness or a shift in attention. (And that of course is not a causal remark.) Really one hardly ever says that one has believed or understood something "uninterruptedly" since yesterday. An interruption of belief would be a period of unbelief, not, e.g., the withdrawal of attention from what one believes, or, e.g., sleep.

(The difference between 'knowing' and 'being aware of'.) [Z 85, beginning at "Really one".]

46. This is likely to be the point at which it is said that only form, not content, can be communicated to *others*. – So one talks to oneself *about the content*. And what does that mean? (How do my words 'relate' to the content I know? And to what purpose?) [Z 87.]

47. In these considerations we often draw what can be called "auxiliary lines". We construct things like the "soulless tribe" – which drop out of consideration in the end. That they dropped out had to be shown.

48. "Pain is a state of consciousness, understanding is not." – "Well, the thing is, I don't *feel* my understanding." – But this explanation achieves nothing. Nor would it be any explanation to say: What one in some sense *feels* is a state of consciousness. For that would only mean: State of consciousness = feeling. (One word would merely have been replaced by another.) [Z 84.]

49. Look at yourself when you are writing, and notice how your hand forms the letters without your actually causing it to do so. To be sure, you feel something in your hand, all sorts of tensions and pressures, but that *they* are necessary to produce these letters is something which you know nothing about.

50. Where there is genuine duration one can tell someone: "Pay attention and give me a signal when the picture, the rattling etc. alters."

Here there *is* such a thing as paying attention. Whereas one cannot follow with attention the forgetting of what one knew or the like. [Z 81.]

51. Denk an das Sprachspiel: Bestimm mit der Stoppuhr, wie lange der Eindruck dauert. Man könnte so nicht die Dauer des Wissens, Könnens, Verstehens bestimmen. [Z 82.]

52. "Aber die Verschiedenheit von Wissen und Hören liegt doch nicht einfach in so einem Merkmal, wie die Art ihrer Dauer. Sie sind doch ganz und gar grundverschieden!" Freilich. Aber man kann eben nicht sagen: "*Wisse* und *höre*, und du wirst den Unterschied merken!" [Z 83.]

53. Man kann nicht das Wissen und das Hören betrachten und sehen, wie verschieden sie sind. Wie man nicht Fichtenholz und einen Tisch betrachten kann, um einen Eindruck von ihrer Verschiedenheit zu kriegen.

54. Wenn ich, um mir den Unterschied der *Begriffe* Wissen und Sehen vorzuführen, das Sprachspiel mit der Stoppuhr z.B. anwende, so macht dies freilich den Eindruck, als zeigte ich eine äußerst dünne Unterscheidung, wo die wirkliche doch enorm ist.

Aber dieser enorme Unterschied liegt eben darin (so möchte ich immer sagen), daß die beiden Begriffe ganz anders in unsern Sprachspielen eingebettet sind. Und der Unterschied, auf den ich aufmerksam machte, war eben nur ein Hinweis auf diese durchgehende Verschiedenheit.

55. Das Kind lernt "Ich weiß das jetzt" und "Ich höre das jetzt"; aber Gott! wie verschieden die Anlässe, die Anwendung, Alles! Wie kann man den Gebrauch überhaupt vergleichen? Es ist schwer zu sehen, wie man sie zusammenstellen soll, um Unterschiede anzugeben.

Wo der Unterschied so groß ist, da ist es schwer auf eine Unterscheidung hinzuweisen.

56. Ich kann sagen "So und ähnlich wird dieses Wort verwendet, so und ähnlich jenes."

Die Vergleichbarkeit ist schwer zu sehen; nicht der Unterschied.

57. Der gemeinsame Unterschied aller Bewußtseinszustände von den Dispositionen scheint mir zu sein, daß man sich nicht durch Stichproben überzeugen muß, ob sie noch andauern. [Z 72.]

58. Man muß daran denken, daß es einen Zustand der Sprache geben kann (und wohl gegeben hat), in welchem sie den allgemeinen Begriff der Sinnesempfindung nicht besitzt, aber doch Wörter entsprechend unseren "sehen", "hören", "schmecken". [Z 473.]

51. Think of this language-game: Determine how long an impression lasts by means of a stop-watch. The duration of knowledge, ability, understanding, could not be determined in this way. [Z 82.]

52. "But the difference between knowing and hearing surely doesn't reside simply in such a characteristic as the kind of duration they have. They are surely wholly and utterly distinct!" Of course. But one can't say: "*Know* and *hear*, and you will notice the difference". [Z 83.]

53. One can't look at knowing and hearing to see how different they are. Just as one can't look at pine wood and a table to get an impression of their difference.

54. If I use the language-game with the stop-watch, for example, in order to demonstrate to myself the difference between the *concepts* knowing and seeing, this certainly gives the impression that I am showing an extremely fine distinction, where the real one, after all, is enormous.

But this enormous distinction (I would always say) consists precisely in the fact that the two concepts are embedded quite differently in our language-games. And the difference to which I called attention was merely a reference to this pervasive distinction.

55. The child learns "I know that now" and "I hear that now". But my God!, how different the occasions, the applications, everything! How can one even compare the use? It is hard to see how to arrange them so as to show their differences.

Where the difference is so great it is hard to point to a distinction.

56. I can say, "This word is used thus and so, that word thus and so". The basis for comparing them is hard to see; not their difference.

57. The general differentiation of all states of consciousness from dispositions seems to me to be that one cannot ascertain by spot-check whether they are still going on. [Z 72.]

58. We need to reflect that a state of language is possible (and presumably has existed) in which it does not possess the general concept of sensation, but does have words corresponding to our "see", "hear", "taste". [Z 473.]

59. Sinneswahrnehmungen nennen wir Sehen, Hören, . . . Zwischen diesen Begriffen bestehen Analogien und Zusammenhänge, sie sind unsere Rechtfertigung für diese Zusammenfassung. [Z 474.]

60. Man kann also fragen: Was für Zusammenhänge und Analogien bestehen zwischen Sehen und Hören? Zwischen Sehen und Greifen? Zwischen Sehen und Riechen? – [Z 475.]

61. Und fragt man das, so rücken die Sinne so zu sagen gleich weiter auseinander, als sie auf den ersten Blick zu liegen scheinen. [Z 476.]

62. Die Begriffe der Psychologie sind eben Begriffe des Alltags. Nicht von der Wissenschaft zu ihren Zwecken neu gebildete Begriffe, wie die der Physik und Chemie. Die psychologischen Begriffe verhalten sich etwa zu denen der strengen Wissenschaften wie die Begriffe der wissenschaftlichen Medizin zu denen von alten Weibern, die sich mit der Krankenpflege abgeben.

63. Plan zur Behandlung der psychologischen Begriffe.
Psychologische Verben charakterisiert dadurch, daß die dritte Person des Präsens durch Beobachtung zu identifizieren ist, die erste Person nicht.
Satz in der dritten Person Präsens: Mitteilung, in der ersten Person Präsens Äußerung. ((Stimmt nicht ganz.))
Sinnesempfindungen: ihre inneren Zusammenhänge und Analogien.
Alle haben echte Dauer. Möglichkeit der Angabe des Anfangs und Endes. Möglichkeit der Gleichzeitigkeit, des zeitlichen Zusammenfallens.
Alle haben Grade und qualitative Mischungen. Grad: kaum merkbar – nicht auszuhalten.
In diesem Sinne gibt es nicht Lage- oder Bewegungsempfindung.
Ort der Empfindung am Leib: unterscheidet Sehen und Hören von Druck-, Temperatur-, Geschmacks-, und Schmerzempfindung.
(Wenn Empfindungen die Lage der Glieder und die Bewegungen charakterisieren, so ist ihr Ort jedenfalls nicht das Gelenk.)
Die Lage der Glieder und ihre Bewegungen *weiß* man. Man kann sie z.B. angeben, wenn man gefragt wird. So wie man auch den Ort einer Empfindung (Schmerz) am Leibe weiß.
Reaktion des Berührens der schmerzhaften Stelle.
Kein lokales Merkmal an der Empfindung. So wenig wie ein zeitliches am Erinnerungsbild. (Zeitliche Merkmale an der Photographie.)

59. We call seeing, hearing, ... sense-perception. There are analogies and connexions between these concepts, and these are our justification for so taking them together. [Z 474.]

60. It can, then, be asked: what kind of connexions and analogies exist between seeing and hearing? Between seeing and touching? Between seeing and smelling? – [Z 475.]

61. And if we ask this, then the senses, so to say, at once shift further apart from one another than they seemed to be at first sight. [Z 476.]

62. Psychological concepts are just everyday concepts. They are not concepts newly fashioned by science for its own purpose, as are the concepts of physics and chemistry. Psychological concepts are related to those of the exact sciences as the concepts of the science of medicine are to those of old women who spend their time nursing the sick.

63. Plan for the treatment of psychological concepts.
   Psychological verbs characterized by the fact that the third person of the present is to be identified by observation, the first person not.
   Sentences in the third person of the present: information. In the first person present, expression. ((Not quite right.))
   Sensations: their inner connexions and analogies.
   All have genuine duration. Possibility of giving the beginning and the end. Possibility of their being synchronized, of simultaneous occurrence.
   All have degrees and qualitative mixtures. Degree: scarcely perceptible – unendurable.
   In this sense there is not a sensation of position or movement.
   Place of feeling in the body: differentiates seeing and hearing from sense of pressure, temperature, taste and pain.
   (If sensations are characteristic of the position and movements of the limbs, at any rate their place is not the joint.)
   One *knows* the position of one's limbs and their movements. One can give them if asked, for example. Just as one also knows the place of a sensation (pain) in the body.
   Reaction of touching the painful place.
   No local sign about the sensation. Any more than a temporal sign about a memory-image. (Temporal signs in a photograph.)

Schmerz von andern Sinnesempfindungen unterschieden durch charakteristischen Ausdruck. Dadurch verwandt der Freude (die keine Sinnesempfindung).

"Sinnesempfindungen lehren uns die Außenwelt kennen."

Vorstellung:

Gehörsvorstellung, Gesichtsvorstellung, wie unterscheiden sie sich von den Empfindungen? Nicht durch "Lebhaftigkeit".

Vorstellungen belehren uns nicht über die Außenwelt, weder richtig noch falsch. (Vorstellungen sind nicht Halluzinationen, auch nicht Einbildungen.)

Während ich einen Gegenstand sehe, kann ich ihn mir nicht vorstellen.

Verschiedenheit der Sprachspiele: "Schau die Figur an!" und "Stell dir die Figur vor!"

Vorstellung dem Willen unterworfen.

Vorstellung nicht Bild. Welchen Gegenstand ich mir vorstelle, ersehe ich nicht aus der Ähnlichkeit des Vorstellungsbildes mit ihm.

Auf die Frage "Was stellst du dir vor" kann man mit einem Bild antworten. [Z 472, 483, 621.]

64. Man möchte sagen: Der vorgestellte Klang sei in einem andern *Raum* als der gehörte. (Frage – Warum?) [Z 622, Anfang von a.]

65. Ich lese ein Buch und stelle mir während des Lesens, also während des aufmerksamen Schauens, alles mögliche vor. [Z 623.]

66. Es könnte Leute geben, die nie den Ausdruck gebrauchen "etwas vor dem inneren Auge sehen", oder einen ähnlichen; und diese könnten doch im Stande sein, 'aus der Vorstellung', oder Erinnerung zu zeichnen, zu modellieren, das charakteristische Benehmen Anderer nachzuahmen, etc. Sie mögen auch, ehe sie etwas aus der Erinnerung zeichnen, die Augen schließen, oder wie blind vor sich hinstarren. Und doch könnten sie leugnen, daß sie dann vor sich *sehen*, was sie später zeichnen. [Z 624, Anfang.]

67. "Siehst du sie, wie sie zur Tür hereinkommt?" – und nun macht man's nach.

68. 'Sehen' ist nämlich mit 'Schauen' unzertrennlich verbunden. ((D.h., das ist *eine* Art der Begriffsbestimmung, die eine Physiognomie ergibt.))

Die Wörter, die beschreiben, was man sieht, sind Eigenschaften der Dinge, man lernt ihre Bedeutung nicht im Zusammenhang mit dem Begriff des 'inneren Sehens'.

Pain differentiated from other sensations by a characteristic expression. This makes it akin to joy (which is not a sense-experience).

"Sensations give us knowledge about the external world."

Images:

Auditory images, visual images – how are they distinguished from sensations? Not by "vivacity".

Images tell us nothing, either right or wrong, about the external world. (Images are not hallucinations, nor yet fancies.)

While I am looking at an object I cannot imagine it.

Difference between the language-games: "Look at this figure!" and: "Imagine this figure!"

Images are subject to the will.

Images are not pictures. I do not tell what object I am imagining by the resemblance between it and the image.

Asked "What image have you?" one can answer with a picture. [Z 472, 483, 621.]

64. One would like to say: The imaged is in a different *space* from the heard sound. (Question: Why?) [Z 622, beginning of a.]

65. I read a book and have all sorts of images while I read, i.e. while I am looking attentively. [Z 623.]

66. People might exist who never use the expression "seeing something with the inner eye" or anything like it, and these people might be able to draw and model 'out of imagination' or memory, to mimic the characteristic behaviour of others etc. They might also shut their eyes or stare into vacancy as if blind before drawing something from memory. And yet they might deny that they then *see* before them what they go on to draw. [Z 624, beginning.]

67. "Do you see the way she's coming in the door?" – and now one imitates it.

68. That is to say, 'seeing' is inseparably connected with 'looking'. ((I.e., that is *one* way of fixing the concept, which produces a physiognomy.))

The words which describe what we see are properties of things. We don't learn their meaning in connection with the concept of 'inner seeing'.

69. Fragt man aber: "Was ist der Unterschied zwischen einem Gesichtsbild und einem Vorstellungsbild?" – so könnte die Antwort lauten: Die gleiche Beschreibung kann darstellen, was ich sehe, und was ich mir vorstelle.

Zu sagen, es sei ein Unterschied zwischen Gesichtsbild und Vorstellungsbild, heißt: man stellt sich etwas anders vor als es ausschaut.

70. Ich hätte früher auch sagen können: Der *Zusammenhang* zwischen Vorstellen und Sehen ist eng; eine *Ähnlichkeit* aber gibt es nicht. [Z 625a.]

71. Die Sprachspiele mit den beiden Begriffen sind grundver-schieden, – hängen aber zusammen. [Z 625b.]

72. Unterschied: 'trachten, etwas zu sehen' – 'trachten, sich et·vas vorzustellen'. Im ersten Fall sagt man etwa "Schau genau hin!", im zweiten "Schließ die Augen!" [Z 626.]

73. So weißt du also nicht, ob Gesehenes (z.B. ein Nachbild) und eine Vorstellung im übrigen nicht ganz gleich ausschauen? (Oder soll es heißen: *sind*?)—Diese Frage könnte nur eine empirische sein und etwa heißen: "Kommt es vor, oder gar oft vor, daß Einer eine Vorstellung längere Zeit ungestört vor der Seele erhalten, und sie so in allen Einzelheiten beschreiben kann, wie etwa ein Nachbild?"

74. "Kannst du den Vogel jetzt noch sehen?" – "Ich bilde mir ein, ich kann ihn noch sehen." Das heißt nicht: Ich stelle ihn mir vielleicht vor.

75. "Sehen und Vorstellen sind verschiedene Phänomene." – Die Wörter "sehen" und "vorstellen" werden ungleich verwendet. "Ich sehe" wird anders verwendet als "Ich stelle mir vor"; "Sieh!" wird anders verwendet als "Stell dir vor!"; "Ich versuche, es zu sehen" anders als "Ich versuche, mir's vorzustellen".—"Aber die Phänomene sind eben: daß die Menschen sehen und daß wir uns Dinge vorstellen." Ein Phänomen ist etwas, das man beobachten kann: Wie beobachtet man nun, daß die Menschen sehen?

Ich kann z.B. beobachten, daß die Vögel fliegen, oder Eier legen. Ich kann Einem sagen: "Siehst du, diese Geschöpfe fliegen. Schau, wie sie mit den Flügeln schlagen und sich in die Luft erheben." Ich

69. But if we ask, "What is the difference between a visual picture and an image-picture?" – the answer could be: The same description can represent both what I see and what I imagine.

To say that there is a difference between a visual picture and an image-picture means that one imagines things differently from the way they appear.

70. I might also have said earlier: The *tie-up* between imaging and seeing is close; but there is no *similarity*. [Z 625a.]

71. The language-games employing both these concepts are radically different – but hang together. [Z 625b.]

72. A difference: 'trying to see something' and 'trying to form an image of something'. In the first case one says: "Look, just over there!", in the second "Shut your eyes!" [Z 626.]

73. So don't you know, after all, whether what is seen (e.g., an after-image) and an image look exactly alike? (Or should I say: *are*?)—This question could only be an empirical one, and could only mean something like: "Does it ever, or even often, happen that a person can keep an image in front of his mind uninterruptedly and for some time, and describe it in detail, as one can do, for example, with an after-image?"

74. "Now can you still see the bird?" – "I fancy that I can still see it." That doesn't mean: Maybe I am imagining it.

75. "Seeing and imaging are different phenomena." – The words "seeing" and "imaging" are used differently. "I see" is used differently from "I have an image", "See!" differently from "Form an image!", and "I am trying to see it" differently from "I am trying to form an image of it".—"But the phenomena are: that men see and that we form images of things." A phenomenon is something that can be observed. Now how does one observe that men see?

I can observe, e.g., that birds fly, or lay eggs. I can tell someone, "You see, these creatures fly. Notice how they flap their wings and lift themselves into the air." I can also say, "You see, this child is not

kann auch sagen: "Siehst du, dieses Kind ist nicht blind; es sieht. Schau, wie es der Kerzenflamme folgt." Aber kann ich mich sozusagen davon überzeugen, *daß Menschen sehen?*

"Menschen sehen." – Im Gegensatz *wozu?* Dazu etwa, daß alle blind sind?

76. Kann ich mir den Fall vorstellen, daß ich sagte: "Ja, du hast Recht: Menschen sehen." – Oder: "Ja, du hast recht: die Menschen sehen, so wie ich auch."

77. "Sehen und Verstehen[1] sind verschiedene Phänomene." – Die Wörter "sehen" und "verstehen"[1] haben verschiedene Bedeutungen! Ihre Bedeutungen beziehen sich auf eine Menge wichtiger Arten und Weisen menschlichen Verhaltens, auf Phänomene des menschlichen Lebens.

Die Augen schließen, um sich etwas vorzustellen, ist ein Phänomen; mit verkniffenen Augen angestrengt schauen, ist ein Anderes; einem Ding in Bewegung mit den Augen folgen, wieder eins.

Denk, Einer sagte: "Der Mensch kann sehen oder blind sein"! "Sehen", "Vorstellen", "Hoffen" sind eben nicht Phänomenwörter, könnte man sagen. Das heißt aber natürlich nicht, daß der Psychologe nicht Phänomene beobachtet. [a: Z 629.]

78. Der Ausdruck, das Vorstellen unterstehe dem Willen, kann irreführen, weil er den Schein erweckt, als wäre der Wille eine Art Motor und die Vorstellungen mit diesem im Zusammenhang, so daß er sie hervorrufen, bewegen, abstellen könnte.

79. Aber wäre es nicht denkbar, daß bei einem Menschen das gewöhnliche Sehen dem Willen unterstünde? – Würde ihn das Sehen dann über die Außenwelt belehren? Hätten denn die Dinge Farben, wenn wir sie sehen könnten, wie wir wollten?

80. Weil die Vorstellung dem Willen untertan ist, unterrichtet sie uns eben nicht über die Außenwelt.

Insofern – aber nicht in anderer Weise – ist sie einer Tätigkeit wie dem Zeichnen verwandt.

Und doch ist es nicht leicht, das Vorstellen eine Tätigkeit zu nennen. [a: Vgl. Z 627.]

---

[1] Im MS hat Wittgenstein das Wort "Verstehen" durchgestrichen und durch "Vorstellen" ersetzt. Auch in *Zettel* kommt das Wortpaar "Sehen" – "Vorstellen" vor. (*Herausg.*)

blind. It can see. Notice how it follows the flame of the candle." But can I satisfy myself, so to speak, *that men see*?

"Men see." – As opposed to *what*? Maybe that they are all blind?

76. Can I imagine a case in which I might say, "Yes, you are right, men see"? – Or: "Yes, you are right, men see, even as I do."

77. "Seeing and understanding[1] are different phenomena." – The words "seeing" and "understanding"[1] have different meanings! Their meanings relate to a host of important kinds of human behaviour, to phenomena of human life.

To close one's eyes in order to form an image of something is a phenomenon; to strain in looking another; to follow a thing in motion with one's eyes yet another.

Imagine someone saying: "Man can see or be blind"! One could say that "seeing", "imaging", and "hoping" are simply not words for phenomena. But of course that doesn't mean that the psychologist doesn't observe phenomena. [a: Z 629.]

78. To say that imaging is subject to the will can be misleading, for it makes it seem as if the will were a kind of motor and the images were connected with it, so that it could evoke them, put them into motion, and shut them off.

79. Isn't it conceivable that there should be a man for whom ordinary seeing was subject to the will? Would seeing then teach him about the external world? Would things have colours if we could see them as we wished?

80. It is just because imaging is subject to the will that it does not instruct us about the external world.

In this way – but in no other – it is related to an activity such as drawing.

And yet it isn't easy to call imaging an activity. [a: cf. Z 627.]

---

[1] Wittgenstein crossed out the word "understanding" in the MS. and replaced it with "imaging". In *Zettel* too the pair of words is "seeing" – "imaging". (*Eds*.)

81. Wie ist es aber, wenn ich dir sage: "Stell dir eine Melodie vor"? Ich muß sie mir 'innerlich vorsingen'. Das wird man ebenso eine Tätigkeit nennen, wie das Kopfrechnen.

82. Denk auch daran, daß man Einem befehlen kann "Zeichne den N.N. nach der Vorstellung" und daß, ob er dies tut, oder nicht, nicht nach der Ähnlichkeit des Bildnisses entschieden wird. Und dem ist analog, daß ich mir den N.N. vorstelle, auch wenn ich ihn mir falsch vorstelle.

83. Wenn ich sage, die Vorstellung sei dem Willen unterworfen, so heißt das nicht, sie sei gleichsam eine willkürliche Bewegung im Gegensatz zu einer unwillkürlichen. Denn dieselbe Bewegung, des Armes etwa, die jetzt willkürlich ist, könnte auch unwillkürlich sein. – Ich meine: Es hat *Sinn* einen Befehl zu geben: "Stell dir das vor", oder auch "Stell dir das nicht vor".

84.[1] Aber betrifft die Verbindung mit dem Willen nicht nur, so zu sagen, die Maschinerie, durch die die Vorstellung (das Vorstellungs-bild) erzeugt, geändert wird? – Es wird hier kein Bild erzeugt; es sei denn, Einer fertige ein Bild, ein wirkliches Bild, an.

85. Der Dolch, den Macbeth vor sich sieht, ist kein vorgestellter Dolch. Eine Vorstellung kann man nicht für Wirklichkeit halten, noch Gesehenes für Vorgestelltes; aber nicht, weil sie einander so unähnlich sind.

86. Gegen die Willkürlichkeit der Vorstellung kann man sagen, daß Vorstellungen oft gegen unsern Willen sich uns aufdrängen und bleiben, sich nicht verscheuchen lassen.

Doch aber kann der Wille gegen sie ankämpfen. Ist aber, sie willkürlich zu nennen, nicht, als nennte ich eine Armbewegung willkürlich, zu der ein Anderer meinen Arm *gegen meinen Willen* zwingt?

87. Sag dir wieder, wenn Einer darauf besteht, was er "Gesichts-vorstellung" nennt, sei ähnlich dem Gesichtseindruck: daß er sich vielleicht *irrt*! Oder: Wie, wenn er sich darin irrte? Das heißt: was weißt du von der Ähnlichkeit seines Gesichtseindrucks und seiner Gesichtsvorstellung?! (Ich rede vom Andern, weil, was von ihm gilt, auch von mir gilt.)

[1] Auch diese Bemerkung trägt, fehlerhaft, die Ordnungsnummer 83. Wir haben die Numerierung korrigiert. (*Herausg*.)

81. But what if I tell you: "Imagine a melody"? I have to 'sing it inwardly' to myself. That will be called an activity just as much as calculating in the head.

82. Consider also that you can order someone to "Draw N. N. so as to be like your image of him", and that whether he does this is not determined by the likeness of the portrait. Analogous to this is the fact that I have an image of N. N. even if my image is wrong.

83. If I say that imaging is subject to the will that does not mean that it is, as it were, a voluntary movement, as opposed to an involuntary one. For the same movement of the arm which is now voluntary might also be involuntary. — I mean: it makes *sense* to order someone to "Imagine that", or again: "Don't imagine that."

84.[1] But doesn't the connection with the will refer merely, so to speak, to the machinery which produces or changes what is imaged (the image-picture)? — Here no picture is engendered, unless someone manufactures a picture, a real picture.

85. The dagger which Macbeth sees before him is not an imagined dagger. One can't take an image for reality nor things seen for things imaged. But this is not because they are so dissimilar.

86. One objection to the imagination's being voluntary is that images often beset us against our will and remain, refusing to be banished.
   Yet the will can struggle against them. But isn't calling them voluntary like calling a movement of my arm voluntary when someone forces my arm *against my will*?

87. If someone insists that what he calls a "visual image" is like a visual impression, say to yourself once more that perhaps he is *making a mistake*! Or: Suppose that he is making a mistake. That is to say: What do you know about the resemblance of his visual impression and his visual image?! (I speak of others because what goes for them goes for me too.)

---

[1] This remark is also numbered 83. We have corrected the numbering. (*Eds.*)

Was weißt du also von dieser Ähnlichkeit? Sie äußert sich nur in den Ausdrücken, die er zu gebrauchen geneigt ist; nicht in dem, was er mit diesen Ausdrücken sagt.

"Es ist gar kein Zweifel: die Gesichtsvorstellung und der Gesichtseindruck sind von derselben Art!" Das mußt du aus deiner eigenen Erfahrung wissen; und dann ist es also etwas, was für dich stimmen mag und für Andere nicht. (Und das gilt natürlich auch für mich, wenn *ich* es sage.)

Nichts ist schwerer, als den Begriffen *vorurteilslos* gegenüberstehen. (Und das ist die Hauptschwierigkeit der Philosophie.) [a, b: Z 630; c: Z 631.]

88. Sich etwas vorstellen, ist zu vergleichen mit einer Tätigkeit. (Schwimmen.)

Wenn wir uns etwas vorstellen, beobachten wir nicht. Daß die Bilder kommen und vergehen, *geschieht* uns nicht. Wir sind nicht überrascht von diesen Bildern und sagen "Sieh da! . . ." [b: Z 632.]

89. Wir verscheuchen nicht Gesichtseindrücke, aber Vorstellungen. [Z 633 Anfang.]

90. Könnten wir die Eindrücke verscheuchen und vor unsere Seele rufen, sie könnten uns nicht über die Wirklichkeit informieren. — So unterscheiden sich Eindrücke von Vorstellungen nur dadurch, daß wir diese bewegen können und jene nicht? So ist also der Unterschied empirisch! So ist es eben nicht.

91. Aber ist es denn undenkbar, daß Gesichtseindrücke sich verscheuchen, oder zurückrufen ließen? Ja, ist es nicht wirklich möglich? Wenn ich meine Hand ansehe und dann bewege ich sie aus dem Gesichtsfeld, habe ich ihren Gesichtseindruck nicht willkürlich abgebrochen? — Aber, wird man mir sagen, so etwas nennt man doch nicht "das Bild der Hand verscheuchen"! Freilich nicht; aber wo ist der Unterschied? Man möchte sagen: der Wille bewegt die Vorstellungen unmittelbar.

Denn, wenn ich meinen Gesichtseindruck willkürlich ändere, so folgen die *Dinge* meinem Willen.

92. Wie aber, wenn die Gesichtseindrücke sich eben unmittelbar regieren ließen? Soll ich sagen: "Dann gäbe es keine Eindrücke, sondern nur Vorstellungen"? Und wie wäre das? Wie erführe ich z.B., daß der Andere eine bestimmte Vorstellung hätte? Er würde es mir sagen. — Aber wie würde er die dazu nötigen Worte lernen — sagen wir "rot" und "rund"? Denn ich könnte sie ihn doch nicht

So what do you know about this resemblance? It is manifested only in the expressions which he is inclined to use; not in something he uses those expressions to say.

"There's no doubt at all: visual images and visual impressions are of the same kind!" That must be something you know from your own experience; and in that case it is something that may be true for you and not for other people. (And this of course holds for me too, if I say it.)

Nothing is more difficult than facing concepts *without prejudice*. (And that is the principal difficulty of philosophy.) [a, b: Z 630; c: Z 631.]

88. Forming an image of something is comparable to an activity. (Swimming.)

When we form an image of something we are not observing. The coming and going of the pictures is not something that *happens* to us. We are not surprised by these pictures, saying "Look! ..." [b: Z 632.]

89. We do not banish visual impressions, as we do images. [Z 633, beginning.]

90. If we could banish impressions and summon them before our minds then they couldn't inform us about reality. – So do impressions differ from images only in that we can affect the latter and not the former? Then the difference is empirical! But this is precisely what is not the case.

91. Is it conceivable that visual impressions could be banished or called back? What is more, isn't it really possible? If I look at my hand and then move it out of my visual field, haven't I voluntarily broken off the visual impression of it? – But I will be told that that sort of thing isn't called "banishing the picture of the hand"! Certainly not; but where does the difference lie? One would like to say that the will affects images directly.

For if I voluntarily change my visual impression, then *things* obey my will.

92. But what if visual impressions could be controlled directly? Should I say, "Then there wouldn't be any impressions, but only images"? And what would that be like? How would I find out, for instance, that another person has a certain image? He would tell me. – But how would he learn the necessary words, let us say "red" and "round"? For surely I couldn't teach them to him by pointing to

lehren, indem ich auf etwas Rotes und Rundes zeige. Ich könnte mir nur die Vorstellung hervorrufen, daß ich auf etwas Derartiges zeige. Und ich könnte auch nicht prüfen, ob er mich versteht. Ja, ich könnte ihn natürlich auch nicht *sehen*, sondern ihn mir nur vorstellen.

Ist die Annahme nicht überhaupt so wie die, es gäbe in der Welt *nur* Dichtung und nicht Wahrheit?

93. Und ich selbst könnte natürlich auch keine Beschreibung meiner Vorstellungen lernen, noch sie auch selbst erfinden. Denn was hieße es, z.B., daß ich mir ein rotes Kreuz auf weißem Grunde vorstelle? Wie sieht denn ein rotes Kreuz aus? *So*?? – Aber könnte nicht ein höheres Wesen durch Intuition wissen, *was* ich mir vorstelle, und dies in seiner Sprache beschreiben, wenn sie *mir* auch unverständlich wäre? – Angenommen, dies höhere Wesen sagte "Ich weiß, was sich dieser Mensch jetzt vorstellt; es ist dies: . . ." – Aber wie konnte ich das "wissen" nennen? Es ist ja ganz anders, als das, was *wir* nennen "wissen, was sich der Andere vorstellt". Wie vergleicht man denn den gewöhnlichen Fall mit jenem erdichteten?

Wenn ich mich in diesem Fall als Dritten denke, so wüßte ich gar nicht, was das höhere Wesen damit meint: es wisse, welche Vorstellung der Mensch hat, der nur Vorstellungen und keine Eindrücke hat.

94. "Aber kann ich mir nicht doch so einen Fall vorstellen?" Vor allem kannst du über ihn *reden*. Aber das zeigt nicht, daß du ihn ganz durchgedacht hast. (5 Uhr auf der Sonne.)[1]

95. Man möchte davon reden, wie ein Gesichtseindruck und wie eine Vorstellung *ausschauen*. Und etwa fragen: "Könnte nicht etwas so ausschauen, wie z.B. mein gegenwärtiger Gesichtseindruck, sich aber im übrigen *benehmen* wie eine Vorstellung?" Und hier ist offenbar ein Fehler.

96. Aber denk dir dies: Wir lassen jemand durch ein Loch in eine Art Guckkasten schauen, und in diesem bewegen wir nun verschiedene Gegenstände, Figuren, und zwar durch Zufall, oder mit Absicht so, daß die Bewegung gerade die ist, die der Beobachter wollte; so daß er sich einbildet, was er sieht, gehorche seinem Willen. – Konnte der sich nun täuschen; glauben, seine Gesichtseindrücke seien Vorstellungen? Das klingt ganz absurd. Ich brauche ja den Guckkasten gar nicht, sondern muß nur, wie oben, meine Hand betrachten und sie bewegen. Könnte ich aber auch den Vorhang dort drüben

---

[1] S. *Philosophische Untersuchungen* I, §§ 350–351. (*Herausg.*)

something red and round. I could only evoke within myself the image of my pointing to something of the sort. And furthermore I couldn't test whether he was understanding me. Why, I could of course not even *see* him; no, I could only form an image of him.

Isn't this hypothesis really like the one that there is *only* fiction in the world and no truth?

93. And of course I myself couldn't learn or invent a description of my images. For what would it mean to say, e.g., that I was forming an image of a red cross on a white background? What does a red cross look like? *Like this*?? – But couldn't a higher being know intuitively *what* images I am forming, and describe them in his language, even though *I* couldn't understand it? Suppose that this higher being were to say, "I know what image this man is now forming; it is this: . . .". – But how was I able to call that "knowing"? It is completely different from what *we* call "knowing what someone else is imaging". How can the normal case be compared with the one we have invented?

If I think of myself in this case as a third person, then I would have absolutely no idea what the higher being means when it says, with regard to someone who has only images and no impressions, that it knows which images that man has.

94. "But nevertheless can't I still imagine such a case?" The first thing to say is, you can *talk* about it. But that doesn't show that you have thought it through completely. (5 o'clock on the sun.)[1]

95. One would also like to talk about what a visual impression and an image *look like*. And also to ask, perhaps, "Couldn't something look like my present visual impression for instance, but otherwise *behave* as an image?" And clearly there is a mistake here.

96. But imagine this: We get someone to look through a hole into a kind of peep show, and inside we now move various objects and figures about, either by chance or intentionally, so that their movement is exactly what our viewer wanted, so that he fancies that what he sees is obeying his will. – Now could he be deluded, and believe that his visual impressions are images? That sounds totally absurd. I don't even need the peep show, but have only to look at my hand and move it, as mentioned above. But even if I could will the curtain over there to move, or could make it disappear, I should

---

[1] Cf. *Philosophical Investigations* I, §§350–351. (*Eds.*)

willkürlich bewegen, oder zum Verschwinden bringen,[1] so würde ich das doch nicht als einen Vorgang in meiner Phantasie deuten. (?)

97. Ich kann eben von Haus aus einen Eindruck nicht für eine Vorstellung halten. Aber was heißt das? Könnte ich mir denn einen Fall denken, daß ein *Anderer* das täte? Wie kommt es, daß das nicht denkbar ist?

98. Wenn Einer wirklich sagte "Ich weiß nicht, sehe ich jetzt einen Baum, oder stelle ich mir einen vor", so würde ich zunächst glauben, er meine: "oder bilde ich mir nur ein, es stehe dort einer". Meint er das nicht, so könnte ich ihn überhaupt nicht verstehen. – Wollte mir aber jemand diesen Fall erklären und sagte "Er hat eben so außergewöhnlich lebhafte Vorstellungen, daß er sie für Sinnesein-drücke halten kann" – verstünde ich's jetzt? [Z 634.]

99. Denk dir aber nun dennoch einen Menschen, der sagte "Meine Vorstellungen sind heute so lebhaft, wie wirkliche Gesichtsein-drücke", – müßte der lügen, oder Unsinn reden? Nein, gewiß nicht. Ich müßte freilich erst von ihm erfahren, wie sich denn dies zeigt.

Sagte er mir aber "Ich weiß oft nicht, ob ich etwas sehe, oder es mir nur vorstelle", so würde ich das nicht einen Fall überlebhafter Vorstellung nennen.

100. Muß man aber hier nicht unterscheiden: sich, sagen wir, das Gesicht eines Freundes vorstellen, aber nicht im Raum, der mich umgibt – und andrerseits: sich an dieser Wand dort ein Bild, etwa, vorstellen?

Man könnte z.B. auf die Aufforderung "Stell dir dort drüben einen runden Fleck vor" sich einbilden, wirklich einen dort zu sehen. [Z 635.]

101. Freilich, wenn ich sage "Ist dort nicht wirklich ein Fleck?" und also etwa genauer hinschaue, so gehorcht, was ich hier Vorstellung nenne, *nicht* meinem Willen. Und eine *Einbildung* gehorcht ja nicht meinem Willen.

102. Man darf nicht vergessen, daß die materielle Implikation tatsächlich auch ihre Verwendung, ihre praktische Verwendung, hat; wenn sie auch nicht häufig vorkommt.

---

[1] Var. "Gehorchte aber auch der Vorhang dort drüben meinem Willen, so daß er sich bewegte oder verschwände".

still not interpret that as something that was going on in my imagination.[1](?)

97. I simply can't begin to take an impression for an image. But what does that mean? Could I think of a case in which *someone else* did that? Why isn't that conceivable?

98. If someone really were to say "I don't know whether I am now seeing a tree or having an image of it", I should at first think he meant: "or just fancying that there is a tree over there". If he does not mean this, I couldn't understand him at all — but if someone tried to explain this case to me and said "His images are of such extraordinary vivacity that he can take them for impressions of sense" — should I understand it then? [Z 634.]

99. Still, imagine a person who says, "My images are as vivid today as real visual impressions". — Would he have to be lying or talking nonsense? No, certainly not. To be sure I would first have to have him tell me how this manifests itself.

But if he were to tell me, "Often I don't know whether I see something or only have an image of it", then I wouldn't call this a case of overly vivid imaging.

100. But must one not distinguish here: forming the image of a human face, as we say, but not in the space that surrounds me — and on the other hand: forming an image of a picture on that wall over there?

At the request "Imagine a round spot over there" one might fancy that one really was seeing one there. [Z 635.]

101. To be sure, if I say "Isn't there really a spot over there?", and therefore perhaps look there more closely, then what I am here calling an image does *not* obey my will. And of course if I *fancy* something to be the case, that does not obey my will.

102. You must not forget that material implication too does in fact have its use, its practical use, even if it does not occur very frequently.

---

[1] Var. "But even if the curtain over there obeyed my will, so that it moved or disappeared".

103. Wer den Satz "Wenn p, so q" verneint, verneint einen Zusammenhang. Er sagt: "Es muß nicht so sein." Und das Wort "muß" deutet auf den Zusammenhang.

104. Aus "nicht p & nicht q" folgt *nicht* "Wenn p, so q". Es ist *nicht* aus "nicht p & nicht q" zu erschließen. Der Sinn von "Wenn p, so q" ist von dem des Satzes "p impliziert q" *grund*verschieden. Wenn auch ein *Zusammenhang* besteht. Dieser: "p & q", welches die Implikation wahr macht, tut dies auch für den Satz "Wenn . . . so . . .", oder spricht doch für seine Wahrheit. "p & nicht q" widerspricht der Implikation und auch dem Wenn-so-Satz, oder ist seiner Wahrheit nicht günstig. "Nicht p & q" und "nicht p & nicht q" bewahrheiten die Implikation und entscheiden nichts über die Wahrheit von "Wenn . . ., so . . .".

105. "Wenn *dies* eintrifft, so wird *das* eintreffen. Habe ich Recht, so zahlst du mir einen Schilling, habe ich Unrecht, so zahle ich dir einen, bleibt es unentschieden, so zahlt keiner." Das könnte man auch so ausdrücken: Der Fall, in welchem die Prämisse *nicht* eintrifft, interessiert uns nicht, wir reden nicht von ihm. Oder auch: es ist uns hier nicht natürlich, die Wörter "ja" und "nein" so zu gebrauchen, wie in dem Falle (und solche Fälle gibt es), in welchem uns die materielle Implikation interessiert. Mit "Nein" wollen wir hier sagen "p & nicht q", mit "Ja" nur "p & q". [Vgl. Z 677.]

106. Es ist z.B. ganz gewöhnlich, auf die Wahrheit einer Vorhersage zu *wetten*. Wetten wir nun auf die Behauptung "Wenn p eintrifft, so wird q eintreffen", so wird man zwar auch sagen "Wenn du Recht hast, zahle ich dir . . ., wenn nicht, . . ."; aber beim Nicht-eintreffen von p wird die Wette nicht gelten. Es handelt sich doch hier um zwei verschiedene Arten der Verwendung der Verneinung eines Satzes. Und so, wie "nicht nicht p" nicht p ist, wenn die Verdoppelung der Verneinung eine Verstärkung der Verneinung bedeutet, so ist auch "p v nicht p", wie *wir* die Verneinung gebrauchen, nicht unbedingt eine Tautologie. In dem obigen Fall sollte die Behauptung, der Bedingungssatz sei wahr oder aber falsch, eigentlich das unbedingte Eintreffen des Ereignisses behaupten.[1] Denn jene Behauptung ist ja, der Bedingungssatz werde nicht unentschieden bleiben.

107. *Der Satz "Die Vorstellung ist dem Willen unterworfen" ist kein Satz der Psychologie.*

---

[1] Var. "In dem obigen Falle sollte die Behauptung, jener Bedingungssatz sei wahr, oder falsch, der Behauptung gleich kommen, p werde eintreffen."

103. Anyone who negates the sentence "If p, then q" negates a connection. He is saying: "It does not have to be this way." And the words "have to" point to the connection.

104. "If p, then q" does *not* follow from "Not p and not q". It *can't* be inferred from "Not p and not q". The sense of "If p, then q" is *fundamentally* different from the sentence "p implies q", even if there is a *connection*. It is this: "p and q", which makes the implication true, also makes the sentence "If . . . then . . ." true, or at least it supports it. "p and not q" contradicts the implication as well as the "If-then" sentence, or at least it is unfavourable to its truth. "Not p and q" and "Not p and not q" verify the implication and determine nothing about the truth of "If . . ., then . . .".

105. "If *this* happens, *that* will happen. If I am right, you pay me a shilling, if I am wrong, I pay you one, if it remains undecided, neither pays." This might also be expressed like this: The case in which the antecedent does *not* come true does not interest us, we aren't talking about it. Or again: we do not find it natural to use the words "yes" and "no" in the same way as in the case (and there are such cases) in which we are interested in the material implication. By "No" we mean here "p and not q", by "Yes", only "p and q". [Cf. Z 677.]

106. For example, it is quite common to *bet* on the truth of a prediction. So, if we bet on the assertion "If p happens, then q will happen", then someone will say, "If you're right, I'll pay you . . ., if not . . ."; but if p does not happen the bet will be off. Here we are dealing with two different kinds of use of the negation of a sentence. And just as "not not p" is not the same as p, when double negation is meant to strengthen the negation, in the same way "p v not p", in the sense in which *we* are using the negation, is not necessarily a tautology. In the above case, the assertion that that conditional sentence is true or false should actually assert the definite occurrence of the event.[1] For that assertion says that the conditional sentence will not remain undecided.

107. *The sentence "Imagination is subject to the will" is not a sentence of psychology.*

[1] Var. "In the above case the assertion that that conditional sentence is true, or false, should not amount to the assertion that p will occur."

108. Ich lerne den Begriff 'sehen' in Verbindung mit 'schauen'. Die Verwendung des einen Worts verbunden mit der des andern.

109. Wenn man sagt "Der Erlebnisinhalt des Sehens und des Vorstellens ist wesentlich derselbe", so ist *das* wahr daran, daß ein gemaltes Bild wiedergeben kann, was man sieht und wiedergeben kann, was man sich vorstellt. Nur darf man sich nicht vom Mythus des *inneren Bildes* täuschen lassen.

110. Das 'Vorstellungsbild' tritt nicht dort ins Sprachspiel ein, wo man es vermuten möchte. [Z 636.]

111. Ich lerne den Begriff 'sehen' mit dem Beschreiben dessen, was ich sehe. Ich lerne beobachten und das Beobachtete beschreiben. Ich lerne den Begriff 'vorstellen' in einer gänzlich andern Verbindung. Die Beschreibungen des Gesehenen und des Vorgestellten sind allerdings von derselben Art, und eine Beschreibung könnte sowohl das eine, wie auch das andere sein; aber sonst sind die Begriffe durchaus verschieden. Der Begriff des Vorstellens ist eher wie der eines Tuns, als eines Empfangens. Das Vorstellen könnte man einen schöpferischen Akt nennen. (Und nennt es ja auch so.) [Z 637.]

112. "Ja, aber die Vorstellung selbst, sowie der Gesichtseindruck, ist doch das innere Bild,[1] und *du* redest nur von den Verschiedenheiten der Erzeugung, Entstehung, Behandlung des Bildes." Die Vorstellung ist nicht ein Bild, noch ist der Gesichtseindruck eines. Weder 'Vorstellung' noch 'Eindruck' ist ein Bildbegriff, obwohl in beiden Fällen ein Zusammenhang mit einem Bild statt hat, und jedesmal ein anderer. [Z 638.]

113. "Aber könnte ich mir nicht einen Erlebnisinhalt denken von der Art der visuellen Vorstellung, aber dem Willen nicht unterworfen, in dieser Beziehung wie der Gesichtseindruck?" Hier ist das Irreführende das Reden vom Erlebnisinhalt. Wenn wir von einem fürs visuelle Vorstellen typischen Erlebnisinhalt reden, so muß der Inhalt in mir mit dem Inhalt in dir verglichen werden können. Und, so seltsam es klingt, müßte man, glaube ich, sagen, der Erlebnisinhalt — wenn man überhaupt diesen Begriff hier gebrauchen will — sei für visuelle Vorstellung und visuellen Eindruck *der Gleiche*. Und das klingt paradox, weil Jeder ausrufen möchte: Du willst mir doch nicht sagen, daß man je diese beiden, Vorstellung und Eindruck, mit einander verwechseln könnte! — So wenig, könnte ich antworten, wie

[1] Var. "das Bild vor dem inneren Auge".

108. I learn the concept 'see' in connection with 'look'. The use of the one word is connected with that of the other.

109. If one says, "the experiential content of seeing and having an image is essentially the same", then *this* is true insofar as a painted picture can represent both what one sees and what one has an image of. Only, one mustn't allow oneself to be deceived by the myth of the *inner picture*.

110. The 'imagination-picture' does not enter the language-game in the place where one would like to surmise its presence. [Z 636.]

111. I learn the concept 'seeing' along with the description of what I see. I learn to observe and to describe what I observe. I learn the concept 'to have an image' in an entirely different context. The descriptions of what is seen and what is imaged are indeed of the same kind, and a description might be of the one just as much as of the other; but otherwise the concepts are thoroughly different. The concept of imaging is rather like one of doing than of receiving. Imagining might be called a creative act. (And is of course so called.) [Z 637.]

112. "Yes, but the image itself, like the visual impression, is surely the inner picture,[1] and *you* are talking only of differences in the production, the coming to be, and in the treatment of the picture." The image is not a picture, nor is the visual impression one. Neither 'image' nor 'impression' is the concept of a picture, although in both cases there is a tie-up with a picture, and a different one in either case. [Z 638.]

113. "But couldn't I imagine an experiential content of the same kind as visual images, but not subject to the will, and so in this respect like visual impressions?" In this case, the misleading thing is the talk about experiential content. If we talk about an experiential content which is typical of visual imaging, then the content within me must be comparable to the content within you. And, strange as it may sound, I believe one would have to say that the experiential content – if we are to use this concept here at all – is *the same* for a visual image and a visual impression. And that sounds paradoxical, because everyone will want to cry out: You're not going to tell me that these two – image and impression – could ever be mistaken for each other! – I could answer that this is as unlikely as confusing drawing and seeing, for

[1] Var. "the picture before the inner eye".

z.B. Zeichnen und Sehen. Aber was gezeichnet und was gesehen wird, mag doch dasselbe sein. Vorstellung und Eindruck 'schauen' eben nicht verschieden 'aus'. [Der erste Satz: Z 640.]

114. Man könnte aber auch sagen, daß "Erlebnisinhalt" für Vorstellung und Eindruck nicht die gleiche Bedeutung hat, sondern nur verwandte Bedeutungen. Wenn ich mir z.B. ein Gesicht ganz genau so vorstelle, wie es ausschaut, wenn ich's später sehe, hatte mein Eindruck und meine Vorstellung den gleichen Erlebnisinhalt. Man kann *nicht* sagen, es sei nicht der Gleiche, da Vorstellung und Eindruck nie gleich aussähen.

Der Inhalt der Beiden ist also *dies* − (indem ich etwa auf ein Bild zeige). Aber ich *müßte* es nicht beide Male "den Inhalt" nennen.

115. Vorstellung und Intention. Auch insofern ist Vorstellen dem *Schaffen* eines Bildes zu vergleichen, als ich mir nicht den vorstelle, dem mein Vorstellungsbild ähnlich ist, sondern den, den ich mir vorstellen will.

116. Ich glaube, wenn man Vorstellen mit einer Körperbewegung vergleicht, wie das Atmen, das manchmal willkürlich, manchmal unwillkürlich geschieht, so darf man den Sinneseindruck *gar nicht* mit einer Bewegung vergleichen. Nicht so kann der Unterschied gefaßt werden, daß das eine geschieht, ob wir's wollen oder nicht, während wir das andere regieren. Vielmehr ist der eine Begriff dem einer Handlung ähnlich, der andre nicht. Der Unterschied ist eher wie der zwischen Sehen, daß meine Hand sich bewegt − und Wissen (ohne sie zu sehen), daß ich sie bewege.

117. "Wenn ich die Augen schließe, steht er vor mir." − Man könnte sich denken, daß solche Ausdrücke nicht gelernt, sondern poetisch spontan gebildete sind. Daß sie dem Einen 'treffend scheinen' und dann dem Andern auch.

118. "Ich sehe ihn deutlich vor mir!" − Nun, vielleicht steht er wirklich vor dir. − "Nein, dazu ist mein Bild zu wenig lebhaft."

119. Könnten wir uns nicht *diese* Erscheinung *denken*: Wir seien im Stande, indem wir einen Lichtschirm anschauen, auf ihm nach Willkür, 'durch den bloßen Willen', Bilder zu erzeugen, zu bewegen, verschwinden zu lassen, etc., Bilder, die nicht bloß der, der sie erzeugt, sondern auch der Andere sieht. − Wäre, was ich auf diesem Schirm sehe, so etwas wie eine Vorstellung? Oder vielleicht

example. But what is drawn and what is seen still could be the same thing. Image and impression do not 'look' different. [First sentence: Z 640.]

114. But one could also say that "experiential content" does not mean the same thing when it is applied to image and impression, but only related things. If, for example, I form an image of a face exactly as it looks, and then see it later, my impression and my image have the same experiential content. One can *not* say that it is not the same on the grounds that an image and an impression never look alike.

The content of both, therefore, is *this* – (here I might point to a picture). But I wouldn't *have to* call it "the content" both times.

115. Image and intention. Forming an image can also be compared to *creating* a picture in this way – namely, I am not imagining whoever is like my image; no, I am imagining whoever it is I mean to imagine.

116. I believe that if you do compare imaging with a bodily movement like breathing, which sometimes happens voluntarily, sometimes involuntarily, then you musn't compare a sense impression with a movement *at all*. The difference is not that the one takes place whether we will it or not, whereas we control the other. Rather, one concept resembles that of an action, the other doesn't. The difference is more like that between seeing my hand move – and knowing (without seeing it) that I am moving it.

117. "If I shut my eyes, there he is in front of me." – One could suppose that such expressions are not learned, but rather poetically formed, spontaneously. That they therefore "seem just right" to one man and then also to the next one.

118. "I see him in front of me as plain as day!" – Well, maybe he's really standing in front of you. – "No, my picture isn't vivid enough for that."

119. Couldn't we conceive of *this* phenomenon: By looking at a screen, we might be able to produce pictures on it, arbitrarily, 'merely by willing them'; we might be able to move them about, to have them disappear etc., – pictures which are not only seen by the one who makes them but also by someone else. – Would what I see on this screen be something like an image? Or – perhaps to put the

richtiger gefragt: Hieße "ich sehe ... auf dem Schirm" etwas Ähnliches wie: "Ich stelle mir ... vor"? – oder soll ich sagen, der Satz "Auf dem Schirm zeigt sich jetzt ..." entspreche dem "Ich stelle mir ... vor"? – Nein; *so* ist es nicht. Die Schwierigkeit ist hier, daß ich keinen klaren Begriff davon habe: 'die Bilder durch den Willen zu erzeugen' etc. Denn eigentlich ist ja der Fall nicht ganz phantastisch: Ich kann mir ja wirklich auf einer fleckigen Wand alles mögliche vorstellen; und wenn der Andere, wenn er auf die Wand schaut, immer wüßte, was ich mir vorstelle, so wäre der Fall nun ähnlich dem oben beschriebenen. ((Könnte man aber nicht auch von dem sagen, er erzeuge Bilder auf der Wand durch den bloßen Willen, der sie auf die Wand zeichnet?))

"Durch den bloßen Willen bewegen" was heißt es? Etwa, daß die Bilder meinem Willen immer genau folgen, während meine zeichnende Hand, mein Bleistift, das nicht tut? Immerhin wäre es ja dann doch möglich zu sagen: "Für gewöhnlich stelle ich mir ganz genau vor, was ich will; heute ist es anders ausgefallen." Gibt es denn ein 'Mißlingen der Vorstellung'? [b: Z 643.]

120. Wenn nicht, so will man das etwa so erklären, daß das Vorstellungsbild masselos ist und dem Willen keinen Trägheits- oder andern Widerstand entgegensetzt.

Nein; "ich sehe auf dem Schirm ..." kann nicht meinem Vorstellen entsprechen. Auch nicht "ich projiziere auf den Schirm ..." – denn dann könnte es gelingen und mißlingen. Eher noch das: "Für mich ist, was auf diesem Schirm ist, jetzt ein Bild von ..."[1]

121. Es gibt freilich ein Sprachspiel mit dem Befehl "Stell dir ... vor!" – aber ist es denn wirklich ohne Weiteres gleich zu setzen dem "Dreh deinen Kopf nach rechts!"? Oder auch so: Hat es denn ohne Weiteres Sinn, zu sagen, Gesichtsbilder, innere Bilder, folgten meinem Willen? (Wohlgemerkt: *nicht* "meinem Wunsch".)

122. Denn das, wovon man normalerweise sagt, es folge, oder folge nicht, dem Willen, sind nicht 'innere Bilder'. Es ist also nicht klar, daß man den Begriff dieses Folgens ohne Weiteres auf die andere Kategorie anwenden kann.

123. (Daß man nämlich die 'Willkürlichkeit' der Vorstellung nicht mit der der Bewegung von Körpern vergleichen kann, ist klar; denn, ob die Bewegung stattgefunden hat, das zu beurteilen sind auch Andere befähigt; während es bei der Bewegung meiner Vor-

---

[1] Var. "Für mich stellt, was auf diesem Schirm ist, jetzt das dar."

question more precisely: Would "I see ... on the screen" mean something like "I have an image of ..."? – Or should I say that the sentence "... is now appearing on the screen" corresponds to "I have an image of ..."? – No; *that* is not the way it is. The difficulty here lies in my not having a clear concept of what is meant by "producing the pictures by willing them", etc. For actually the case above is not entirely fantastic: I really can form images of all sorts of things on a wall covered with spots; and if someone else who looked at the wall should know in each instance what I was imaging then this would be similar to the case described above. ((But couldn't someone who draws pictures on the wall also be said to be producing them merely by an act of the will?))

"To move by pure will" – What does that mean? That the pictures always exactly obey my will, whereas my hand in drawing, my pencil, does not? All the same in that case it would be possible to say: "Usually I form images of exactly what I want to; today it has turned out differently." Is there such a thing as 'images not coming off'? [b: Z 643.]

120. If there isn't, then this will be explained by saying that the image-picture is non-corporeal and does not resist the will – neither by inertia nor by any other means.

No; "I see ... on the screen" cannot correspond to my imaging. Neither can "I produce ... on the screen" – for then imaging could succeed or fail. This would be better: "For me what is on this screen now is a picture of. . . ."[1]

121. To be sure, there is a language-game with the order "Imagine ...!" – but can this really be that simply assimilated to "Turn your head to the right!"? Or, to put it differently: Does it make sense simply to say that image-pictures, inner pictures, obey my will? (N.B.: *not* "my wish".)

122. For those things which are normally said to follow or not to follow the will are not 'inner pictures'. It is not clear therefore, that the concept of following can be applied to the other category directly.

123. (Clearly the 'arbitrariness' of the imagination cannot be compared to the movement of bodies; for someone else is also competent to judge whether the movement has taken place; whereas with the movement of my images the whole point would always be

[1] Var. "For me, what is on this screen now represents this."

stellungen immer nur darauf ankäme, was ich zu sehen behaupte, – was immer irgend ein Anderer sieht. Es würden also die sich bewegenden wirklichen Gegenstände aus der Betrachtung herausfallen, da es auf sie gar nicht ankäme.) [Z 641.]

124. Sagte man also: "Vorstellungen sind innere Bilder, ähnlich, oder ganz so, wie meine Gesichtseindrücke, nur meinem Willen untertan" – so hätte das bis auf Weiteres noch keinen Sinn.

Denn wenn Einer zu berichten gelernt hat, was er dort sieht, oder was ihm dort zu sein *scheint*, so ist es doch nicht klar, was der Befehl bedeute, er solle jetzt *das* dort sehen, oder es solle ihm jetzt *das* dort zu sein scheinen. [Z 642.]

125. Es ist freilich eine gewisse Verwandtschaft zwischen dem Vorstellen und einer Handlung, die sich eben in der Möglichkeit des Befehls ausdrückt; aber der *Grad* dieser Verwandtschaft muß erst untersucht werden.

126. "Bewege dein inneres Bild!" könnte heißen: bewege den Gegenstand.

127. "Bewege, was du siehst."

Es könnte auch heißen: Nimm etwas ein, was deine Gesichtseindrücke beeinflußt.

128. Welches merkwürdige Phänomen, daß ein Kind wirklich die menschliche Sprache lernen kann! Daß ein Kind, ohne irgend etwas zu wissen, anfangen kann und, auf sicherem Wege, diese ungeheuer komplizierte Technik erlernt.

Dieser Gedanke kam mir, als mir, in einem bestimmten Fall, zum Bewußtsein kam, wie ein Kind *mit nichts* anfängt, und eines Tages die Negation gebraucht wie wir!

129. Mit dem Satz "Vorstellungen sind willkürlich, Empfindungen nicht" unterscheidet man nicht Empfindungen von Vorstellungen, sondern die Sprachspiele, in denen wir's mit diesen Begriffen zu tun haben.

130. Es gibt, was man Erscheinungen des Sehens und Erscheinungen des Vorstellens nennen kann; und den Begriff des Sehens und den Begriff der Vorstellung. Man kann von '*Unterschieden*' innerhalb dieser Paare reden.

what I said I saw – whatever anyone else sees. So really moving objects would drop out of consideration, since no such thing would be in question.) [Z 641.]

124. If then one said: "Images are inner pictures, resembling or exactly like my visual impressions, only subject to my will" – the first thing is that this doesn't yet make sense.

For if someone has learnt to report what he sees over there, or what *seems* to him to be over there, it surely isn't clear to him what it would mean if he were ordered now to see *this* over there, or now to have *this* seem to him to be over there. [Z 642.]

125. Granted, there is a certain relationship between imaging and an action which is expressed in the possibility of ordering someone to perform either; but the *degree* of this relationship has yet to be investigated.

126. "Move your inner picture!" might mean: move the object.

127. "Move what you see."
It might also mean: take something that influences your visual impressions.

128. What a strange phenomenon that a child can actually learn human language! That a child who knows nothing can start out and learn by a sure path this enormously complicated technique.

This thought occurred to me when on a certain occasion I became conscious of how a child starts *with nothing* and one day uses negations, just as we do!

129. With the sentence "Images are voluntary, sensations are not", one differentiates not between sensations and images, but rather between the language-games in which we deal with these concepts.

130. There are what can be called phenomena of seeing and phenomena of imaging; and there is the concept of seeing and the concept of imaging. Within both pairs one can speak of *'differences'*.

131. Wenn man sagt "Die Vorstellung hat es mit dem Willen zu tun", so meint man dieselbe Art des Zusammenhangs, die man mit dem Satz meint "Die Vorstellung hat es nicht mit der Beobachtung zu tun".

132. Ich sagte, es gebe Phänomene des Sehens, – was meinte ich damit? Nun etwa alles das, was sich auf Bildern darstellen läßt und mit "sehen" beschrieben würde. Das genaue Beobachten; das Anschauen einer Landschaft; ein Mensch vom Licht geblendet; der freudig überraschte Blick; das Wegwenden um nicht sehen zu müssen. Alle die Arten des Benehmens, die den sehenden Menschen vom Blinden unterscheiden. (Es hat doch einen Grund, warum mir gerade *diese* Bilder aus dem menschlichen Leben hier einfallen.)

133. Phänomene des Sehens, – das ist, was der Psychologe beobachtet.

134. Einer sagt: "Ich sehe ein Haus mit grünen Fensterläden." Und du: "Er *sieht* es nicht, er stellt es sich nur vor. Er schaut ja gar nicht; siehst du, wie er vor sich hinstarrt?" – Man könnte sich *sehr beiläufig* auch so ausdrücken: "So sieht es nicht aus, wenn jemand etwas sieht; sondern wenn er sich etwas vorstellt." Hier vergleichen wir Erscheinungen des Sehens mit Erscheinungen des Vorstellens. So auch, wenn wir zwei Leute eines fremden Stammes beobachteten, die während einer bestimmten Tätigkeit ein Wort gebrauchen, welches wir für ein Äquivalent unseres "sehen" erkannt haben. Und wie wir nun ihren Gebrauch jenes Worts bei dieser Gelegenheit verfolgen, schließen wir, es müßte hier "vor dem innern Auge sehen" bedeuten. (Ebenso könnte man auch zu dem Schluß kommen, das Wort müsse hier *verstehen* bedeuten.)

135. Was heißt es z.B., daß 'sehen' mit 'beobachten' zusammenhängt? – Wenn wir "sehen" gebrauchen lernen, so lernen wir es zugleich und in Verbindung mit "schauen" gebrauchen, mit "beobachten", etc.

136. Wie wir den Schachkönig in Verbindung mit den Bauern gebrauchen lernen und das Wort "König" zusammen mit dem Wort "Schachmatt".

137. Ein Sprachspiel umfaßt ja doch den Gebrauch *mehrerer* Wörter. [Z 644.]

131. If one says "Imagination has to do with the will" then the same connection is meant as with the sentence "Imaging has nothing to do with observation".

132. I said there were phenomena of seeing – what did I mean by that? Well, for instance, everything that can be portrayed in pictures, and that would be described as 'seeing'. Exact observing; looking at a language; someone blinded by light; the look of joyous surprise; turning away so as not to see something. All the kinds of behaviour which distinguish a sighted man from a blind one. (After all, there is a reason why precisely *these* pictures taken from human life occur to me at this point.)

133. Phenomena of seeing – that is, what the psychologist observes.

134. Someone says: "I see a house with green shutters." And you say: "He's not *seeing* it, he's merely imagining it. He's not even looking; don't you see him staring into space?" – *Very loosely*, it could also be put this way: "That's not the way it looks when somebody sees something; rather, that's the way it looks when he has an image of something." In this case we're comparing phenomena of seeing with phenomena of imagining. Likewise if we were to observe two members of an unknown tribe using a word as they perform a certain activity – a word which we have come to recognize as an equivalent of our "seeing". And we follow their use of that word upon this occasion, and come to the conclusion that here it must mean "to see with the inner eye". (Similarly, one might also come to the conclusion that the word must here mean *to understand*.)

135. What does it mean to say, for example, that 'see' hangs together with 'observe'? – When we learn how to use "see" we learn to use it simultaneously and in conjunction with "look", "observe", etc.

136. Just as in a chess game we learn to use the king in connection with the pawns and the word "king" together with the word "checkmate".

137. A language-game comprises the use of *several* words. [Z 644.]

138. Nichts kann falscher sein, als zu sagen, Sehen und Vorstellen seien verschiedene Tätigkeiten. Das ist, als sagte man, im Schach Ziehen und Verlieren seien verschiedene Tätigkeiten. [Z 645.]

139. Die Worte "Vorstellen ist willkürlich, sehen nicht", oder ähnliche, können Einen irreleiten.

Wenn wir als Kinder lernen, die Worte "sehen", "schauen", "vorstellen" gebrauchen, so spielen dabei Willenshandlungen, Befehle hinein. Aber in anderer Weise für jedes der drei Wörter. Das Sprachspiel mit dem Befehl "Schau!" und mit dem Befehl "Stell dir . . . vor!" – wie soll ich sie nur vergleichen? – Wenn wir jemand abrichten wollen, daß er auf den Befehl "Schau . . .!" reagiert und wenn wir ihn dazu abrichten wollen, daß er den Befehl "Stell dir . . . vor!" versteht, so müssen wir ihn doch offenbar ganz Anderes lehren. Reaktionen, die zu diesem Sprachspiel gehören, gehören zu jenem nicht. Ja, ein enger Zusammenhang der Sprachspiele ist natürlich da, aber eine Ähnlichkeit? – Stücke des einen sind Stücken des andern ähnlich, aber die ähnlichen Stücke sind nicht homolog. [b: Z 646].

140. Ich könnte mir etwas Ähnliches für wirkliche Spiele denken. Es könnte etwa in zwei wesensverschiedenen Spielen – Spielen, die in wichtigem Sinne einander viel unähnlicher wären, als Dame und Schach – ein und dasselbe Brett mit denselben Zügen vorkommen, nur, wenn ich so sagen darf, in einer andern Stellung. Im einen Spiel könnte es z.B. die Aufgabe sein, den Andern mattzusetzen;[1] im andern wäre der ganze Verlauf des Mattsetzens[2] im voraus gegeben, und die beiden Spieler hätten mit Bezug auf ihn eine Aufgabe ganz anderer Art. Es wären den Spielern z.B. zwei Wege des Mattsetzens[2] gegeben und sie müßten die beiden in psychologischer Hinsicht vergleichen. So gibt es ein Spiel: ein Kreuzworträtsel auflösen, und ein anderes: mehrere mir gegebene Auflösungen eines Kreuzworträtsels in irgend einem Sinne auf ihre Güte zu prüfen. [Der erste Satz: Z 647.]

141. Das Sehen untersteht dem Willen *in anderer Weise*, als das Vorstellen.

Oder: 'sehen' und 'vorstellen' haben zum 'wollen' verschiedene Beziehungen.

---

[1] Im Typoskript "nachzusetzen". Im MS "mattzusetzen". Dies kommt hier natürlicher vor. (*Herausg.*)

[2] Im Typoskript "Nachsetzens", im MS "Mattsetzens". (*Herausg.*)

138. Nothing could be more mistaken than to say: seeing and forming an image are different activities. That is as if one were to say that moving and losing in chess were different activities. [Z 645.]

139. The sentence "Forming an image is voluntary, seeing isn't", or a sentence like this can be misleading.

When we learn as children to use the words "see", "look", "image", voluntary actions and orders come into play. But in a different way for each of the three words. The language-game with the order "Look!" and that with the order "Form an image of . . .!" – how am I ever to compare them? – If we want to train someone to react to the order "Look . . .!" and to understand the order "Form an image of . . .!" we must obviously teach him quite differently. Reactions which belong to the latter language-game do not belong to the former. There is of course a close tie-up of these language-games; but a resemblance? – Bits of one resemble bits of the other, but the resembling bits are not homologous. [b: Z 646.]

140. I could imagine something similar for actual games. Two essentially different games – games which might differ from each other in important respects far more than checkers and chess – could feature the same board and the same moves, only, if I might put it this way, in different positions. In the one game, e.g., the task might be to check-mate[1] the other player; in the other game the whole process of check-mating[2] would be given in advance, and the two players would have a quite different task in connection with it. For instance, the players might be given two ways of check-mating[2] the other, and they would have to compare the two from a psychological point of view. Analogously there is a game: to solve a crossword puzzle, and another one: somehow to test the value of several different solutions I have been given to the puzzle. [First sentence: Z 647.]

141. Seeing is subject to the will *in a different way* from forming an image.

Or: 'seeing' and 'forming an image' are related differently to 'willing'.

---

[1] In the typescript, "chase". In the MS, "check-mate". This seems to be more natural here. (*Eds.*)

[2] In the typescript, "chasing", in the MS "check-mating". (*Eds.*)

142. Nun scheint es aber doch, als wären Vorstellungen matte Spiegelungen der Sinneseindrücke. Wann scheint es so, und wem? Es gibt natürlich ein klar und unklar in den Vorstellungen. Und wenn ich sage "Mein Vorstellungsbild von ihm ist viel unbestimmter als mein Gesichtseindruck, wenn ich ihn sehe", so ist das wahr, denn ich kann ihn aus der Vorstellung auch nicht annähernd so genau beschreiben, als wenn ich ihn vor mir habe.[1] Es kann aber doch geschehen, daß eines Menschen Gesicht sich so trübt, daß er einen Andern viel unschärfer sieht, als er sich ihn vorstellen kann.

143. Wenn ich mir, und ein Andrer sich, einen Schmerz vorstellen kann, oder wir doch sagen, daß wir's können, – wie kann man herausfinden, ob wir ihn uns richtig vorstellen, und wie genau? [Z 535.]

144. Könnte es nicht Leute geben, die die Züge eines Menschen aus dem Gedächtnis höchst genau beschreiben könnten, ja, die auch sagen, jetzt wüßten sie plötzlich, wie er ausschaut, – die aber die Frage, ob sie den Menschen in jenem Augenblick in irgendeinem Sinn 'vor sich sähen' (oder dergleichen) unbedingt verneinten? Leute also, denen der Ausdruck "ich sehe ihn vor mir" *durchaus nicht passend vorkäme?*

Dies scheint mir eine sehr wichtige Frage. Oder auch: die wichtige Frage ist, ob diese Frage Sinn hat. – Denn, was für einen Grund habe ich, zu glauben, daß das nicht unser Aller Fall ist? Oder, wie kann ich die Frage entscheiden, ob der Andere (ich nehme mich einstweilen aus) sich jemand wirklich 'visuell vorstellt', oder nur im Stande ist, ihn visuell zu beschreiben (zu zeichnen, etc.) – plus dem Faktum, daß er, wenn ich so sagen darf, eine 'Erleuchtung' kennt, oder einen Zustand der Erleuchtung, ähnlich dem 'Jetzt weiß ich's'. ((Echte Dauer.))

145. Die *visuelle* Vorstellung ist eben *nicht* nur durch das Zeichnen-können und dergleichen charakterisiert, sondern auch durch feinere Abschattungen des Benehmens.

Zu dem Sprachspiel mit "vorstellen" gehört jedenfalls die *Beschreibung* der Vorstellung. (Das heißt nicht, daß nicht in Grenzfällen eine Äußerung vorkommen kann: "Ich kann mir's genau vorstellen, aber absolut nicht beschreiben." Ein Spiel läßt Grenzfälle zu – eine Regel Ausnahmen. Aber Ausnahme und Regel könnten nicht ihre Rolle vertauschen, ohne das Spiel zu vernichten. Der 'Übergang von der Quantität zur Qualität'?)

[1] Var. "als nach der Natur."

142. Nevertheless, images seem to be dull reflections of sense-impressions. When does this seem to be the case, and to whom? Of course there is such a thing as clarity and unclarity in images. And if I say "My image-picture of him is much less well-defined than the visual impression I have when I see him", then this is true, for I cannot describe him nearly as accurately by relying on my image as I can when he is in front of me.[1] Still, it is possible for someone's eyesight to deceive him to such an extent that the sight of another man is much less clear than the image of him.

143. If I, and if anyone else, can imagine a pain, or at least we say we can — how is it to be found out whether we are imagining it right, and how accurately we are imagining it? [Z 535.]

144. Couldn't there be people who could describe a person's features in minute detail from memory, who even say that they now suddenly know what he looks like — but who would emphatically deny, when they were asked, that at that moment they in any way 'saw' the person 'before them' (or anything like that)? People who would find the expression "I see him before me" *totally inappropriate*?

This seems to me to be a very important question. Or even: the important question is whether this question makes sense. — What reason do I have, after all, to believe that this is not the case for all of us? Or, how can I decide the question whether someone else (I'm excluding myself for the time being) is really 'forming a visual image' of somebody, or is merely able to describe him in visual terms (to draw him etc.) — plus the fact that he is familiar with 'illumination', if I might phrase it this way, or a state of illumination similar to "Now I know". ((Genuine duration.))

145. *Visual* imaging is *not* just characterized by an ability to draw, and things like that, but also by more subtle shades of behaviour.

In any case, the *description* of the image belongs to the language-game of "forming an image". (That does not mean that in borderline cases this statement cannot appear: "I can form an exact image of it, but I simply cannot describe it." A game allows for borderline cases — a rule for exceptions. But the exception and the rule could not change place without destroying the game. The 'transition from quantity to quality'?)

---

[1] Var. "as when following nature."

146. "Wenn Ausnahme und Regel ihre Rolle vertauschen, so ist es eben nicht mehr dasselbe!" – Aber was heißt das? Etwa, daß sich dann mit einem Schlage unsere Einstellung zu dem Spiel ändern wird? Ist es, als kippte nach einem allmählichen Beschweren der einen und Erleichtern der andern Schale der Waagebalken, *nicht* allmählich, um?

147. Wie könnte nun die Beschreibung der Vorstellung einer Bewegungsempfindung ausschauen?

148. Fortsetzung der Klassifizierung der psychologischen Begriffe.
Gemütsbewegungen. Ihnen gemeinsam echte Dauer, ein Verlauf. (Zorn flammt auf, läßt nach, verschwindet; ebenso: Freude, Depression, Furcht.)
Unterschied von den Empfindungen: sie sind nicht lokalisiert (auch nicht diffus!).
Gemeinsam: sie haben ein charakteristisches Ausdrucksbenehmen. (Gesichtsausdruck.) Und daraus folgt schon: auch charakteristische Empfindungen. So geht die Trauer oft mit dem Weinen einher, und mit ihm charakteristische Empfindungen. (Die tränenschwere Stimme.) Aber die Empfindungen sind nicht die Gemütsbewegungen. (In dem Sinne, wie die Ziffer 2 nicht die Zahl 2 ist.)
Unter den Gemütsbewegungen könnte man gerichtete von ungerichteten unterscheiden. Furcht *vor* etwas, Freude *über* etwas.
Dies Etwas ist das Objekt, nicht die Ursache der Gemütsbewegung.
Das Sprachspiel "Ich fürchte mich" enthält schon das Objekt.
Angst könnte man ungerichtete Furcht nennen, insofern ihre Äußerungen verwandt mit denen der Furcht sind.
Der *Inhalt* einer Gemütsbewegung – darunter stellt man sich so etwas vor wie ein *Bild*, oder etwas, wovon ein Bild gemacht werden kann. (Die Finsternis der Depression, die sich auf Einen herniedersenkt, die Flammen des Zornes.)
Man könnte auch das menschliche Gesicht ein solches Bild nennen und den *Verlauf* der Leidenschaft durch seine Veränderungen darstellen.
Zum Unterschied von den Empfindungen: sie unterrichten uns nicht über die Außenwelt. (Grammatische Bemerkung.)
Liebe und Haß könnte man Gemütsdispositionen nennen; auch Furcht in einem bestimmten Sinne.
Es ist eines, akute Furcht empfinden, und ein anderes, jemand 'chronisch' fürchten. Aber Furcht ist keine Empfindung.
'Schreckliche Furcht': sind es die *Empfindungen*, die so schrecklich sind?

146. "If exception and rule change place then it just is not the same thing any more!" – But what does that mean? Maybe that our attitude toward the game will then change abruptly. Is it as if after a gradual loading of one side and lightening of the other, there was a *non*-gradual tipping of the balance?

147. What could the description of the image of a sensation of movement look like?

148. Continuation of the classification of psychological concepts.

Emotions. Common to them: genuine duration, a course. (Rage flares up, abates, vanishes, and likewise joy, depression, fear.)

Distinction from sensations: they are not localized (nor yet diffuse!).

Common: they have characteristic expression-behaviour. (Facial expression.) And this itself implies characteristic sensation too. Thus sorrow often goes with weeping, and characteristic sensations with the latter. (The voice heavy with tears.) But the sensations are not the emotions. (In the sense in which the numeral 2 is not the number 2.)

Among emotions the directed might be distinguished from the undirected. Fear *at* something, joy *over* something.

This something is the object, not the cause of the emotion.

The language-game "I am afraid" already contains the object.

"Anxiety" is what undirected fear *might* be called, in so far as its manifestations are related to those of fear.

The *content* of an emotion – here one imagines something like a *picture*, or something of which a picture can be made. (The darkness of depression which descends on a man, the flames of anger.)

The human face too might be called such a picture and its alterations might represent the *course* of a passion.

What goes to make them different from sensation: they do not give us any information about the external world. (A grammatical remark.)

Love and hate might be called emotional dispositions, and so might fear in one sense.

It is one thing to feel acute fear, and another to have a 'chronic' fear of someone. But fear is not a sensation.

'Horrible fear': is it the *sensations* that are so horrible?

Typische Ursachen des Schmerzes einerseits, der Depression, Trauer, Freude anderseits. Ursache dieser zugleich ihr Objekt.

Das Benehmen des Schmerzes und das Benehmen der Traurigkeit. – Man kann diese nur mit ihren äußeren Anlässen beschreiben. (Wenn die Mutter das Kind allein läßt, mag es vor Trauer weinen; wenn es hinfällt, vor Schmerz.) Benehmen und Art des Anlasses gehören zusammen. [a–f: Z 488; g–i: Z 489; j: Z 490; k–l: Z 491; m–p: Z 492.]

149. Vielleicht wird man sagen: Wie kann man den Begriff 'Schmerz' durch die Schmerzanlässe charakterisieren? Schmerz ist doch, was er ist – was immer ihn veranlaßt! – Frage jedoch: Wie identifiziert man Schmerz?

Der Anlaß bestimmt den Nutzen des Schmerzsignals.

150. Der Schmerzbegriff ist eben auf eine bestimmte Weise in unserm Leben eingebettet. Ist charakterisiert durch ganz bestimmte Zusammenhänge.

Wie es einen Zug mit dem Schachkönig nur in einem bestimmten Zusammenhang gibt. Er läßt sich aus diesem Zusammenhang nicht lösen. – Denn dem Begriff entspricht eine Technik. (Das Auge[1] lächelt nur in einem Gesicht.) [a: Vgl. Z 532, 533.]

151. Nur inmitten gewisser normaler Lebensäußerungen gibt es eine Schmerzäußerung. Nur inmitten von noch viel weitgehender bestimmten Lebensäußerungen den Ausdruck der Trauer, oder der Zuneigung. U.s.f. [Z 534.]

152. Gemütseinstellungen (Liebe z.B.) kann man prüfen, Gemütsbewegungen nicht. [Vgl. Z 504.]

153. Ich möchte sagen: Gemütsbewegungen können die Gedanken *färben*; der Körperschmerz nicht. Und darum rede man von traurigen Gedanken, nicht aber in analoger Weise von zahnschmerzlichen. Es ist, als könnte man sagen: Furcht, oder gar Hoffnung, könne geradezu aus Gedanken bestehen, aber doch nicht Schmerz. Nun, Schmerz hat vor allem die Merkmale der Empfindung und Furcht nicht. Furcht hängt mit Befürchtungen zusammen, und Befürchtungen sind Gedanken.

[1] Var. "Der Mund". Vgl. PU I, 583.

Typical causes of pain on the one hand, and of depression, sorrow, joy on the other. Cause of these also their object.

Pain-behaviour and the behaviour of sorrow. − These can only be described along with their external occasions. (If a child's mother leaves it alone it may cry because it is sad; if it falls down, from pain.) Behaviour and kind of occasion belong together. [a–f: Z 488; g–i: Z 489; j: Z 490; k–l: Z 491; m–p: Z 492.]

149. Perhaps someone will say: How can you characterize the concept 'pain' by referring to the occasions on which pain occurs? Pain, after all, is what it is, whatever causes it! − But ask: How does one identify pain?

The occasion determines the usefulness of the signs of pain.

150. The concept of pain is simply embedded in our life in a certain way. It is characterized by very definite connexions.

Just as in chess a move with the king only takes place within a certain context, and it cannot be removed from this context. − To the concept there corresponds a technique. (The eye[1] smiles only within a face.) [a: cf. Z 532, 533.]

151. Only surrounded by certain normal manifestations of life, is there such a thing as an expression of pain. Only surrounded by even more far-reaching particular manifestations of life, such as the expression of sorrow or affection. And so on. [Z 534.]

152. Emotional attitudes (e.g. love) can be put to the test, but not emotions. [Cf. Z 504.]

153. I am inclined to say: emotions can *colour* thoughts; bodily pain cannot. Therefore let us speak of sad thoughts, but not, analogously, of toothachey thoughts. It is as if one might say: Fear or indeed hope could consist only of thoughts, but pain could not. Above all pain has the characteristics of sensation and fear does not. Fear hangs together with misgivings, and misgivings are thoughts.

[1] Var. "the mouth". Cf. *PI* I, 583.

154. Die Hoffnung kann man eine Gemütsbewegung nennen. D.h., sie mit Furcht, Zorn, Freude zusammenstellen. Sie ist verwandt mit dem Glauben, der *keine* Gemütsbewegung ist. Es gibt keinen typischen Körperausdruck des Glaubens.

Vergleiche die Bedeutung von "ununterbrochener Schmerz" mit: "ununterbrochener Zorn", Jubel, Trauer, Freude, Furcht, und anderseits "ununterbrochener Glaube" oder "ununterbrochene Hoffnung".

Aber auch Furcht, Hoffnung, Sehnsucht, Erwartung sind schwer mit einander zu vergleichen. Die Sehnsucht ist eine Beschäftigung in Gedanken mit einem bestimmten Objekt. Die Furcht vor einem *Ereignis* (apprehension) scheint von ähnlicher Art zu sein; nicht aber die Furcht vor dem Hund, der mich anbellt. Es könnten hier zwei verschiedene Worte gebraucht werden. Ebenso kann "erwarten" bedeuten: glauben, das und das werde geschehen – aber auch: die Zeit mit erwartenden Gedanken und Tätigkeiten hinbringen, also *harren*.

155. Der Glaube ist keine Beschäftigung mit dem Gegenstand des Glaubens. Die Furcht, die Sehnsucht, die Hoffnung aber beschäftigen sich mit ihrem Objekt.

Wir sagen in einer wissenschaftlichen Untersuchung alles mögliche, machen viele Aussagen, deren Rolle wir in der Untersuchung nicht verstehen. Denn wir sagen ja nicht etwa alles mit einem bewußten Zweck, sondern unser Mund geht eben. Wir gehen durch herkömmliche Gedankenbewegungen, machen, automatisch, Gedankenübergänge gemäß den Formen, die wir gelernt haben. Und nun müssen wir erst, was wir gesagt haben, sichten. Wir haben eine ganze Menge unnütze, ja zweckwidrige Bewegungen gemacht, müssen nun unsere Gedankenbewegungen philosophisch klären. [b: *Vermischte Bemerkungen*, zweite Ausgabe, S. 125.]

156. Wenn ich erzähle "Ich habe mich den ganzen Tag vor seinem Kommen gefürchtet" – da könnte ich doch ins Einzelne gehen: Ich habe gleich beim Erwachen gedacht . . . Dann überlegte ich mir . . . Ich sah immer wieder zum Fenster hinaus, etc. etc. Das könnte man einen Bericht über die Furcht nennen. Wenn ich aber damals zu jemand sprach "Ich fürchte mich . . ." – ist das gleichsam ein Stöhnen der Furcht, oder eine Betrachtung über meinen Zustand? – Es könnte das eine, oder auch das andere sein: Es mag einfach ein Stöhnen der Furcht sein; es mag aber auch sein, daß ich dem Andern berichten will, wie ich den Tag verbracht habe. Wenn ich ihm nun sagte: "Ich habe den ganzen Tag in Furcht verbracht (nun folgen vielleicht

154. Hope can be called an emotion. That is, it can be placed in the same category as fear, anger, joy. It is related to belief, which is *not* an emotion. There is no bodily expression typical of belief.

Compare the meaning of "uninterrupted pain" with "uninterrupted anger", jubilation, sorrow, joy, fear, and on the other hand, "uninterrupted belief", or "uninterrupted hope".

But again, fear, hope, longing, expectation, are hard to compare with each other. Longing is a mental preoccupation with a certain object. Fear of an *event* (apprehension) seems to be similar; but not the fear of a dog barking at me. Here two different words can be used. Likewise "expect" can mean: to believe that this or that will happen – but also: to occupy one's time with thoughts and activities of expectation, i.e., *wait for*.

155. Belief is not any kind of occupation with the object of belief. Fear, however, longing, and hope, occupy themselves with their objects.

In a scientific investigation we say all sorts of things, we make many statements whose function in the investigation we don't understand. For not everything is said with a conscious purpose; our mouth simply runs. We move through conventional thought patterns, automatically perform transitions from one thought to another according to the forms we have learned. And then finally we must sort through what we have said. We have made quite a few useless, even counterproductive motions and now we must clarify our movements of thought philosophically. [b: *Culture and Value*, p. 64.]

156. If I tell you "I have been afraid of his arrival all day long" – I could, after all, go into detail: Immediately upon awakening I thought. . . . Then I considered. . . . Time and again I looked out of the window, etc., etc. This could be called a report about fear. But if I then said to somebody, "I am afraid . . ." – would that be as it were a groan of fear, or an observation about my condition? – It could be either one, or the other: It might simply be a groan of fear; but I might also want to report to someone else how I have been spending the day. And if I were now to say to him: "I have spent the whole day in fear (here details might be added) and now too I am full of anxiety" – what are we to say about this mixture of report and

Einzelheiten) und auch jetzt bin ich voll Angst" – was sollen wir nun über dieses Gemisch von Bericht und Äußerung sagen – nun was sollen wir sagen, als daß wir hier die Verwendung des Wortes "Furcht" vor uns sehen.

157. Wenn es Leute gäbe, die in den Fällen, wo wir Befürchtungen mit Angstgefühlen aussprechen, einen stechenden Schmerz in der linken Seite empfinden, – würde dies Stechen bei ihnen den Platz unsres Furchtgefühls einnehmen? – Wenn wir also diese Leute beobachteten, und, so oft sie eine Befürchtung aussprächen, d.h., etwas sagten, was bei uns jedenfalls eine Befürchtung wäre, und sie zuckten dabei zusammen und hielten sich die linke Seite, – würden wir sagen: Diese Leute empfinden ihre Furcht als stechenden Schmerz? Offenbar nicht. –

158. Warum verwendet man aber das Wort "Leiden" für die Furcht und auch für den Schmerz? Nun, es sind ja Verbindungen genug. – [Z 500.]

159. Denke, man sagte: Fröhlichkeit wäre ein Gefühl, und Traurigkeit bestünde darin, daß man *nicht* fröhlich ist. – Ist denn die Abwesenheit eines Gefühls ein Gefühl? [Z 512.]

160. Wenn ich sage "Ich habe immer mit Furcht daran gedacht" – hat die Furcht meine Gedanken *begleitet*? – Wie stellt man sich die Trennung des Begleitenden von der Begleitung vor?

Man könnte fragen: Wie durchdringt die Furcht den Gedanken? Denn sie scheint nicht nur mit ihm einherzugehen. Wenn ich sage "Ich denke mit Beklemmung daran", so könnte es allerdings so scheinen, als ob der Gedanke, etwa die Worte, mit einem besondern Gefühl in der Brust einhergingen und *darauf* angespielt würde. Aber die Verwendung dieses Satzes ist eben anders.

Man sagt auch: "Es beklemmt mir den Atem, daran zu denken" und meint nicht nur, daß erfahrungsgemäß die und die Empfindung und Reaktion diesen Gedanken begleiten.

161. Auf die Äußerung "Ich kann nicht ohne Furcht daran denken..." antwortet man etwa: "Es ist kein Grund zur Furcht, denn...." Das ist jedenfalls *ein* Mittel, Furcht zu beseitigen, im Gegensatz zu Schmerzen.

Ist Ekel eine Empfindung? – Hat er einen Ort? – Und er hat einen Gegenstand, wie die Furcht. Und es gibt hier charakteristische Empfindungen. [a: Z 501.]

statement? Well what should we say other than that here we have the use of the word "fear" in front of us?

157. If there were people who felt a stabbing pain in their left side in those cases where we express misgivings with feelings of anxiety — would this stabbing sensation take the place with them of our feeling of fear? — So if we observed these people and noticed them wincing and holding their left side every time they expressed a misgiving, i.e., said something which for us at any rate would be a misgiving — would we say: These people sense their fear as a stabbing pain? Clearly not. —

158. Why does one use the word "suffering" for pain as well as for fear? Well, there are plenty of tie-ups. — [Z 500.]

159. Suppose it were said: Gladness is a feeling, and sadness consists in *not* being glad. — Is the absence of a feeling a feeling? [Z 512.]

160. If I say "Every time I thought about it I was afraid" — did fear *accompany* my thoughts? — How is one to conceive of separating what does the accompanying from what is accompanied?

We could ask: How does fear pervade a thought? For the former does not seem to be merely concurrent with the latter. To be sure, if I say "I think about it with anguish", the thought expressed in these words might seem to run concurrently with a certain feeling in my chest, and *this* might seem to be alluded to. But the use of this sentence is something different from that.

One also says: "Thinking about it takes my breath away", and means not only that as a matter of experience this or that sensation or reaction accompanies this thought.

161. To the utterance: "I can't think of it without fear" one replies: "There's no reason for fear, for. . . ." That is at any rate *one* way of dismissing fear. Contrast with pain.

Is disgust a sensation? — Is it localized? — And it has an object, as does fear. And there are characteristic sensations here. [a: Z 501.]

162. Ja, du mußt dich immer fragen: Was wird durch diese Sätze dem Andern mitgeteilt? und das heißt: welche Verwendung kann er nun davon machen?

163. Ich *konstatiere*, ich habe Furcht. – Besinne ich mich dazu meiner Gedanken in der letzten halben Stunde, oder lasse ich mir rasch einen Gedanken an den Zahnarzt durch den Kopf gehen, um zu sehen, wie er mich affiziert; oder konnte mir ein Zweifel kommen, ob es wirklich Furcht vor dem Zahnarzt ist und nicht ein anderes organisches Unwohlgefühl?

164. Oder ist das Konstatieren, ich hätte Furcht, wie ein äußerst gemildertes Stöhnen der Furcht? Nein; denn mit dem Stöhnen will ich dem Andern nicht unbedingt das mitteilen. Die Konstatierung ist, sozusagen, ein Teil eines *Gesprächs*.

165. Kann man sagen: "Ich fürchte mich vor der Operation nur, während ich gerade an sie denke"? Und heißt das: während ich über sie nachdenke? Kann mir nicht vor etwas grauen, auch während ich nicht, sozusagen, ausdrücklich darüber nachdenke. Kann ich Einem nicht sagen "Mir graut vor diesem Zusammentreffen", obwohl ich das Ereignis sozusagen nur aus dem Augenwinkel sehe.

166. Vergessen wir doch einmal ganz, daß uns der Seelenzustand des Fürchtenden interessiert. Gewiß ist, daß uns auch sein Benehmen unter gewissen Umständen als Anzeichen für künftiges Verhalten interessieren kann. Warum sollten wir also nicht dafür ein Wort haben. Es kann dies ein Verbum oder Adjektiv sein.

Man könnte nun fragen, ob dies Wort sich wirklich einfach auf das Benehmen, einfach auf die Veränderungen des Körpers bezöge. Und das wollen wir verneinen. Es liegt uns ja nichts daran, den Gebrauch dieses Worts derart zu vereinfachen. Es bezieht sich auf das Benehmen unter gewissen äußeren Umständen. Wenn wir diese und jenes beobachten, sagen wir, Einer sei. . . .

Wenn das Wort in der *ersten* Person gebraucht wird, ist die Analogie mit dem Gebrauch in der dritten Person dieselbe wie die zwischen "ich schiele" und "er schielt". [a, b – außer dem letzten Satz von a und den zwei letzten Worten von b: Z 523.]

167. Ich will nun sagen, daß Menschen, welche einen solchen Begriff gebrauchen, seinen Gebrauch *nicht* müßten beschreiben können. Und sollten sie's versuchen, so könnten sie eine ganz unzulängliche Beschreibung geben. (Wie die meisten, wenn sie versuchen wollten, die Verwendung des Papiergelds richtig zu beschreiben.) [Vgl. Z 525.]

162. Indeed, you must always ask yourself: What do you tell someone else with these sentences? And this means: What use can he make of them?

163. I *give notice* that I am afraid. – Do I recall my thoughts of the past half hour in order to do that, or do I let a thought of the dentist quickly cross my mind in order to see how it affects me; or can I be uncertain of whether it is really fear of the dentist, and not some other physical feeling of discomfort?

164. Or is giving notice of being afraid like a very slight groan of fear? No; for in groaning I don't necessarily want to tell somebody else that I am afraid. The notice is, as it were, part of a *conversation*.

165. Can one say: "I am only afraid of the operation at the moment I am thinking about it"? And does that mean: while I am pondering over it? Can't I dread something even when I am not expressly, so to speak, thinking it over? Can't I say to someone "I dread this meeting" even though I see the event, as it were, merely out of the corner of my eye?

166. Let us just forget entirely that we are interested in the state of mind of a frightened man. It is certain that under given circumstances we may also be interested in his behaviour as an indication of how he will behave in the future. So why should we not have a word for this? It can be either a verb or an adjective.

It might now be asked whether this word would really relate simply to behaviour, simply to bodily changes. And this we wish to deny. There is no future in simplifying the use of this word in this way. It relates to the behaviour under certain external circumstances. If we observe these circumstances and that behaviour we say that a man is. . . .

If the word is used in the *first* person then the analogy with its use in the third person is the same as the one between "I am cross-eyed" and "He is cross-eyed". [a, b, – except for the last sentence of a and the last two words of b: Z 523.]

167. I now want to say that humans who employ such a concept would *not* have to be able to describe its use. And were they to try, it is possible that they would give a quite inadequate description. (Like most people, if they tried to describe the use of paper money correctly.) [Cf. Z 525.]

168. Es ist z.B. möglich, daß sie diese Aussage von einem Menschen machen, ohne doch recht sagen zu können, *welches* Benehmen in ihm sie dazu veranlaßt. Sie könnten sagen "Ich sehe es; aber ich weiß nicht genau, *was* ich sehe". Wie wir sagen: "Es hat sich etwas an ihm verändert, aber ich weiß nicht genau, was." Die künftige Erfahrung mag ihnen Recht geben.

169. Es könnte nun sein, daß Leute ein Verbum hätten, dessen dritte Person sich *genau* mit unserem "Er fürchtet sich" deckt; dessen erste Person aber nicht mit unserem "Ich fürchte mich". Denn die Behauptung in der ersten Person würde sich auf Selbstbeobachtung stützen. Sie wäre nicht die *Äußerung* der Furcht, und es gäbe ein "Ich glaube, ich...", "Es kommt mir vor, ich...". Diese erste Person hätte nun, so scheint es mir, keine, oder eine sehr seltene Verwendung. Würde mein Benehmen in einer bestimmten Situation gefilmt, so könnte ich, wenn mir der Film vorgeführt wird, sagen: "Mein Benehmen macht den Eindruck...".

170. Das "Ich glaube, er fühlt, was ich unter solchen Umständen fühle" gibt es hier noch nicht: Die Interpretation, daß ich in mir etwas sehe, was ich in ihm vermute.

Denn in Wahrheit ist das eine rohe Interpretation. Ich vermute — im allgemeinen — die Furcht nicht in ihm, — ich *sehe* sie. Es ist mir nicht, als schlösse ich aus einem Äußeren auf die wahrscheinliche Existenz eines Inneren; sondern als sei das menschliche Gesicht quasi durchscheinend, und ich sähe es nicht im reflektierten, sondern im eigenen Licht.

171. "Mir graut davor." — Das ist nicht eine Abbildung von etwas, was ich sehe. Ja, so wie ich *schaue*, sehe ich nichts, oder nicht eigentlich, was ich meinte. Es ist dann, als wäre dies ein so feiner Schleier, daß man von ihm wissen, aber ihn nicht eigentlich sehen könnte. Als wäre das Grauen ein ganz feines dumpfes Geräusch neben den Tagesgeräuschen, das ich nur *merken* und nicht eigentlich hören könnte.

Denk dir ein Kind, das lange nicht recht sprechen lernen konnte, gebrauche plötzlich den Ausdruck, den es von den Erwachsenen gehört hatte, "Mir graut vor...". Und sein Gesicht und die Umstände und was folgt lassen uns sagen: Es hat das wirklich gemeint. (Man könnte ja immer sagen: "Eines schönen Tages gebraucht nun das Kind das Wort.") Ich habe den Fall des Kindes gewählt, weil hier, was in ihm vorgeht, uns noch fremder erscheint als im Erwachsenen. Was weiß ich — so möchte ich sagen — von einem *Hintergrund* der Worte "Mir graut..."? Läßt das Kind mich plötzlich in sich hineinschauen?

168. It is possible, for example, that they make this statement about someone without being able to say with any degree of certainty, *which* aspect of his behaviour causes them to make the statement. They might say "I see it; but I don't exactly know *what* I see". Just as we say: "Something about him has changed, but I don't know exactly what." Future experience might prove them right.

169. Now it is conceivable that some people might have a verb whose third person would be *exactly* equivalent to our "He is afraid"; but whose first person is not equivalent to our "I am afraid". For the assertion using the first person would be based on self-observation. It would not be an *utterance* of fear and there would be a "I believe I ...", "It seems to me that I ...". Now probably this first person would not be used at all, or only very rarely. If my behaviour in a certain situation were filmed, then when the film was shown to me I could say "My behaviour creates the impression ...".

170. That statement "I believe he feels what I feel in such circumstances" does not yet exist here: The interpretation, that is, that I see something in myself which I surmise in him.

For in reality that is a rough interpretation. In general I do not surmise fear in him − I *see* it. I do not feel that I am deducing the probable existence of something inside from something outside; rather it is as if the human face were in a way translucent and that I were seeing it not in reflected light but rather in its own.

171. "I dread it." − That is not a representation of something I see. As a matter of fact, as soon as I *look*, I see nothing, or at least not what I really meant. Then it is as if this were such a thin veil that one could know about it but not actually see it. As if dread were a very subtle, muffled sound alongside the everyday sounds, a sound which I could only *sense* and not really hear.

Imagine a child who for a long time had been unable to learn how to speak and who suddenly used the expression "I dread ...", which it had heard from adults. And its face and the circumstances and the consequences make us say: He really meant it. (For one could always say: "One fine day the child starts using the words.") I chose the case of a child because what is happening in him is stranger to us than it would be with an adult. What do I know − I'm inclined to say − about a *background* for the words "I dread ..."? Does the child suddenly let me look into him?

172. Diese Sache erinnert auch an das Hören eines Geräusches *aus einer bestimmten Richtung.* Es ist beinahe, als fühlte man die Beschwerde in der Magengegend aus der Richtung der Furcht. D.h. eigentlich, daß "Mir ist schlecht vor Furcht" nicht eine *Ursache* der Furcht angibt. [Vgl. Z 496.]

173. Gibt es psychologische Konglomerate; und ist das Erwarten eines? Vielleicht das Harren, aber nicht das Erwarten.

174. Daß es ein Furchtkonglomerat, z.B., gibt, heißt nicht, daß Furcht ein Konglomerat ist. [Vgl. Z 502.]

175. Sage ich "Ich erwarte sehnsüchtig sein Kommen", so heißt das: ich *beschäftige* mich mit seinem Kommen (in Gedanken, und man kann auch sagen: in Gedanken und Handlungen). Den Zustand des sehnsüchtigen Erwartens kann man also ein Konglomerat nennen. Aber es ist nicht, sozusagen, ein Konglomerat von Handlungen einer bestimmten Art, sondern es geht um die Intention der Handlungen, also um ein *Motiv*, nicht eine *Ursache*.

176. Wenn ich sage, ich verwende die Worte "Ich habe Schmerzen", "Ich sehne mich nach ihm", etc. etc. als Mitteilung, nicht als Naturlaut,[1] so charakterisiert dies meine Intention. Ich will z.B., daß der Andere darauf in bestimmter Weise reagiere.

Hier bin ich aber noch die Erklärung des Begriffs der Intention schuldig, und die Intention ist nun nicht etwa eine Art Empfindung, auf die ich alles reduzieren will; der ich, sozusagen, alles in die Schuhe schiebe. (Denn die Intention ist *keine* Empfindung.)

177. Wenn wir Furcht, Trauer, Freude, Zorn, etc. Seelenzustände nennen, so heißt das, daß der Furchtvolle, Trauervolle, etc. die Mitteilung machen kann: "Ich bin im Zustand der Furcht", etc., daß diese Mitteilung – ganz wie die primitive Äußerung – nicht auf einer Beobachtung beruht.

178. Absicht, Intention, ist weder Gemütsbewegung, Stimmung, noch Empfindung, oder Vorstellung. Sie ist kein Bewußtseinszustand. Sie hat nicht echte Dauer. Die Absicht kann man eine seelische Disposition nennen. Dieser Ausdruck ist insofern irreführend, als man eine solche Disposition in sich nicht durch Erfahrung wahrnimmt. Die *Neigung* zur Eifersucht dagegen ist eine Disposition im eigentlichen Sinne. Erfahrung lehrt mich, daß ich sie habe. [Die drei ersten Sätze: Z 45.]

[1] Var. "nicht als Naturlaut, sondern zur Mitteilung, zum Bericht".

172. This matter also calls to mind hearing a sound *from a particular direction*. It is almost as if one felt the heaviness around the stomach from the direction of the fear. That means really that "I am sick with fear" does not assign a *cause* of fear. [Cf. Z 496.]

173. Are there psychological syndromes; and is 'expecting' one of them? Possibly waiting for something, but not 'expecting'.

174. That there is a fear-syndrome, for example, does not mean that fear is a syndrome. [Cf. Z 502.]

175. If I say "I am anxiously awaiting his coming", this means: I am *occupied* with his coming (in thought and, one can also say: in thought and in action). The state of anxiously awaiting can thus be called a syndrome. But it is not, so to speak, a syndrome of actions of a certain kind; the crucial point is rather the intention of the actions, and thus a *motive*, and not a *cause*.

176. If I say that I am using the words "I'm in pain", "I'm looking for him", etc. etc. as a piece of information, not as a natural sound,[1] then this characterizes my intention. For instance, I might want somebody else to react to this in a certain way.

   But here I still owe an explanation of the concept of intention, and intention is by no means some sort of feeling to which I want to reduce everything; at whose door, so to speak, I am laying everything. (For intention is *not* a feeling.)

177. If we call fear, sorrow, joy, anger, etc. mental states, then that means that the fearful, the sorrowful, etc. can report: "I am in a state of fear" etc., and that this information – just like the primitive utterance – is not based on observation.

178. Intent, intention, is neither an emotion, a mood, nor yet a sensation or image. It is not a state of consciousness. It does not have genuine duration. Intention can be called a mental disposition. This term is misleading inasmuch as one does not perceive such a disposition within himself as a matter of experience. The *inclination* toward jealousy, on the other hand, is a disposition in the true sense. Experience teaches me that I have it. [First three sentences: Z 45.]

---

[1] Var. "not as a natural sound, but rather to communicate something, as a report".

179. "Ich beabsichtige" ist nicht die Äußerung eines Erlebnisses.

Es gibt keinen Schrei der Absicht, so wenig wie des Wissens, oder Glaubens.

Wohl aber könnte man den *Entschluß*, mit welchem oft eine Absicht beginnt, ein Erlebnis nennen.

180. Ist Entschluß ein Gedanke? Er kann das Ende eines Gedankenganges sein.

181. Einer sagt mir etwas; ich schaue ihn erstaunt an; er erklärt ... Mein fragender Blick war gleichbedeutend der Frage: "Wieso?" Oder "Was meinst du?" oder "Warum?" oder "*Das* willst du tun, wo du doch immer . . .?" – Der plötzliche Gedanke.

182. Absichtlich – unabsichtlich. Willkürlich – unwillkürlich.

Was ist der Unterschied zwischen einer Handbewegung ohne besondere Absicht und der gleichen Handbewegung, die als Zeichen gemeint ist?

183. Denken wir uns, daß Einer eine Arbeit verrichtet, in der es ein Vergleichen, Versuchen, Wählen gibt. Er stellt etwa einen Gebrauchsgegenstand aus gewissen Materialstücken mit gegebenen Werkzeugen her. Immer wieder entsteht das Problem "Soll ich *dies* Stück dazu nehmen?" – Das Stück wird verworfen, ein anderes versucht. Stücke werden versuchsweise zusammengestellt, auseinandergenommen; es wird nach einem passenden gesucht, etc. etc. Ich denke mir nun diesen ganzen Hergang gefilmt. Der Arbeitende gibt etwa auch Laute von sich, wie "Hm" oder "Ha!". Sozusagen, Laute des Zögerns, des plötzlichen Findens, des Entschlusses, der Zufriedenheit, der Unzufriedenheit. Aber kein Wort wird geredet. Jene Laute mögen im Film aufgenommen werden. Der Film wird mir vorgeführt; und ich erfinde nun ein Selbstgespräch des Arbeitenden, welches zu seiner Arbeitsweise, dem Rhythmus seiner Arbeit, seinem Mienenspiel, seinen Gebärden und Naturlauten paßt, welches all dem entspricht. Ich lasse ihn also manchmal sagen "Nein, das Stück ist zu lang, vielleicht paßt ein anderes besser". – Oder "Was soll ich jetzt tun? – Ich hab's!" – Oder "Das ist ganz gut" etc.

Wenn der Arbeitende reden kann, – wäre es eine Verfälschung des wirklichen Vorgangs, wenn er ihn genau beschriebe und etwa sagte: "Dann dachte ich: Nein, das geht nicht; ich muß es anders versuchen." usw. – obwohl er während der Arbeit nicht gesprochen, und sich auch diese Worte nicht vorgestellt hatte?

179. "I intend" is not an expression of an experience.

There is no cry of intention, any more than there is one of knowledge or belief.

However, one might very well call the *decision* with which an intention frequently begins an experience.

180. Is a decision a thought? It can be the end of a chain of thought.

181. Someone tells me something; I look at him in amazement; he explains ... My puzzled look was equivalent to the question: "How come?" or "What do you mean?" or "Why?" or "You want to do *that*? You who always ...?" – The sudden thought.

182. Intentional – unintentional. Voluntary – involuntary.

What is the difference between a gesture of the hand without a particular intention and the same gesture which is intended as a sign?

183. Let us imagine someone doing work that involves comparison, trial, choice. Say he is constructing an appliance out of various bits of stuff with a given set of tools. Every now and then there is the problem "Should I use *this* bit?" – The bit is rejected, another is tried. Bits are tentatively put together, then dismantled; he looks for one that fits etc., etc. I now imagine that this whole procedure is filmed. The worker perhaps also produces sound-effects like "Hm" or "Ha!" As it were sounds of hesitation, sudden finding, decision, satisfaction, dissatisfaction. But he does not utter a single word. Those sound-effects may be included in the film. I have the film shown me, and now I invent a soliloquy for the worker, things that fit his manner of work, its rhythm, his play of expression, his gestures and spontaneous noises; they correspond to all this. So I sometimes make him say "No, that bit is too long, perhaps another'll fit better." – Or "What am I to do now?" – "Got it!" – Or "That's not bad" etc.

If the worker can talk – would it be a falsification of what actually goes on if he were to describe that precisely and were to say, e.g., "Then I thought: No, that won't do, I must try it another way" and so on – although he had neither spoken during the work nor imagined these words?

Ich will sagen: Kann er nicht seine wortlosen Gedanken später in Worten wiedergeben? So zwar, daß wir, die den Arbeitsvorgang sähen, mit dieser Wiedergabe einverstanden sein könnten? – Umsomehr, wenn wir dem Mann nicht nur einmal, sondern öfters bei der Arbeit zugesehen hätten? [Z 100.]

184. Wir könnten natürlich sein 'Denken' von der Tätigkeit nicht trennen. Das Denken ist eben keine Begleitung der Arbeit; so wenig, wie der denkenden Rede. [Z 101.]

185. Denk dir, Einer pausiert in der Arbeit, blickt, wie nachdenkend, vor sich hin, in einer Situation, in der wir uns eine Frage vorlegen, Möglichkeiten erwägen würden, – würden wir von ihm unbedingt sagen, er überlege? Ist dazu nicht auch nötig, daß er eine Sprache *beherrscht*, also nötigenfalls die Überlegung auch aussprechen könnte?

186. Nun, wenn wir Wesen bei der Arbeit sähen, deren Arbeits-*rhythmus*, deren Mienenspiel, etc. dem unsern ähnlich wäre, nur daß diese Leute nicht *sprächen*, dann würden wir vielleicht sagen, sie dächten, überlegten, machten Entscheidungen. Das heißt: es wäre eben in so einem Falle *viel* dem der gewöhnlichen Menschen ähnlich. Und es ist nicht klar, *wieviel* ähnlich sein muß, damit wir den Begriff 'Denken', der in *unserm* Leben zu Hause ist, auch bei ihnen anzuwenden ein Recht hätten.[1] [Vgl. Z 102.]

187. Und wozu sollen wir auch diese Entscheidung fällen?
Wir werden einen wichtigen Unterschied machen zwischen Wesen, die eine Arbeit, selbst eine komplizierte, 'mechanisch' zu verrichten lernen können, und solchen, die bei der Arbeit probieren, vergleichen. – Was aber "probieren" und "vergleichen" zu nennen ist, kann ich nur wieder an Beispielen erklären, und diese Beispiele werden unserm Leben, oder einem, das dem unsern ähnlich ist, entnommen sein. [Z 103.]

188. Nähme nun das Probieren gar die Form an des Herstellens einer Art von Modell (oder gar einer Zeichnung), so würden wir, ohne zu zweifeln, sagen, diese Wesen dächten. Freilich könnte man hier auch von einem Operieren mit Zeichen reden.

---

[1] Var. "Und wie soll man entscheiden, wie genau die Analogie sein muß, damit wir ein Recht haben, für diese Leute den Begriff 'Denken' zu verwenden, der in *unserm* Leben seine Heimat hat?"

I want to say: May he not later give his wordless thoughts in words? And in such a fashion that we, who might see the work in progress, could accept this account? – And all the more, if we had often watched the man working, not just once? [Z 100.]

184. Of course we cannot separate his 'thinking' from his activity. For the thinking is not an accompaniment of the work, any more than of thoughtful speech. [Z 101.]

185. Imagine a person who is taking a break in his work, and is staring ahead seemingly pondering something, in a situation in which we would ask ourselves a question, weigh possibilities – would we necessarily say of him that he was reflecting? Is not one of the prerequisites for this that he *be in command* of a language, i.e., be able to express the reflection, if called upon to do so?

186. Now if we were to see creatures at work whose *rhythm* of work, play of expression etc. was like our own, but for their not *speaking*, perhaps in that case we should say that they thought, considered, made decisions. That is: in such a case there would be a *great deal* which is similar to the action of ordinary humans. And it isn't clear *how much* has to be similar for us to have a right to apply to them also the concept 'thinking', which has its home in *our* life.[1] [Cf. Z 102.]

187. And anyhow what should we come to this decision for?
We shall be making an important decision between creatures that can learn to do work, even complicated work, in a 'mechanical' way, and those that make trials and comparisons as they work. – But what should be called "making trials" and "comparisons" can in turn be explained only by giving examples, and these examples will be taken from our life or from a life that is like ours. [Z 103.]

188. And if their trial-making were to take on the form of producing a kind of model (or even a drawing) then we would say without hesitation that these beings were thinking. To be sure one could also speak here of an operation with signs.

[1] Var. "And how is one to decide how exact the analogy must be for us to have the right to use the concept 'thinking' with these people, a concept which has its home in *our* life?"

189. "Aber könnte nicht das Operieren mit Zeichen auch mechanisch sein?" – Freilich; d.h., auch dies muß in einer bestimmten Umgebung sein, damit man sagen könne, es sei nicht mechanisch.

190. Es ist also, als wären unsere Begriffe, als wäre die Verwendung unserer Worte, bedingt durch ein Gerüst von Tatsächlichem. Aber wie *kann* das sein?! Wie könnten wir denn das Gerüst beschreiben, wenn wir nicht die Möglichkeit von etwas Anderem zuließen? – Du machst ja, möchte man sagen, Unsinn aus jeder Logik!

191. Das Problem, das uns hier beunruhigt, ist das Gleiche wie das in der Betrachtung: "Menschen könnten nicht zählen lernen, wenn alle Gegenstände um sie im schnellen Entstehen und Vergehen begriffen wären."

192. Du kannst doch auch sagen: "Hast du keine Stäbchen, Steinchen, etc. zur Hand, so kannst du Einen nicht rechnen lehren." Ganz so wie: "Hast du keine Schreibfläche noch Schreibmaterial zur Hand, so kannst du ihn die Differentialrechnung nicht lehren" (oder: so kannst du die Division 76570 : 319 nicht ausführen).

Man sagt vom Tisch und Stuhl nicht, daß sie denken, auch von der Pflanze nicht, auch vom Fisch nicht, kaum vom Hund; aber vom Menschen. Und auch nicht von allen Menschen.

Wenn ich aber sage "Ein Tisch denkt nicht", so ist das nicht ähnlich einer Aussage wie "Ein Tisch wächst nicht". Denn ich wüßte gar nicht, 'wie das wäre, wenn' ein Tisch dächte. Und hier gibt es offenbar einen graduellen Übergang zu dem Fall des Menschen. [b, c: Vgl. Z 129.]

193. "Denken ist eine geistige Tätigkeit." – Denken ist *keine* körperliche Tätigkeit. Ist Denken eine Tätigkeit? Nun, man kann Einem befehlen "Denk darüber nach!". Wenn aber nun Einer in Befolgung dieses Befehls zu sich selbst oder auch zum Andern spricht, verrichtet er da *zwei* Tätigkeiten? Also ist Denken doch wieder nicht recht einer Tätigkeit zu vergleichen. Denn man kann auch nicht sagen, Denken sei: in der Vorstellung sprechen. Dies kann man tun auch ohne zu denken. [Z 123 – bis "Also ist Denken . . .".]

194. Man darf nie vergessen, daß "denken" ein Wort der Alltagssprache ist, so wie auch alle andern psychologischen Bezeichnungen.

Es ist von diesem Wort nicht zu erwarten, daß es eine einheitliche Verwendung habe; es ist vielmehr zu erwarten, daß es sie nicht habe. [a: Vgl. Z 113; b: Z 112.]

189. "But couldn't the operation with signs also take place mechanically?" – Surely; i.e. this too has to take place in a certain context in order for us to be able to say it is not mechanical.

190. It seems therefore, that our concepts, the use of our words, are constrained by a factual framework. But how *can* that be?! How could we describe the framework if we did not allow for the possibility of something else? – One is inclined to say that you are making all logic into nonsense!

191. The problem which worries us here is the same as in the case of this observation: "Human beings couldn't learn to count if all the objects around them were rapidly coming into being and passing away."

192. But you can also say: "If you don't have any little sticks, stones, etc. at hand, then you can't teach a person how to calculate." Just as you can say "If you have neither a writing surface nor writing material at hand then you can't teach him differential calculus" (or: then you can't work out the division $76570 \div 319$).

We don't say of a table and chair that they think; neither do we say this of a plant, a fish, and hardly of a dog; only of human beings. And not even of all human beings.

But if I say "A table does not think", then that is not similar to a statement like "A table doesn't grow". I shouldn't know 'what it would be like if' a table were to think. And here there is obviously a gradual transition to the case of human beings. [b, c: cf. Z 129.]

193. "Thinking is a mental activity." – Thinking is *not* a bodily activity. Is thinking an activity? Well, one may tell someone: "Think it over!". But if someone in obeying this order talks to himself or even to someone else, does he then carry out *two* activities? Therefore thinking really can't be compared to an activity at all. For one cannot say that thinking means: speaking in one's imagination. This can also be done without thinking. [Z 123, up to "Therefore thinking . . .".]

194. You must never forget that "think" is an everyday word, just as are all other psychological terms.

It is not to be expected of this word that it should have a unified employment; rather it is to be expected that it doesn't have it. [a: cf. Z 113; b: Z 112.]

195. Wenn Einer über ein Problem nachdenkt und ich zeige ihm plötzlich eine gewisse Zeichnung, so wird er vielleicht ausrufen "Ach, *so* ist es!" oder "Jetzt weiß ich's". Und gefragt, was dabei in ihm vorgegangen ist, wird er in diesem Falle wohl einfach sagen "Ich habe die Zeichnung gesehen". Ich beschreibe diesen Fall, um einen Vorgang in der Vorstellung durch einen des Sehens zu ersetzen. Wird er nun sagen: "In dem Augenblick, als ich die Zeichnung sah, stand mir die ganze Lösung vor Augen"? Er könnte auch, wenn ich ihm mit der Zeichnung zu Hilfe komme, sagen: "Ja, jetzt ist es leicht!"

196. "Mir stand die Benützung des Wortes vor der Seele" – wird man das auch dann sagen, wenn Einem mit dem Wort ein für seine Bedeutung charakteristisches Bild gezeigt wird?
((Das Bedeutungserlebnis scheint hier vom Gesehenen übertönt zu werden.))

197. Wir sagen: Gras ist grün, Kreide weiß, Kohle schwarz, Blut rot, etc. – Wie wäre es in einer Welt, in der dies unmöglich wäre, in der also die übrigen Eigenschaften eines Dings mit seiner Farbe nicht zusammenhingen?[1] Dies ist, ob richtig oder falsch gestellt, eine wichtige Frage, und nur ein Exempel unzähliger ähnlicher Fragen.

198. Denk dir, ich käme in ein Land, wo die Farben der Dinge, wie ich sagen würde, unaufhörlich wechselten, etwa durch eine Eigenheit der Atmosphäre. Die Einwohner sehen nie ruhige Farben. Ihr Gras sieht bald grün, bald rot, etc. aus. Könnten diese Leute ihren Kindern die Farbwörter beibringen?—Vor allem einmal könnte es sein, daß ihrer Sprache die Farbwörter *fehlten*. Und wenn wir dies fänden, so würden wir's vielleicht damit erklären, daß sie für gewisse Sprachspiele wenig, oder keine Verwendung hätten.

199. Wie könnten denn Leute, in einem Land, wo alles nur *eine* Farbe hätte, den Gebrauch der Farbworte lernen?
Kann ich aber nun sagen: "Nur weil in unserer Umgebung Dinge verschiedener Farbe existieren und weil . . ., können wir Farbnamen gebrauchen."?? Es wird hier zwischen logischer und physischer Möglichkeit der Unterschied nicht gesehen. – Nicht das interessiert uns: unter welchen Umständen das Sprachspiel mit den Farbnamen physisch nicht möglich – also eigentlich, nicht wahrscheinlich ist.
Ohne Schachfiguren kann man nicht Schach spielen – das ist die Unmöglichkeit, die uns interessiert.

[1] Var. "aus seiner Farbe nicht erschlossen werden könnten?"

195. If someone is pondering over a problem and suddenly I show him a certain drawing, then maybe he will exclaim "Oh, *that's* how it is!", or "Now I know". When questioned about what went on inside him just then, in this case he will very likely say simply: "I saw the drawing." I am describing this case in order to replace a process within the imagination with one of seeing. Will he now say: "The moment I saw the drawing the whole solution appeared before my eyes"? When I come to his aid with the drawing he might also say: "Yes, now it's easy!"

196. "I see clearly how the word is used" – will that be said even when one is shown, alongside the word, a picture which illustrates its meaning?
   ((In this case, the experience of meaning seems to be drowned out by what has been seen.))

197. We say: Grass is green, chalk white, coal black, blood red, etc. – What would it be like in a world in which this would be impossible, i.e., in which the other qualities of a thing were unconnected with[1] its colour? This is an important question, whether or not it has been put correctly, and is merely an example of countless similar questions.

198. Suppose I were to come to a country where the colour of things – as I would say – changed constantly, say because of a peculiarity of the atmosphere. The inhabitants never see unchanging colours. Their grass looks green at one moment, red at the next, etc. Could these people teach their children the words for colours?—First of all, it might be that their language *lacked* words for colours. And if we found this out we might explain it by saying that they had little or no use for certain language-games.

199. How could people learn the use of the words for colour in a country where everything was only *one* colour?
   But can I say now: "The only reason for our being able to use the names for colours is that things of different colours exist in our environment and that . . ."?? Here the difference between logical and physical possibility is not being seen. – Under what conditions the language-game with the names for colours is physically impossible – i.e., properly speaking, not probable – does not interest us.
   Without chess-men one can't play chess – that is the impossibility which interests us.

---

[1] Var. "could not be deduced from".

200. Man lernt das Wort "denken", d.i. seinen Gebrauch, unter gewissen Umständen, die man aber nicht beschreiben lernt. [Z 114.]

201. Man lernt es etwa nur vom Menschen sagen, es von ihm behaupten, oder leugnen. Die Frage "Denkt ein Fisch?" existiert unter seinen Sprachanwendungen nicht, *wird nicht gestellt*, (Was kann natürlicher sein, als so ein Zustand; als so eine Sprachverwendung!) [Z 117.]

202. "An *diesen* Fall hat niemand gedacht" kann man sagen. Ich kann zwar nicht die Bedingungen aufzählen, unter denen das Wort "denken" zu gebrauchen ist, – aber, wenn ein Umstand den Gebrauch zweifelhaft macht, so kann ich's sagen, und auch, *wie* die Lage von der gewöhnlichen abweicht. [Z 118.]

203. Und hier müßte man etwas über mein Sprachspiel No. 2[1] sagen. – *Unter welchen Umständen* würde man die Laute des Bauenden, etc., wirklich eine Sprache nennen? Unter *allen*? Gewiß nicht!—War es nun falsch, ein Sprachrudiment zu isolieren und es Sprache zu nennen? Soll man etwa sagen, daß dies Rudiment nur in der Umgebung des Ganzen, was wir unsere Sprache zu nennen gewohnt sind, ein Sprachspiel ist?? [Vgl. Z 98.]

204. Nun, vor allem ist die *Umgebung* nicht die geistige Begleitung des Sprechens, nicht das 'Meinen' und 'Verstehen', das man sich als der Sprache wesentlich vorzustellen geneigt ist.

205. Gefährlich wäre es mir nur, wenn Einer sagte: "Du setzt eben stillschweigend schon voraus, daß diese Menschen *denken*; daß sie in *dieser* Beziehung den uns bekannten Menschen gleichen; daß sie jenes Sprachspiel nicht rein mechanisch betreiben. Denn stelltest du dir vor, sie täten's, so würdest du's selbst nicht ein Sprechen nennen."

Was soll ich nun dem antworten? Es ist natürlich wahr, daß das Leben jener Menschen dem unsern in vieler Beziehung gleichen muß, und daß ich über diese Ähnlichkeiten nichts gesagt habe. Das Wichtige aber ist eben, daß ich mir ihre Sprache, wie auch ihr Denken primitiv vorstellen kann; daß es ein 'primitives Denken' gibt, welches durch ein primitives *Verhalten* zu beschreiben ist. [Vgl. Z 99.]

206. Ich sage von jemandem: er vergleicht zwei Gegenstände. Ich weiß, wie das ausschaut, wie man das macht. Ich kann es Einem

---

[1] *Philosophische Untersuchungen I, § 2.*

200. One learns the word "think", i.e. its use, under certain circumstances, which, however, one does not learn to describe. [Z 114.]

201. We learn to say it perhaps only of human beings, we learn to assert or deny it of them. The question "Do fishes think?" does not exist among our applications of language, *it is not raised*. (What can be more natural than such a set-up, such a use of language!) [Z 117.]

202. "No one thought of *that* case" – we may say. Indeed, I cannot enumerate the conditions under which the word "to think" is to be used – but if a circumstance makes the use doubtful, I can say so, and also *how* the situation is deviant from the usual ones. [Z 118.]

203. And here something about my language-game No. 2¹ should be said. – *Under what circumstances* would one really call the sounds of the builder, etc., a language? Under *all* circumstances? Certainly not!— Was it wrong then to isolate a rudiment of language and call it language? Should one perhaps say that this rudiment is a language-game only in the context of the whole that we usually call our language?? [Cf. Z 98.]

204. Now in the first place this *surrounding* is not the mental accompaniment of speech; it is not the 'meaning' and 'understanding' which one is inclined to consider as essential to language.

205. It would only be dangerous to me if someone were to say: "You're just tacitly assuming that these people *think*; that they are like people as we know them in *that* respect; that they do not carry on that language-game merely mechanically. For if you imagined them doing that, you yourself wouldn't call it speaking."

What am I to reply to this? Of course it is true that the life of those men must be like ours in many respects and that I said nothing about this similarity. But the important thing is precisely that I can imagine their language, and their thinking too, as primitive; that there is such a thing as 'primitive thinking' which is to be described via primitive *behaviour*. [Cf. Z 99.]

206. I say of someone: He's comparing two objects. I know what that looks like, how that is done. I can demonstrate it to someone.

¹ *Philosophical Investigations* I, §2.

vorführen. Aber was ich so vorführe, würde ich dennoch nicht unter *allen* Umständen ein 'Vergleichen' nennen.

Ich kann mir nun etwa Fälle vorstellen, in welchen ich nicht geneigt wäre zu sagen, daß verglichen wird; aber die Umstände, unter welchen dies ein Vergleichen ist, beschreiben, das könnte ich nicht. – Aber ich *kann* einen Menschen den Gebrauch des Wortes *lehren*! denn dazu ist ein Beschreiben jener Umstände nicht nötig. [Der letzte Satz: Z 115.]

207. Ich lehre ihn eben das Wort *unter bestimmten Umständen*.[1] [Z 116.]

208. Manchmal ist es wirklich, als ob ein Denken neben dem Reden (Lesen z.B.) einherliefe. Nicht aber, daß man's dann von dem Lesen isolieren könnte. Vielmehr ist, was die Worte begleitet, wie eine Reihe kleiner Nebenbewegungen. Es ist, als werde man eine Straße entlang geführt, würfe aber Blicke rechts und links in alle Nebengäßchen.

209. Denk dir, ich zeigte jemand eine Liste von den Gängen, Besorgungen, die er für mich zu machen hat. Wir kennen uns gut und er braucht nur Andeutungen, um zu wissen, was er zu tun hat. Die Liste enthält nun lauter solche Andeutungen. Er liest sie durch und sagt nach jeder solchen Andeutung "Ich verstehe". Und er versteht; er könnte jeden dieser Punkte erklären, wenn er gefragt würde.

Ich könnte ihn dann fragen: "Hast du alles verstanden?" Oder: "Geh die Liste genau durch und sieh, ob du alles verstehst." Oder: "Weißt du, was du hier zu machen hast?" – Was hatte er zu tun, um sich davon zu überzeugen, daß er die Andeutungen verstanden hat? Ist es hier, als müßte er bei jedem Punkt eine Kopfrechnung machen? Wäre das nötig, so könnte er später von der Rechnung laut Rechenschaft geben und man würde sehen, ob er richtig gerechnet hat. – Aber das ist im allgemeinen *nicht* nötig. Wir schreiben also nicht vor, was der Andere beim verständnisvollen Durchgehen der Liste zu tun hat; und ob er wirklich verstanden hat, ersehen wir aus dem, was er später tut, oder aus der Erklärung, die wir etwa von ihm verlangen.

210. Wir könnten nun sagen: Wer sich so prüft, ob er verstanden habe, geht immer ein Stück Weges der Straße nach, die er später gehen soll. Und das könnte ja so sein. Obwohl kein Grund ist, anzunehmen, daß es so ist. Denn, wenn er doch nur ein Stück des

---

[1] Var. "Den Gebrauch des Worts lernt er eben *unter bestimmten Umständen*."

Nevertheless I wouldn't call what I was demonstrating 'comparing' under *all* circumstances.

I can imagine cases in which I would not be inclined to say that comparing was going on; but as for describing the circumstances in which comparing occurs, that I could not do. – But I *can* teach a person the use of the word! For a description of those circumstances is not needed for that. [Last sentence: Z 115.]

207. I just teach him the word *under particular circumstances*.[1] [Z 116.]

208. Sometimes it really seems that thinking runs concurrently with talking (reading, for example). Not that it could then be isolated from reading, however. Rather, what accompanies the words is like a series of small secondary movements. It is like being led along a street, but casting glances right and left into all the side streets.

209. Suppose I were to show somebody a list of the trips or errands he is to run for me. We know each other well and all he needs are hints for him to know what he is to do. Now the list is all hints of this sort. He goes through it and says after each hint "I understand". And he does; he could explain every single item, if asked to do so.

Then I could ask him: "Did you understand everything?" Or: "Look through the list and see whether you understand everything." Or: "Do you know what you have to do here?" – What did he have to do to make sure that he had understood the hints? Is it as if he had to perform a mental calculation for each item? If that were necessary he could later give a verbal account of the calculation and it would become clear whether he calculated correctly. – But generally that is *not* necessary. We do not prescribe what the other is to do if he is to understand the list; and whether he really understood is determined from what he does later, or from an explanation we might ask him to give.

210. One could say: anyone who checks his comprehension in this way is moving along a bit of the way on the path he is later to follow. And that might indeed be so. Although there is no reason to assume it is so. For if he only goes part of the way – why shouldn't he be able

[1] Var. "He just learns the use of the word *under particular circumstances*."

Weges geht, – warum soll er dann nicht ohne zu gehen erkennen können, daß er weiß, welchen Weg er zu gehen hat? Damit ist aber nicht gesagt, daß nicht wirklich die Wege ein Stück begangen werden. Aber es kommt auch vor, daß, was wir später als den *'Keim'* des Gedankens oder der Tat ansehen, dies, seiner Natur nach, nicht ist.

211. Wenn nun Einer sagte: Das heißt eben nur, daß "denken" das heißt, was einen bestimmten Enderfolg hat, einen bestimmten Zweck erfüllt. *Wie* Jeder es macht, und ob heute so wie das vorige Mal, ist gleichgültig. – So könnte ich antworten: Und wenn es zum richtigen Enderfolg führt, gar nichts zu tun, so bestünde also hier das Denken darin, daß Einer nichts tut.

Man sagt: "Überzeug dich, daß du jeden Punkt verstehst!"

Wenn ich nun fragte: "Wie soll ich mich überzeugen?" Welchen Rat würde man mir geben? Man würde mir sagen: "Frag dich, ob . . ."

212. Ist es hier nicht wie beim Kunstrechner? – Er hat richtig gerechnet, wenn das Richtige herauskam. Was in ihm vorging, kann er vielleicht selbst nicht sagen. Und hörten wir's, so erschiene es vielleicht wie ein seltsames *Zerrbild* einer Rechnung. [Vgl. Z 89b.]

213. Wenn Einer sagt "Man kann auch wortlos denken", so ist das irreleitend. Es handelt sich hier nicht darum, daß man im Stande ist, etwas Bestimmtes zu tun, ohne dabei das und das Andere zu tun; wie z.B. "Man kann auch lesen, ohne die Lippen zu bewegen".

214. Wenn es z.B. nur ganz wenige Menschen gäbe, die die Antwort auf eine Rechenaufgabe finden könnten, ohne zu sprechen, oder zu schreiben, könnte man diese nicht zum Zeugnis dafür anführen, daß man auch ohne Zeichen rechnen könne. Weil es nämlich nicht klar wäre, daß diese Leute überhaupt 'rechnen'. Ebenso kann auch das Zeugnis des Ballard[1] (bei James) Einen nicht davon überzeugen, daß man denken könne, ohne Sprache.

Ja, warum soll man, wo keine Sprache gebraucht wird, von 'denken' reden? Tut man's, so zeigt das eben etwas über den *Begriff* des Denkens. [Z 109.]

215. Man könnte z.B. zwei (oder mehr als zwei) verschiedene Wörter besitzen: eines fürs 'laute Denken', eines fürs denkende Sprechen in der Vorstellung, eines fürs Innehalten, wobei irgend

---

[1] Sowohl im TS als auch im MS fehlerhaft "Barnard". Vgl. PU I, 342. (*Herausg.*)

to see that he knows which way he is to go, without actually going it? But that does not mean that the paths are not actually followed part of the way. However, it can also be that what we later come to regard as the '*germ*' of a thought or an action is in its own nature not that at all.

211. Now suppose someone were to say: That simply means that "thinking" has a certain end, that it fulfils a certain purpose. *How* each person performs it and whether he does it the same today as last time, is irrelevant. – Then I could answer: And if doing nothing at all leads to the proper end, then thinking in this case would consist in doing nothing.

One says: "Make sure that you understand each point!"

And if I were then to ask, "How should I make sure?", what advice would I be given? I would be told: "Ask yourself, whether . . ."

212. Isn't it the same here as with a calculating prodigy? – He has calculated right if he has got the right answer. Perhaps he himself cannot say what went on in him. And if we were to hear it, it would perhaps seem like a queer *caricature* of calculation. [Cf. Z 89b.]

213. When someone says "Non-verbal thinking is also possible", this is misleading. The point is not to be able to do a certain thing without also doing something else at the same time; as, for example, with "It is possible to read without moving one's lips".

214. If, for instance, there were only quite few people who could get the answer to a sum without speaking or writing, they could not be adduced as testimony to the fact that calculating can be done without signs. The reason is that it would not be clear that these people were 'calculating' at all. Equally Ballard's[1] testimony (in James) cannot convince one that it is possible to think without a language.

Indeed, where no language is used, why should one speak of 'thinking'? If this is done, it shows something about the *concept* of thinking. [Z 109.]

215. For instance one could have two (or more) different words: one for 'thinking out loud'; one for thinking as one talks in the imagination; one for a pause during which something or other floats

---

[1] In the typescript, as well as in the manuscript, this is given erroneously as "Barnard". Cf. *PI* I, 342. (*Eds.*)

etwas uns vorschwebt (oder auch nicht), woraufhin wir aber die Antwort mit Sicherheit geben können.

Wir könnten zwei Wörter haben: eines für den Gedanken, der im Satz ausgedrückt ist; eines für den Gedankenblitz, den ich später 'in Worte kleiden' kann. [Vgl. Z 122.]

216. Wenn man auch das denkende Arbeiten, ohne alles Reden, in unsere Betrachtung einbezieht, so sieht man, daß unser Begriff 'denken' ein weitverzweigter ist. Wie ein weitverzweigtes Verkehrsnetz, das viele entlegene Orte mit einander verbindet.

In allen diesen weitentlegenen Fällen reden wir von einem 'Denken'.

217. In allen diesen Fällen sagen wir, der Geist sei nicht untätig, es gehe etwas in ihm vor; und unterscheiden sie dadurch von einem Zustand der Dumpfheit, des mechanischen Tuns.

218. 'Denken', ein weitverzweigter Begriff. Könnte man dasselbe nicht auch vom 'glauben', 'tun', 'sich freuen', sagen?

Und wo gehört die Bemerkung eigentlich hin, dieser Begriff sei weitverzweigt? – Nun, man wird sie dem sagen, der darangeht, sich die Verzweigungen dieses Begriffs zu überlegen.

219. Es ist doch sehr merkwürdig, daß man keinerlei Schwierigkeit hat in einer Figur wie dieser[1] ein Gesicht zu sehen, obwohl doch die Unähnlichkeit des einen Winkels mit einer Nase, des andern mit einer Stirn etc. unglaublich groß ist, oder eine Ähnlichkeit kaum vorhanden. Man hat – wie gesagt – keinerlei Schwierigkeit, in diesen Strichen ein menschliches Gesicht zu sehen; man möchte sagen: "So ein Gesicht *gibt* es." Oder auch: "Es ist dies zwar die Karikatur eines menschlichen Gesichts, aber eben eines in der Wirklichkeit möglichen." – Ganz so, wie man keine Schwierigkeit hat, im Grau und Weiß der Photographie das menschliche Gesicht zu sehen.—Und was heißt das? Nun, wir betrachten z.B. einen Film und folgen allen Vorgängen mit Anteilnahme; als hätten wir wirkliche Menschen vor uns.

220. 'Denken', ein weitverzweigter Begriff. Ein Begriff, der viele Lebensäußerungen in sich begreift. Die Denk*phänomene* liegen weit auseinander. [Z 110.]

---

[1] Die Figur haben wir dem MS entnommen. (*Herausg.*)

before the mind (or doesn't), after which, however, we are able to give a confident answer.

We could have two words: one for a thought expressed in a sentence; one for the lightning thought which I may later 'clothe in words'. [Cf. Z 122.]

216. If we include 'thinking silently as one is working' in our considerations, then we see that our concept 'thinking' is widely ramified. Like a ramified traffic network which connects many out-of-the-way places with each other.

In all of these widely separated cases we speak of 'thinking'.

217. In all of these cases we say that the mind is not idle, that something is going on inside it; and we thereby distinguish these cases from a state of stupor, from mechanical actions.

218. 'Thinking', a widely ramified concept. Couldn't the same be said of 'believing', 'doing', 'being glad'?

And where does the remark that this concept is widely ramified really belong? – Well it will be made to someone setting out to consider the branching of this concept.

219. It's really very odd that we have no difficulty whatsoever seeing

a face in a figure such as this[1]   even though the

resemblance of the one angle to a nose and of the other to a forehead etc., is incredibly slight, or there hardly is a resemblance there. To repeat: We have no difficulty whatsoever seeing a human face in these lines; one would like to say: "There *is* a face like that." Again: "True, this is the caricature of a human face, but a caricature of one which could really exist." – Just as one has no difficulty seeing a human face in the grey-and-white of a photograph.—And what does that mean? Well, we watch a movie, for instance, and follow everything that goes on with concern, as if there were real people in front of us.

220. 'Thinking', a widely ramified concept. A concept that comprises many manifestations of life. The *phenomena* of thinking are widely scattered. [Z 110.]

---

[1] We have taken the drawing from the MS. (*Eds.*)

221. Und willst du nicht sagen, du sähest doch *ein* Gesicht in allen diesen Wortverwendungen, einen einheitlichen, echten Begriff? – Aber was will das sagen? Kann nicht Gewohnheit all das zusammenschweißen?

222. Wer mir etwa irgend einen Vorfall erzählt, oder eine gewöhnliche Frage an mich richtet (wieviel Uhr es ist, z.B.), den werde ich nicht fragen, ob er dabei gedacht habe. Oder so: Es wäre nicht ohne Weiteres klar, unter welchen Umständen man gesagt hätte, er hätte dies ohne zu denken getan – obwohl sich solche Umstände ausdenken lassen. (Hier ist eine Verwandtschaft mit der Frage, was eine 'willkürliche' Handlung zu nennen sei.)

223. Der denkende Gesichtsausdruck, der Gesichtsausdruck des Idioten. Das Stirnrunzeln des Nachdenkens, der Aufmerksamkeit.

224. Nun denke dir einen Menschen, oder einen von Köhlers Affen, der eine Banane von der Decke holen will, sie nicht erreichen kann, auf Mittel und Wege sinnt, endlich zwei Stöcke aneinander setzt, etc. Denk, man fragte "Was muß dazu in ihm vorgehen?" – Die Frage scheint irgendeinen Sinn zu haben. Und es könnte vielleicht Einer antworten, der Affe, wenn er nicht durch Zufall, oder aus einem Instinkt heraus handelte, müsse den Vorgang vor dem geistigen Aug gesehen haben. Aber das wäre nicht genug, und anderseits wieder zu viel. Ich will, der Affe solle sich etwas *überlegen*. Zuerst springt und langt er vergebens nach der Banane, dann gibt er's auf und ist etwa niedergeschlagen – aber diese Phase kann wegbleiben. Wie kann er nun *innerlich* dazu kommen, überhaupt einen Stock zu ergreifen? Es könnte ihm ja ein Bild gezeigt werden, das so etwas darstellt, und er könnte daraufhin so handeln; oder so ein Bild könnte ihm einfach vorschweben. Aber das wäre doch wieder Zufall. Er hätte dieses Bild nicht durch Nachdenken gewonnen. Und hilft es uns, wenn wir sagen, er brauche nur seinen Arm und den Stock irgendwie als eine Einheit gesehen haben? Aber nehmen wir doch einmal einen günstigen Zufall an! Die Frage ist dann: wie kann er aus dem Zufall *lernen*? Vielleicht hatte er also den Stock zufällig in der Hand und berührte mit ihm zufällig die Banane. – Und was muß nun weiter in ihm vorgehen? Er sagt sich, gleichsam, "So geht's!" und tut es nun mit den Zeichen des vollen Bewußtseins.—Hat er etwa spielend eine Kombination gemacht, und verwendet sie nun als Methode, das und jenes zu tun, so werden wir sagen, er denke. – Beim *Überlegen* würde er Mittel und Wege an seinem geistigen Auge vorbeiziehen lassen. Aber dazu muß er schon welche im Vorrat haben. Das Denken gibt

221. And don't you want to say that *one* aspect appears in all of these word-uses, a unitary, genuine concept? – But how much is there in that? May not the force of habit weld all of this together?

222. If somebody tells me of some incident, or asks me an everyday question (e.g. what time is it), I'm not going to ask him whether he was thinking while he was telling me or asking me. Or again: It would not be immediately clear in what circumstances one might have said that he did this without thinking – even though one can imagine such circumstances. (Here there is a relationship with the question: What is to be called a 'voluntary' act.)

223. The thoughtful expression, the expression of the idiot. The frown of reflection, of attention.

224. Now imagine a human being, or one of Köhler's monkeys, who wants to get a banana from the ceiling, but can't reach it, and thinking about ways and means finally puts two sticks together, etc. Suppose one were to ask, "What must go on inside him for this to take place?" – This question seems to make some sort of sense. And perhaps someone might answer that unless he acted through chance or instinct, the monkey must have seen the process before its mental eye. But that would not suffice, and then again, on the other hand, it would be too much. I want the monkey to *reflect* on something. First he jumps and reaches for the banana in vain, then he gives up and perhaps he is depressed – but this phase does not have to take place. How can catching hold of the stick be something he gets to *inwardly* at all? True, he could have been shown a picture that depicts something like that, and then he could act that way; or such a picture could simply float before his mind. But that again would be an accident. He would not have arrived at this picture by reflection. And does it help to say that all he needed to have done was somehow to have seen his arm and the stick as a unity? But let us go ahead and assume a propitious accident! Then the question is: How can he *learn* from the accident? Perhaps he just happened to have the stick in his hand and just happened to touch the banana with it. – And what further must now go on in him? He says to himself, as it were, "That's how!", and then he does it with signs of full consciousness.——If he has made some combination in play, and he now uses it as a method for doing this and that, we shall say he thinks. – In *considering* he would mentally review ways and means. But to do this he must already have some in stock. Thinking gives him the possibility of *perfecting* his

ihm die Möglichkeit zur *Vervollkommnung* seiner Methoden. Oder vielmehr: Er 'denkt', wenn er in bestimmter Art und Weise seine Methoden vervollkommnet. [Z 104 – von "Hat er etwa spielend" an.]

225. Man könnte auch sagen: er denkt, wenn er in bestimmter Weise *lernt*. [Z 105.]

226. Und auch dies könnte man sagen: Wer bei der Arbeit *denkt*, der wird *Hilfstätigkeiten* in sie einschalten. Das Wort "denken" nun bezeichnet nicht diese Hilfstätigkeiten, wie Denken ja auch nicht Reden ist. Obwohl der Begriff 'denken' nach Art einer imaginären Hilfstätigkeit gebildet ist. (So wie man sagen könnte, der Begriff des Differentialquotienten sei nach Art eines imaginären Quotienten gebildet.) [Z 106.]

227. Diese Hilfstätigkeiten sind nicht das Denken; aber man stellt sich das Denken vor, als dasjenige, was unter der Oberfläche dieser Hilfsmittel strömen muß, wenn sie nicht doch nur mechanische Handlungen sein sollen. [Z 107.]

228. Denken ist die imaginäre Hilfstätigkeit; der unsichtbare Strom, der alle diese Arten des Handelns trägt und verbindet. – Die Grammatik von "denken" aber gleicht sich der von "sprechen" an.

229. Man könnte also zwei Schimpansen mit Bezug auf ihre Arbeitsweise unterscheiden, und vom einen sagen, er denkt, vom andern, er denke nicht.

230. Aber hier hätten wir freilich nicht die volle Verwendung von "denken". Das Wort bezöge sich auf ein Benehmen. Die Bedeutung der seelischen Tätigkeit erhält er erst durch die besondere Verwendung in der ersten Person.

231. Es ist, glaube ich, wichtig zu bemerken, daß das Wort eine erste Person der Gegenwart (in der Bedeutung, auf die es uns ankommt) nicht hat. Oder soll ich sagen: daß seine Verwendung in der Gegenwart nicht mit der z.B. des Verbums "Schmerz fühlen" parallel läuft?

232. "Ich dachte . . ." kann man sagen, wenn man den Ausdruck der Gedanken wirklich gebraucht hat; aber auch, wenn diese Worte gleichsam die Entwicklung aus einem Denkkeim sind.

methods. Or rather: He 'thinks' when, in a definite kind of way, he perfects a method he has. [Z 104 – beginning at "If he has made".]

225. It could also be said that he thinks when he *learns* in a particular way. [Z 105.]

226. And this too could be said: Someone who *thinks* as he works will intersperse his work with *auxiliary activities*. The word "thinking" does not now mean these auxiliary activities, just as thinking is not talking either. Although the concept 'thinking' is formed on the model of a kind of imaginary auxiliary activity. (Just as we might say that the concept of the differential quotient is formed on the model of a kind of imaginary quotient.) [Z 106.]

227. These auxiliary activities are not the thinking; but one imagines thinking as that which must be flowing under the surface of these expedients, if they are not after all to be mere mechanical procedures. [Z 107.]

228. Thinking is the imaginary auxiliary activity; the invisible stream which carries and connects all of these kinds of actions. – The grammar of "thinking", however, is assimilated to that of "speaking".

229. So one might distinguish between two chimpanzees with respect to the way in which they work, and say of the one that he is thinking and of the other that he is not.

230. But here of course we wouldn't have the complete employment of "think". The word would have reference to a mode of behaviour. Not until it finds its particular use in the first person does it acquire the meaning of mental activity.

231. I think it is important to remark that the word doesn't have a first person present (in the meaning which is of consequence to us). Or should I say: that its use in the present tense does not parallel that of the verb "feel pain", for instance?

232. One can say "I thought . . ." if one really did use an expression of thought; but also if these words are, as it were, a development from a germ of thought.

233. Nur unter ganz speziellen Umständen tritt die Frage auf,[1] ob *denkend* geredet wurde, oder nicht. [Z 95.]

234. Die Verwendung so eines Wortes wie "denkend" ist eben viel erratischer, als es zuerst den Anschein hat.

Man kann das auch so sagen: der Ausdruck dient einem viel spezielleren Zweck, als man's seiner Form ansieht. Denn diese ist eine einfache, regelmäßige Bildung: Wenn das Denken oft, oder zumeist, mit dem Reden zusammengeht, so ist natürlich die Möglichkeit vorhanden, daß es einmal nicht mit ihm geht.

235. Ich lerne eine fremde Sprache und lese Satzbeispiele in einem Übungsbuch. "Meine Tante hat einen schönen Garten." Er hat ein Übungsbuch-Aroma. Ich lese ihn und frage mich "Wie heißt 'schön' auf . . .?" dann denke ich an den Casus. – Nun, wenn ich jemandem mitteile, meine Tante habe . . ., so denke ich an diese Dinge nicht. Der Zusammenhang, in dem der Satz stand, war ein ganz anderer. – Aber konnte ich nicht jenen Satz im Übungsbuch lesen und bei ihm trotzdem an den Garten meiner Tante denken? Gewiß. Und soll ich nun sagen, die Denkbegleitung ist jedesmal eine andere, je nachdem ich den Satz einmal als reine Übung sehe, einmal als Übung mit dem Gedanken an einen Garten, einmal wenn ich ihn jemand einfach als Mitteilung sage?—Und ist es unmöglich, daß mir Einer mitten im Gespräch diese Mitteilung macht und in ihm ganz das Gleiche stattfindet, wie wenn er den Satz als Sprachübung behandelt? Kommt es mir denn darauf an, was in ihm geschieht? Erfahre ich's denn?

Und wie kann ich denn überhaupt mit irgendwelcher Sicherheit darüber schreiben, denn, während ich dies tue, lerne ich ja keine Sprache und mache niemand jene Mitteilung. Wie kann ich dann also wissen, was in einem solchen Falle in Einem vorgeht? Erinnere ich mich denn jetzt an das, was in diesen Fällen in mir vorging? Nichts dergleichen. Ich glaubte nur, mich jetzt in diese Lagen hineindenken zu können. Aber da mag ich doch ganz und gar irregehen.

Und dies ist ja die Methode, die man in solchen Fällen *immer* anwendet! Was man dabei an sich erfährt, ist charakteristisch nur für die Situation des Philosophierens.

236. Was weiß ich von den inneren Vorgängen Eines, der mit Aufmerksamkeit einen Satz liest? Und kann er mir sie beschreiben, nachdem er's getan hat, und ist, was er etwa beschreibt, eben der charakteristische Vorgang der Aufmerksamkeit? [Z 90.]

[1] Var. "hat die Frage einen Sinn,".

233. Only under quite special circumstances does the question arise[1] whether one spoke *thinkingly* or not. [Z 95.]

234. The use of a word such as "thinking" is simply far more erratic than it appears at first sight.

It can also be put this way: The expression serves a much more specialized purpose than is apparent from its form. For the form is a simple, regular structure. If thinking frequently, or mostly goes with talking, then of course there is the possibility that in some instance it does not go with it.

235. I'm learning a foreign language and I read sample sentences in a textbook. "My aunt has a beautiful garden." The sentence has the smell of a textbook. I read it and ask myself, "What does 'beautiful' mean in . . .?", then I think about the case of the adjective. – Now if I tell somebody that my aunt has . . ., then I don't think about these things. The context in which the sentence stood was completely different. – But wasn't I able to read that sentence in the textbook and at the same time think about my aunt's garden? Certainly. And should I now say that the thought-accompaniment is a different one every time, according as I see the sentence one time as a pure exercise, another time as an exercise accompanied by the thought of a garden, and another time as I simply say it as a piece of information to someone?—And is it impossible that someone should give me this information in the course of a conversation, and that exactly the same thing could occur within him then as when he uses the sentence as a language exercise? Does it matter to me what goes on inside him? Do I realize it?

And how can I write about it at all with any degree of certainty? For while I am doing this, I am not learning a language and I am not giving anybody a piece of information. How, then, can I know what goes on inside a person in such a case? Do I remember what went on inside me in these cases? Nothing of the sort. I only believed I could think myself into these situations. But then I might completely have gone wrong.

And this is the very method that is *always* used in such cases! What one experiences here is merely characteristic of the situation of philosophizing.

236. What do I know of what goes on within someone who is reading a sentence attentively? And can he describe it to me afterwards, and, if he does describe something, will it be *the* characteristic process of attention? [Z 90.]

[1] Var. "make sense".

237. Welche Wirkung will ich denn erzielen, wenn ich Einem sage "Lies aufmerksam!"? Etwa, daß ihm das und jenes auffällt, er davon berichten kann. – Wieder könnte man, glaube ich, sagen, daß, wer einen Satz mit großer Aufmerksamkeit liest, dann von Vorgängen in seinem Geist, Vorstellungen etwa, im allgemeinen wird berichten können. Aber das heißt nun nicht, daß diese Vorgänge die Aufmerksamkeit ausmachten. [Z 91.]

238. Was tue ich mit einer Mitteilung, er habe beim Lesen des Satzes an etwas ganz Anderes gedacht? Welche Schlüsse, die mich interessieren, kann ich aus so einer Mitteilung ziehen? Nun, etwa, daß ihn jene Sache beschäftigt; daß ich nicht zu erwarten habe, er wisse, wovon das Gelesene gehandelt hat; daß ihm das Gelesene keinen Eindruck irgend welcher Art gemacht hat; und dergleichen.

Darum hätte es ja auch keinen Sinn, wenn jemand, der mit mir ein angenehmes Gespräch[1] gehabt hatte, mich danach versicherte, er habe ganz ohne zu denken geredet. Und zwar nicht, weil es aller Erfahrung widerspricht, daß Einer, der so reden kann, es ohne die Begleitvorgänge des Denkens tue. Sondern, weil es sich hier zeigt, daß uns die Begleitvorgänge überhaupt nicht interessieren und nicht das Denken ausmachen. Wir kümmern uns den Teufel um seine Begleitvorgänge, wenn er mit uns ein Gespräch in normaler Weise führt.

239. "Es zuckte mir durch den Sinn: . . ." Nun, diesen Ausdruck lernt der Mensch gebrauchen. Fast nie frägt man Einen "*Wie* zuckte es dir durch den Sinn? Hast du dir gewisse Worte gesagt, hast du etwas in der Vorstellung vor dir gesehen; kannst du *überhaupt* sagen, was in dir vorging?"

240. Wenn man erkennen will, wie Verschiedenes "Gedanke" heißt, braucht man ja nur einen Gedanken der reinen Mathematik mit einem nicht-mathematischen vergleichen. Denk nur, was alles "Satz" heißt!

241. Das Kind *muß* nicht zuerst einen primitiven Ausdruck gebrauchen, den wir dann durch den gebräuchlichen ersetzen. Warum soll es nicht sogleich den Ausdruck der Erwachsenen gebrauchen, den es öfters gehört hat. Wie es "errät", daß dies der richtige Ausdruck ist, oder wie es darauf kommt, ihn zu gebrauchen, ist ja gleichgültig. Hauptsache ist: es gebraucht ihn – nach welchen Präliminarien immer

---

[1] Im Manuskript: "angeregtes Gespräch". (*Herausg.*)

237. What result am I aiming at when I tell someone: "Read attentively!"? That, e.g., this and that should strike him, and he be able to give an account of it. – Again, it could, I think, be said that if you read a sentence with attention you will then be able to give a general account of what has gone on in your mind, e.g. the occurrence of images. But that does not mean that these things constituted attention. [Z 91.]

238. What do I do if he tells me that he thought about something entirely different when he read the sentence? What interesting conclusions can I draw from such a piece of information? Well, for instance that this particular matter occupies his mind; that I should not expect that he knows what the material he read was about; that what he read has made no impression on him whatsoever; and things like that.

Therefore it would make no sense if somebody who had had a pleasant conversation[1] with me were thereafter to assure me that he had spoken entirely without thinking. But this is not because it contradicts all experience that a person who can speak in this way should do so without thought processes accompanying his speech. Rather, it is because it comes out here that the accompanying processes are of no interest whatsoever to us, and do not constitute thinking. We don't give a damn about his accompanying processes when he engages in a normal conversation with us.

239. "It flashed through my mind: ..." Now people learn the use of this expression. Hardly ever do we ask anyone: "*How* did it flash through your mind? Did you say certain words to yourself? Did you see something in your imagination; can you say *in any way* what went on inside of you?"

240. If you want to find out how many different things "thought" means, you have only to compare a thought in pure mathematics with a non-mathematical one. Only think how many things are called "sentences"!

241. A child does not *have* to first use a primitive expression which we then replace with the usual one. Why shouldn't he immediately use the adult expression which he has heard several times? It really doesn't matter how he "guesses" that this is the right expression, or how he comes to use it. The main thing is that no matter what the preliminaries are, he uses the word the same way adults do: i.e., on

[1] Manuscript: "animated conversation". (*Eds.*)

— so, wie die Erwachsenen ihn gebrauchen: d.h., bei denselben Anlässen, in der gleichen Umgebung. Er sagt[1] auch: der Andere habe gedacht ...

242. Wie wichtig ist das Erleben der Bedeutung im sprachlichen Verkehr? Was wichtig ist, ist, daß wir beim Aussprechen eines Worts intendieren. Ich sage z.B. "Bank!" und will damit jemand erinnern, er solle auf die Bank gehen, und ich meine dabei in der einen, und nicht in der andern Bedeutung. — Aber die Intention ist eben kein Erlebnis.

243. Was unterscheidet sie aber vom Erlebnis? — Nun, sie hat keinen Erlebnisinhalt. Denn die Inhalte (Vorstellungen z.B.), die mit ihr oft Hand in Hand gehen, sind nicht die Intention selbst.[2] — Und doch ist sie auch nicht eine Disposition, wie das Wissen. Denn die Intention war vorhanden, als ich es sagte; sie ist jetzt nicht mehr vorhanden; aber ich habe sie nicht vergessen.

244. Es ist wahr: ich konnte mich mehr, oder weniger intensiv mit dem beschäftigen, was ich sagte. Und hier handelt sich's offenbar nicht um bestimmte Erlebnisse während des Aussprechens der Worte. D.h., man könnte nicht sagen "Beim Aussprechen des Wortes 'Bank' mußte das und das vor sich gehen, wenn es wirklich *so* gemeint war".

245. Daß man nun doch das Wort isoliert, fern von jeder Intention, 'einmal mit einer, einmal mit einer andern Bedeutung aussprechen' kann, das ist ein Phänomen, das nicht auf das Wesen der Bedeutung reflektiert; so daß man sagen könnte "Siehst du, auch *dies* kann man mit einer Bedeutung machen".—So wenig, wie man sagen könnte: "Schau, was man mit einem Apfel alles machen kann: man kann ihn essen, sehen, zu haben wünschen, sich vorzustellen versuchen." So wenig wie es für den Begriff 'Nadel' und 'Seele' charakteristisch ist, daß wir fragen können, wieviele Seelen auf einer Nadelspitze Platz haben. — Es handelt sich hier, sozusagen, um einen *Auswuchs* des Begriffs.

246. Statt "Auswuchs des Begriffes" hätte ich auch sagen können "Anbau an den Begriff".—In dem Sinne, in welchem es auch nicht

[1] Var. "errät."
[2] Var. "die sie oft, gleichsam, illustrieren, sind nicht die Intention selbst."

the same occasions, in the same context. He also says[1]: the other person thought . . .

242. How important is the experience of meaning in linguistic communication? What is important is that we intend something when we utter a word. For example, I say "Bank!" and want thereby to remind someone to go to the bank, and intend "bank" in the one meaning and not in the other. — But intention is no experience.

243. But what makes it different from an experience? — Well it has no experiential content. For the contents (e.g., images) which often go hand in hand with it, are not the intention itself.[2] — And yet neither is it a disposition, like knowing. For the intention was present when I said "Bank"; now it is no longer present; but I have not forgotten it.

244. True: It is possible that I was more or less intensely occupied with what I said. And here it is obviously not a matter of having particular experiences while I utter the words. That is, it would be wrong to say: "In the process of uttering the word 'Bank' such and such a thing had to take place if it was really supposed to mean *that*."

245. That it is possible after all to utter the word in isolation, far removed from any intention, 'now with one meaning, now with another', is a phenomenon which has no bearing on the nature of meaning; as if one could say, "Look, you can do *this* with a meaning too".—No more than one could say: "Look at all the things you can do with an apple: you can eat it, see it, desire it, try to form an image of it." No more than it is characteristic of the concept 'needle' and 'soul' that we can ask how many souls can fit on the point of a needle. — We're dealing here, so to speak, with an *outgrowth* of the concept.

246. Instead of "outgrowth of the concept" I could also have said "an annex to the concept".—In the sense that it is also not essential to

[1] Var. "guesses".
[2] Var. "which often illustrate it, as it were, are not the intention itself."

zu dem Wesen des Personennamens gehört, daß er die Eigenschaften seines Trägers zu haben scheint. − ((Zitat aus Grillparzer.))[1]

247. Wie kann man den Geisteszustand dessen, der einen Befehl halb automatisch gibt, von dem unterscheiden, in welchem er mit *Nachdruck*, eindringlich, gegeben wird? "Es geht in dieses Menschen Geist etwas anderes vor." Denke an den Zweck der Unterscheidung. Was sind die Zeichen des Nachdrucks?

248. Wenn ein sonst normaler Mensch unter den und den normalen Umständen ein normales Gespräch führt, und ich gefragt würde, wie sich in so einem Falle der Denkende vom Nichtdenkenden unterschiede, − ich wüßte nicht zu antworten. Und ich könnte *gewiß nicht* sagen, daß der Unterschied in etwas liegt, was während des Sprechens vor sich ginge, oder nicht vor sich ginge. [Z 93.]

249. Die Grenzlinie zwischen 'denken' und 'nicht denken', die hier gezogen würde, liefe zwischen zwei Zuständen, die sich durch nichts einem Spiel der Vorstellungen auch nur Ähnliches unterschieden. Denn das Spiel der Vorstellungen bleibt ja doch das, was man sich als das Charakteristikum des Denkens denkt. [Vgl. Z 94.]

250. "Ich habe diese Worte gesagt, aber mir *gar nichts* bei ihnen gedacht", das ist eine interessante Äußerung, weil die Folgen interessant sind. Du kannst dir aber immer denken, daß, wer dies sagte, sich bei der Introspektion geirrt hat; aber das würde nichts machen.

251. Was aber soll ich nun sagen: Ist dem, der gedankenlos geredet hat, ein Erlebnis abgegangen? Waren es z.B. Vorstellungen?—Aber wenn ihm die abgegangen wären, hätte das für uns *dasselbe Interesse* wie dies, daß er ohne zu denken gesprochen hat? Sind es die Vorstellungen, die uns in diesem Falle interessieren? Haben wir in seiner Äußerung nicht eine Art Signal von ganz anderer Bedeutung?

252. Soll ich sagen: "Wenn du nicht automatisch gesprochen hast (was immer das heißen mag) und wenn du deine Absicht nicht erst später erhalten, oder geändert hast, so hattest du sie, als du sprachst"?

253. "Ich habe mit dem Satz nichts gemeint, ich hab ihn nur vor mich hin gesagt." Wie merkwürdig, daß ich damit auf kein Erlebnis

---

[1] Im MS an dieser Stelle: "Schubert heiß ich, Schubert bin ich." (*Herausg.*)

people's names that they seem to have the traits of their bearers. – ((Quote from Grillparzer.))[1]

247. How can the mental state of someone who is giving an order semi-automatically be distinguished from the state in which the order is given *with emphasis*, urgently? "Something different is going on in this person's mind." Think about the purpose of distinguishing. What are the signs of emphasis?

248. If a normal human is holding a normal conversation under such and such normal circumstances, and I were to be asked what distinguishes thinking from not-thinking in such a case – I should not know what answer to give. And I could *certainly not* say that the difference lay in something that goes on or fails to go on while he is speaking. [Z 93.]

249. The boundary-line that is drawn here between 'thinking' and 'not thinking' would run between two conditions which are not distinguished by anything in the least resembling a play of images. For the play of images will always be conceived of as the characteristic of thinking. [Cf. Z 94.]

250. "I said those words, but I wasn't thinking of *anything at all* as I said them." That is an interesting utterance, because the consequences are interesting. You can always suppose that whoever says this had made a mistake in his introspection; but that wouldn't make any difference.

251. But what am I to say now: Did the person who spoke without thought lack an experience? Were the experiences images, for instance?—But if he had lacked them, would this be *of the same interest* to us as that he spoke without thought? Is it the images which interest us in this case? Doesn't his utterance contain a kind of signal of a totally different meaning?

252. Should I say: "If you didn't speak automatically (whatever that may mean) and if you didn't intend something later, and if you didn't change your intention, then you had it when you spoke"?

253. "I didn't mean anything by the sentence. I was just saying it." How remarkable that when I say this although I don't allude to any

[1] At this point the MS has: "Schubert is my name, Schubert I am." (*Eds.*)

während des Sprechens anspiele, und daß ich trotzdem nichts Bezweifelbares ausspreche.

Es ist sehr merkwürdig, daß die *Vorgänge* beim Denken uns so gut wie nie interessieren. (Aber natürlich sollte ich nicht sagen, es sei merkwürdig.) [b: Vgl. Z 88.]

254. Die Frage "Was hast du gemeint" und ähnliche können in zweifacher Weise verwendet werden. Im einen Fall wird einfach eine Sinn- oder Bedeutungserklärung verlangt, damit man mit dem Sprachspiel fortfahren kann. Im andern Fall interessiert uns etwas, was zur Zeit, als der Satz gesprochen wurde, geschah. Im ersten Falle würde uns ein psychologischer Bericht, wie dieser "Zuerst sagte ich's nur zu mir selbst, dann wendete ich mich an dich und wollte dich erinnern . . ." nicht interessieren.

255. Hast du *das* gemeint? Ja, es war der Anfang dieser Bewegung.

256. Denken wir uns diesen Fall: Ich soll um 12 Uhr jemand daran erinnern, er solle auf die Bank gehen, Geld holen. Mein Blick fällt um 12 Uhr auf die Uhr und ich sage "Bank!" (zu ihm gewendet, oder auch nicht); vielleicht mache ich eine Gebärde, die man manchmal macht, wenn man sich plötzlich einer Sache, die zu tun ist, entsinnt. – Gefragt "Meinst du die . . . Bank?" werde ich's bejahen. – Gefragt "Hast du beim Sprechen die . . . Bank gemeint", auch. – Wie, wenn ich das Letztere verneinte? Was würde das dem Andern mitteilen? Etwa, daß ich beim Sprechen den Satz anders gemeint, ihn aber dann doch für diesen Zweck verwenden wollte. Nun, das kann vorkommen. Es könnte auch sein, daß ich, als mein Blick auf die Uhr fiel, in seltsamer automatischer Weise das Wort "Bank" ausspreche, so daß ich dann berichte "Ich hörte mich plötzlich das Wort sagen, ohne mit ihm irgend eine Bedeutung zu verbinden. Erst nach einigen Sekunden erinnerte ich mich daran, daß du zur Bank solltest". – Die Antwort, ich hätte zuerst das Wort anders gemeint, bezog sich offenbar auf die Zeit des Sprechens; und ich hätte mich auch so ausdrücken können: "Ich habe beim Sprechen an *diese* Bank gedacht, nicht an . . .". – Die Frage ist nun: ist dieses 'Denken an . . .' ein Erlebnis? Es geht häufig, vielleicht immer, mit einem Erlebnis zusammen, möchte man sagen. Zu sagen, man habe damals an *diese* Sache gedacht, auf die man nun zeigen, die man beschreiben kann, etc., ist förmlich als sagte man: Dieses Wort, dieser Satz, war der Anfang von diesem Gedankengang, von dieser Bewegung. Nicht aber so, als ob ich dies durch nachträgliche Erfahrung wüßte; sondern die Äußerung "Ich habe bei diesen Worten an . . . gedacht" knüpft eben selber an jenen Zeitpunkt an. Und wenn ich sie in der Gegenwart statt in der Vergangenheit machte, *hieße sie etwas anderes.*

experience as I'm speaking, still I am not giving expression to anything dubitable.

It is very noteworthy that *what goes on* in thinking practically never interests us. (But of course I shouldn't say it is noteworthy.) [b: cf. Z 88.]

254. The question "What did you mean" and others like it can be used in two ways. In one case we simply demand an explanation of sense or meaning so that we can continue the language-game. In the other we are interested in what happened at the time the sentence was spoken. In the first case we would not be interested in a psychological report such as this: "First I just said it to myself, then I turned to you and wanted to remind you. . . ."

255. Did you mean *that*? Yes, it was the beginning of this movement.

256. Let's imagine the following case: At 12 o'clock I'm supposed to remind somebody to go to the bank to get money. At 12 I glance at the clock and I say "Bank!" (either facing the person or looking away from him); I might make a gesture which you sometimes make when you suddenly remember something you have to do. If asked "Do you mean the . . . bank?" I will say "Yes". – If asked "Did you mean the . . . bank when you were talking?" I'd also say "Yes". – But what if I said "No" to the latter? What information would that give the other person? Possibly that I meant the sentence in a different way when I uttered it, but then wanted to use it for this purpose after all. Well, that can happen. It is also possible that when I glance at the clock I utter the word "Bank" in a queer automatic way, so that when I report "Suddenly I heard myself saying the word without attaching any kind of meaning to it. Only a few seconds later did I remember that you were supposed to go to the bank". – If I had answered that I had meant the word in a different way at first, I would obviously be referring to the time of speaking. And I could also have expressed myself this way: "While speaking I thought of *this* bank, and not of . . .". – Now the question is: Is this "thinking of . . ." an experience? One would like to say that usually, and possibly always, it goes with an experience. To say that one thought about *this* thing to which one can now point, which one can describe, etc., is really like saying: This word, this sentence, was the beginning of that train of thought, of that movement. But it is not as if I knew this by subsequent experiences; rather the utterance "As I spoke these words I thought of . . ." itself attaches to that point of time. And if I were to utter it in the present tense rather than in the past *it would mean something else*.

257. Warum aber will ich sagen, jenes Denken sei kein Erlebnis? – Man kann an die 'Dauer' denken. Wenn ich statt des einen Wortes einen ganzen Satz gesprochen hätte, könnte ich nicht von einem Zeitpunkt im Sprechen sagen, er sei der Anfang des Denkens gewesen, noch auch der Augenblick, in dem es stattgefunden hat. Oder, wenn man Anfang und Ende des Satzes Anfang und Ende des Gedankens nennt, dann ist es nicht klar, ob man von dem Erlebnis des Denkens sagen soll, es sei während dieser Zeit einförmig, oder es sei ein Vorgang, wie das Sprechen des Satzes selbst.

Ja, wenn man von einer *Erfahrung* des Denkens spricht, so ist die Erfahrung des Redens so gut wie jede andere. Aber der Begriff 'denken' ist kein Erfahrungsbegriff. Denn man vergleicht Gedanken nicht, wie man Erfahrungen vergleicht. [b: Z 96.]

258. Man kann Einen im Denken stören; – aber im Beabsichtigen? – Wohl aber im Planen. Auch im Festhalten einer Absicht, nämlich im Denken oder Handeln. [Z 50.]

259. "Sag 'a b c d e' und meine: Das Wetter ist schön." Soll ich also sagen, daß das Erlebnis des Aussprechens eines Satzes einer uns geläufigen Sprache ein ganz anderes ist, als das des Aussprechens uns nicht in bestimmten Bedeutungen geläufiger Zeichen? Wenn ich also jene Sprache lernte, in welcher "a b c d e" den Sinn . . . hat, würde ich nach und nach das uns bekannte Erlebnis beim Aussprechen eines Satzes kriegen? Oder soll ich sagen, wie ich geneigt bin zu sagen, die Hauptverschiedenheit der beiden Fälle liegt darin, daß ich mich im einen nicht bewegen kann. Es ist, als wäre eines meiner Gelenke in Schienen und ich wäre noch nicht an sie gewöhnt und hätte daher noch nicht ihre möglichen Bewegungen inne, stieße also sozusagen in einem fort an. (Gefühl des Weichen.) [Vgl. Z 6.]

260. Denk dir, ich wäre mit einem Menschen beisammen, der diese Sprache spricht, und mir wäre gesagt worden, "a b c d e" heiße das und das, und ich solle dies sagen, weil es höflich sei. Ich würde es also mit einem freundlichen Lächeln, mit einem Blick zum Fenster hinaus sagen. Wäre das nicht allein genug, um mir diese Zeichen näherzubringen?

261. Man könnte von *'Anteilnahme'* reden. Und worin liegt meine Anteilnahme an einem Satz, den ich spreche? An dem, wird man sagen, was dabei in mir vorgeht. *Ich* möchte sagen: An den Verbindungen, Zusammenhängen, die ich mache. Es ist nämlich die Frage: Was immer beim Anteilnehmen in mir vor sich geht, – wodurch ist es ein Anteilnehmen an dem Inhalt dieses Satzes? Warum

257. But why do I want to say that thinking is not an experience? – One can think of "duration". If I had spoken a whole sentence instead of the single word, I couldn't call one particular point of time in which I was thinking the beginning of my thinking process, nor yet the moment in which it took place. Or, if one calls the beginning and end of the sentence the beginning and end of the thought, then it is not clear whether one should say of the experience of thinking that it is uniform during this time, or whether it is a process like speaking the sentence itself.

Sure, if we are to speak of an *experience* of thinking, the experience of speaking is as good as any. But the concept 'thinking' is not a concept of experience. For we don't compare thoughts in the same way as we compare experiences. [b: Z 96.]

258. One may disturb someone in thinking – but in intending? – But certainly in planning. Also in keeping to an intention, that is in thinking or acting. [Z 50.]

259. "Say 'a b c d e' and mean: The weather is fine." Should I say, then, that the experience of pronouncing a sentence in a familiar language is quite different from that of pronouncing signs that are familiar to us, but not in certain meanings? So if I learnt the language in which "a b c d e" meant that of . . ., should I come bit by bit to have the familiar experience when I pronounced a sentence? Or should I say, as I'm inclined to, that the major difference between the two cases is that in the one I can't move. It is as if one of my joints were in splints, and I were not yet familiar with the possible movements, so that I as it were keep on bumping into things. (Feeling of something soft.)[Cf. Z 6.]

260. Suppose I were with someone who spoke this language, and I had been told that "a b c d e" means this and that, and that I should say it because it is polite to do so. So, I would say it with a friendly smile, with a glance out the window. Would that alone not be enough to give me a better understanding of these signs?

261. One could speak of a *'feeling for'* something. And in what does my feeling for a sentence I utter consist? It will be said that it consists in what goes on inside me when I speak. *I* would like to say: In the connections, the tie-ups which I make. For the question is: What happens within me when I have a feeling for something – what makes it a feeling for the content of this sentence? Why isn't it, e.g., a

ist es z.B. nicht eine pathologische Aufregung in mir, die das Sprechen begleitet? [Vgl. Z 124.]

262. Kann ich wirklich sagen, es sei beim 'gedankenlosen' Lesen des Übungsbuchsatzes in mir etwas ganz anderes, oder einfach etwas anderes geschehen, als beim verständnisvollen Lesen des Satzes in anderem Zusammenhang? Ja – Unterschiede sind da. Ich werde z.B. auf den gleichen Satz in gewissem Zusammenhang sagen "Ja, *so* war es?", ich werde überrascht, enttäuscht, gespannt, befriedigt sein, etc.

263. "Hast du den Satz denkend gelesen?" – "Ja, ich habe ihn denkend gelesen; jedes Wort war mir wichtig."
"Ich habe sehr angestrengt dabei gedacht." Ein Signal.
Ist dabei nichts vorgegangen? Doch, allerlei. Aber *darauf* bezog sich das Signal nicht.
Und doch bezog sich das Signal auf die Zeit des Redens. [a: Z 92a.]

264. James könnte vielleicht sagen: "Ich lese jedes Wort mit dem ihm entsprechenden Gefühl. "Aber" mit dem Abergefühl", u.s.w. Und selbst wenn das wahr ist, – was bedeutet es eigentlich? Was ist die Grammatik des Begriffs 'Abergefühl'? Es wird ja nicht ein Gefühl dadurch, daß ich es "Gefühl" nenne. [Vgl. Z 188.]

265. Wie seltsam, daß etwas beim Sprechen vorgegangen ist, und ich doch nicht sagen kann, *was!*—Am besten: ich sage, es war eine Illusion, und es ist nichts vorgegangen; und nun untersuche ich den Nutzen der Äußerung.
Und es wird sich auch fragen, welches der Nutzen des Bezugs auf den vergangenen Zeitpunkt ist.

266. Ja; "Ich habe bei diesen Worten gedacht..." bezieht sich allerdings auf die Zeit des Redens; aber wenn ich nun den 'Vorgang' charakterisieren soll, so kann ich ihn nicht als ein Geschehen in diesem Zeitraum beschreiben, z.B. nicht sagen, die und die Phase des Vorgangs habe in *diesem* Zeitabschnitt stattgefunden. Also *nicht*, wie ich z.B. das Sprechen selbst beschreiben kann. Das ist der Grund, warum man das Denken nicht wohl einen Vorgang nennen kann. ((Noch eine Begleitung des Redens.))

267. Mit 'denkend reden' müßte ich eigentlich meinen: reden und verstehen, was man sagt, und nicht erst nachträglich verstehen.
Das Schreiben ist gewiß eine willkürliche Bewegung, und doch eine automatische. Und von einem Fühlen der Schreibbewegungen ist

pathological state of excitement in me, which accompanies my speaking? [Cf. Z 124.]

262. Can I really say that when I 'unthinkingly' read the sentence in the textbook, something completely different, or simply something different, goes on in me from what goes on when in a different situation I read the sentence comprehendingly? Yes — there are differences. For instance, in a certain situation I shall respond to the same sentence: "So *that's* the way it was?", I shall be surprised, disappointed, expectant, satisfied, etc.

263. "Did you think as you read the sentence?" – "Yes, I did think as I read it; every word was important to me."
   "I was thinking very intensely." A signal.
   Did nothing go on in the process? Yes, all sorts of things. But the signal did not refer to *them*.
   And yet the signal referred to the time of speaking. [a: Z 92a.]

264. James might perhaps say: "I read each word with the feeling appropriate to it. 'But' with the but-feeling," and so on. – And even if that is true – what does it really signify? What is the grammar of the concept 'but-feeling'? – It certainly isn't a feeling just because I call it "a feeling". [Cf. Z 188.]

265. How strange, that something has happened while I was speaking and yet I cannot say *what*!—The best thing would be to say it was an illusion, and nothing really happened; and now I investigate the usefulness of the utterance.
   Furthermore the question will arise as to the usefulness of referring to a point of time in the past.

266. Yes; "While saying these words I thought . . ." indeed does refer to the time of speaking; but if I am now to characterize the 'process' I cannot describe it as something happening in this stretch of time. I cannot say, e.g., that this or that phase of the process occurred in *this* time segment. So I can *not* describe the thinking process as I can describe speaking itself, for instance. That is why one can't very well call thinking a process. ((Nor an accompaniment of speaking.))

267. By 'thinking while you speak' I really should mean that I speak and understand what I say, and not that I speak and understand it later.
   Writing is certainly a voluntary movement, and yet an automatic

natürlich nicht die Rede. D.h. man fühlt etwas, aber könnte das Gefühl unmöglich zergliedern. Die Hand schreibt; sie schreibt nicht, weil man will, sondern man will, was sie schreibt.

Man sieht ihr nicht erstaunt oder mit Interesse beim Schreiben zu; denkt nicht "Was wird sie nun schreiben". Aber nicht, *weil* man eben wünschte, sie solle *das* schreiben. Denn, daß sie schreibt, was ich wünsche, könnte mich ja erst recht in Erstaunen versetzen. [b, c: Z 586.]

268. Wie prüfen wir, ob jemand versteht, was es heißt, die Muskeln des Armes entspannen, schlaff lassen? Doch dadurch, daß wir prüfen, ob sie entspannt sind, wenn er sagt, er habe sie entspannt (etwa auf unsern Befehl). Was würden wir nun zu dem sagen, der uns mitteilt, er spanne seine Muskeln nicht an, während sein Arm ein Gewicht hebt und es mit allen den gewöhnlichen Anzeichen der gewollten Bewegung tut? Wir würden hier von Lüge oder von einer merkwürdigen Illusion reden. Ich weiß nicht, ob es Verrückte gibt, die ihre normalen Bewegungen für ungewollt erklären. Wenn es aber jemand tut, so erwarte ich mir von ihm, daß er der Bewegung seines Arms in ganz anderer als der normalen Weise mit seiner Aufmerksamkeit folgt; so nämlich, wie der Bewegung des Zeigers eines Instruments etwa.

269. Das Kind lernt gehen, kriechen, spielen. Es lernt nicht, willkürlich und unwillkürlich spielen. Aber was macht die Bewegungen des Spiels zu willkürlichen Bewegungen? Nun, wie wäre es denn, wenn sie unwillkürlich wären? – Ich könnte auch fragen: Was macht denn diese Bewegungen zu einem Spielen? – Daß sie Reaktionen auf gewisse Bewegungen, Laute, etc. des Erwachsenen sind, daß sie einander *so* folgen, mit *diesen* Mienen und Lauten (dem Lachen z.B.) zusammengehen. [Vgl. Z 587.]

270. Kurz, macht es die Bewegungen SO, so sagen wir sie seien willkürlich. Bewegungen in solchen Syndromen heißen "willkürlich".

271. Ich gebe Einem mit den Augen ein Zeichen. Ich kann, was es bedeutet hat, später erklären. Wenn ich sage "Ich hatte dabei *diese* Intention", so ist das, als bezeichnete ich den Ausdruck als Anfang einer Bewegung. Ich erkläre ihn nicht mit Hilfe von *hergebrachten* Regeln, noch durch eine Definition, die den zukünftigen Gebrauch des Zeichens regeln soll. Ich sage weder "Dies Zeichen bedeutet bei uns *das*", noch "Es soll in Hinkunft *das* bedeuten". Ich gebe also *keine* Definition.

one. And of course there is no question of the movements in writing. That is, one feels something, but could not possibly analyze the feeling. One's hand writes; it does not write because one wills, but one wills it to write.

One does not watch it in astonishment or with interest while writing; does not think "What will it write now?". But not *because* one had a wish that it should write *that*. For that it writes what I want might very well throw me into astonishment. [b, c: Z 586.]

268. How do we test whether somebody understands what it means to relax his arm muscles, to let his arms go limp? By testing whether they are relaxed when he says he relaxed them (in response to our order, for instance). Now what would we say of a person who is lifting a weight apparently voluntarily, and who tells us that he is not tensing his muscles? In this case we would say he was lying, or suffering from a strange delusion. I don't know whether there are deranged people who declare that their normal movements are involuntary. But if somebody does I would expect him to follow the movements of his arm with his attention in a fashion quite different from the normal one; that is, as he might follow the movement of a pointer on an instrument.

269. A child learns to walk, to crawl, to play. It does not learn to play voluntarily and involuntarily. But what makes its movements in play into voluntary movements? What would it be like if they were involuntary? – I could also ask: what makes these movements into a game? – The fact that they are reactions to certain movements, sound, etc., of a grown-up, that they occur in *this* sequence, go together with *these* facial expressions and sounds (laughing, e.g.). [Cf. Z 587.]

270. Briefly, if the child executes the movements IN THIS WAY, then we say that they are voluntary. Movements in such syndromes are called "voluntary".

271. I signal to someone with my eyes. Later I can explain what it meant. If I say "At the time I had *this* intention" it is as if I were calling the expression the beginning of a movement. I do not explain the expression with the help of *established* rules, nor by a definition which is to regulate the future use of the signal. I don't say "This signal means *this* to us", nor "In the future it is to mean *this*". Thus I am *not* giving a definition.

272. Denk nun aber an den Unterschied, den es macht, wenn ich jenen Ausruf in seiner bestimmten Situation nicht aus eigenem mache, sondern ihn in einer Geschichte, oder einem Schauspiel lese. Ich nehme an: mit *Verständnis* lese. Bin ich aber da noch immer geneigt, von einer Intention (ich meine von *meiner* Intention) bei diesem Wort zu reden?

273. Kann ich aber sagen, es geht beim Lesen etwas anderes in mir vor sich, als beim spontanen Ausruf? Nein. Ich weiß *nichts* von so einer Verschiedenheit der Vorgänge; obwohl die Art und Weise, wie ich mich ausdrücke, auf so etwas schließen ließe.

Aber, wenn Einer ins Zimmer käme, gerade wenn ich den Ausruf lese, und er fragte mich, ob ich das und das wolle, würde ich ihm sagen, ich hätte es nicht so gemeint und bloß etwas gelesen.

274. Ich sagte früher, die Intention habe keinen Inhalt. Nun, ihren Inhalt kann man das nennen, was ihr Wortausdruck erklärt. Aber eben davon kann man weder sagen, es sei ein gleichförmiger Zustand, der von diesem Zeitpunkt bis zu jenem andauert; also etwa vom Anfang des ersten, bis zum Ende des letzten Wortes; noch kann man Phasen in ihm unterscheiden und diese dem Ablaufen des Wortausdrucks zuordnen. Wäre dagegen der Satz von einem Spiel der Vorstellungen begleitet, so könnte man eben dies tun.

275. Unterschied zwischen 'die Absicht haben' und 'an die Absicht denken'.

Wenn ich mir sage "Ich will diesem Gespräch ein Ende machen", so ist das doch der Ausdruck einer Absicht und zwar im Moment ihres Entstehens; es ist eigentlich der Ausdruck des *Entschlusses*. Und dem Entschluß als einem Bejahen der Absicht entspricht auch ein Hin- und Herschwanken zwischen Entscheidungen, ein Ringen mit dem Entschluß.

276. Wenn ich bei mir denke "Ich halt es nicht mehr aus; ich will gehen!", so denke ich doch eine Absicht. Es ist aber das Denken des Ausbruchs einer Absicht. Während man von dem, der erzählt "Ich beabsichtige im nächsten Jahr . . .", auch sagen kann, er denke eine Absicht, aber in ganz anderem Sinne.

277. Man sagt nicht "Ich weiß, daß es regnet" einfach als Mitteilung, es regne; sondern etwa, wenn diese Aussage angezweifelt wurde; oder auf die Frage, ob ich auch sicher sei. Aber ich könnte dann auch sagen "Es ist ganz gewiß: es regnet".

272. But now think of the difference it makes if I exclaim "Bank!" in some particular situation, not on my own, but perhaps read it in a history book or a play. I am assuming I read it with *understanding*. Am I still inclined to speak of an intention (I mean of *my* intention) in connection with this word?

273. But can I say that when I am reading, something goes on inside me which is different from what happens in a spontaneous exclamation? No. I know *nothing* about such a difference of processes, although the way I am expressing myself might lead one to infer something like that.

But if someone were to come into the room at the very moment I was reading the exclamation and were to ask me whether I wanted this, or that, I would tell him that I hadn't meant the exclamation that way, but had just been reading something.

274. I said earlier that intention has no content. One can call its content what explains its verbal expression. But it is just that that cannot be said to be a uniform state, lasting from this point in time to that one; e.g., from the beginning of the first until the end of the last word; not can one distinguish phases in it and correlate them with the parts of the verbal expression. But if the sentence were accompanied by a play of images one could do precisely that.

275. The difference between "intend" and "think of the intention".

If I say to myself, "I'm going to end this conversation", then that is presumably the expression of an intention, indeed, of an intention at the moment of its inception. Actually it is the expression of a *decision*. And corresponding to a decision that is an affirmation of an intention, there is also a wavering back and forth between decisions, a wrestling with the decision.

276. When I think to myself, "I can't stand it any more; I want to go!", then I am thinking of an intention. But this is thinking of the outbreak of an intention. Whereas a person who says "I'm planning next year to . . ." can also be said to be thinking of an intention, but in a completely different sense.

277. One does not say "I know it's raining" simply to report that it is raining; rather this is said if the statement has been called into question; or in response to the question whether I'm sure that it's raining. But then I could also say "It's quite certain: it's raining".

278. Ich kann mit einer Meldung eine Reihe von Sprachspielen spielen. Eines ist z.B.: nach ihr handeln; ein anderes: durch sie den Meldenden prüfen.

Aber ist nicht das erste sozusagen das ursprünglichere Sprachspiel, das, wozu eine Meldung eigentlich da ist?

279. Man muß sich sagen, daß es die erste Person "ich glaube" sehr wohl auch ohne eine dritte geben könnte.

Warum sollte nicht in der Sprache ein Verbum gebildet worden sein, das nur eine erste Person der Gegenwart hat? Es ist gleichgültig, was dazu geführt hat, welche Vorstellungen.

280. Aber was heißt das: "Es regnet und ich glaube es nicht" habe Sinn, wenn ich es als Annahme *meine*, und keinen Sinn, wenn ich es als Behauptung, oder Meldung meine.

Man stellt sich das so vor, daß, wenn der Satz auf die erste Art intendiert wird, etwas von ihm ausgeht, etwas aufleuchtet, wogegen alles finster bleibt, wenn man ihn auf die zweite Art intendiert. Und etwas ist ja wahr daran: Denn sagt mir Einer diese Worte und ich verstehe sie als Annahme, so leuchtet etwa Verständnis in meinem Gesicht auf; deute ich aber den Satz als Meldung, so werde ich am Sinn irre und das Verständnis bleibt aus.

"Es regnet und ich glaube es nicht" ist eine Annahme, aber keine Meldung.

281. Man möchte auch sagen: Die Annahme, ich glaube das, ist die Annahme, ich sei *so* disponiert. Während ich von der Meldung "Ich glaube . . ." nicht sagen möchte, sie berichte von meiner Disposition. Vielmehr ist sie eine Äußerung dieser Disposition.

282. Alles das hängt damit zusammen, daß man sagen kann "Ich glaube, er glaubt . . .", "Ich glaube, ich habe geglaubt . . .", aber nicht "Ich glaube, ich glaube . . .".

283. In dem Falle eines obligatorischen "Ich glaube" zu Anfang jeder Behauptung hieße zwar "Ich glaube, es sei so" dasselbe wie "Es ist so", aber "Angenommen, ich glaubte, es sei so" *nicht* dasselbe wie "Angenommen, es sei so".

284. Ich habe mich von etwas überzeugt, nun weiß ich es. "Ich weiß, daß die Erdkugel in den letzten 10 Minuten existiert hat" sagt man nicht; wohl aber "Man weiß, daß die Erde viele tausende von Jahren existiert hat". Und das nicht, weil es unnötig ist, so etwas zu versichern.

278. I can play a whole series of language-games with a report. One might be: acting according to the report; another one: using the report to test whoever gave it.

But isn't the first language-game the more primitive one, so to speak, the real purpose of a report?

279. It must be remembered that the first person "I believe" could very well exist without the third person.

Why shouldn't a verb have been formed in language which only exists in the first person present? What has led to this, what images, is irrelevant.

280. But what does this mean: "It's raining and I don't believe it" makes sense if I *mean* it as a hypothesis, and does not make sense if I meant it as an assertion, or a report?

We have an image of something emanating from the sentence, of something lighting up, if it is intended in the former way, whereas everything remains dark if it is intended in the latter. And there is some truth to this: for if someone says these words to me and I understand them as a hypothesis, then my face might be lighted up with comprehension; but if I take the sentence as a report then I become confused as to its meaning and comprehension escapes me.

"It's raining and I don't believe it" is an assumption, not a report.

281. One would also like to say: The assumption that I believe something is the assumption that I am disposed in a *particular* way. Whereas I should not want to say of the report "I believe . . ." that it says something about my disposition. Rather it is an utterance of this disposition.

282. All that hangs together with this, that one can say "I believe he believes . . .", "I believe I believed . . .", but not "I believe I believe . . .".

283. If we were to have an obligatory "I believe" at the beginning of every assertion, "I believe it is so" would mean the same thing as "It is so". But "Suppose I believe it is so" would *not* mean the same thing as "Suppose it is so".

284. I have satisfied myself about something and now I know it. One doesn't say "I know that the earth has existed for the past ten minutes"; one does say, however, "It is known that the earth has existed for many thousands of years". And this is not because it is unnecessary to assert something like that.

285. "Ich weiß, daß dieser Weg dorthin führt."

"Ich weiß, wohin dieser Weg führt."

Im zweiten Falle sage ich, ich besitze etwas; im ersten versichere ich eine Tatsache. In *diesem* könnte das Wort "wissen" auch wegbleiben. In jenem wäre es möglich fortzusetzen, "aber ich sag's nicht".

286. Auf die Aussage "Ich weiß, daß es so ist" folgt die Frage "Wie weißt du das?", die Frage nach der Evidenz.

287. In dem Sprachspiel der Meldung gibt es den Fall, daß die Meldung angezweifelt wird, daß man annimmt, der Meldende vermute nur, was er meldet, habe sich nicht überzeugt. Hier sagt er dann etwa: "Ich *weiß* es." D.h.: Es ist nicht bloß Vermutung.—Soll ich da sagen, er teile mir die Sicherheit mit, die er bei seiner Meldung fühlt? Das möchte ich nicht sagen. Er spielt einfach das Meldungssprachspiel, und "Ich weiß es" ist die Form einer Meldung.

288. Kann man nur wissen, was wahr ist? Nun, man sagt ja auch "Ich glaube, es zu wissen" und hier kann dem Glauben keine Unsicherheit anhaften. Es heißt nicht "Ich bin nicht sicher: weiß ich's, oder weiß ich's nicht."

289. Mancher wird sagen, daß mein Reden über den Begriff des Wissens irrelevant sei, da zwar dieser Begriff, wie die Philosophen ihn auffassen, allerdings nicht mit dem der alltäglichen Rede übereinstimmt, aber eben ein wichtiger, interessanter Begriff sei, der durch eine Art Sublimierung aus dem landläufigen und nicht sehr interessanten gebildet ist. Aber der philosophische Begriff ist aus dem landläufigen durch allerlei Mißverständnisse gewonnen worden und er befestigt diese Mißverständnisse. Er ist durchaus nicht interessant; es sei denn als Warnung.

290. Du darfst wieder nicht vergessen, daß "Ein Widerspruch hat keinen Sinn" nicht heißt: der Sinn des Widerspruchs ist ein Unsinn. – Den Widerspruch schließen wir aus der Sprache aus; wir haben für ihn keine klare Verwendung und wollen ihn nicht verwenden. Und wenn "Es regnet, aber ich glaube es nicht" sinnlos ist, so wieder, weil eine Verlängerung gewisser Linien zu dieser Technik führt. Aber unter andern als den normalen Umständen könnte jener Satz einen klaren Sinn erhalten.

291. Wenn es ein 'automatisches' Reden gäbe, so könnten wir z.B. nicht mit einer solchen Äußerung streiten, den, der sie ausspricht,

285. "I know that this path leads over there."
    "I know where this path leads to."
   In the latter case I am saying that I possess something; in the former, I am affirming a fact. In the *former* case the word "know" could even be dropped. In the latter, one could go on: "But I'm not telling."

286. The statement "I know it is so" is followed by the question "How do you know that?", the question asking for evidence.

287. In the language-game of reporting there is the case of the report being called into question, of one's assuming that the reporter is merely conjecturing what he reports, that he hasn't ascertained it. Here he might say: I *know* it. That is: It is not mere surmise.—Should I say in this case that he is telling the certainty, the certainty he feels about his report, to me? No, I wouldn't like to say that. He's simply playing the language-game of reporting, and "I know it" is the form of a report.

288. Can one only know what is true? Well, one does say "I believe I know it", and here there is no uncertainty attached to the belief. This does not mean: "I'm not certain: Do I know it, or don't I?"

289. Some will say that my talk about the concept of knowledge is irrelevant, since this concept as understood by philosophers, while indeed it does not agree with the concept as it is used in everyday speech, still is an important and interesting one, created by a kind of sublimation from the ordinary, rather uninteresting one. But the philosophical concept was derived from the ordinary one through all sorts of misunderstandings, and it strengthens these misunderstandings. It is in no way interesting, except as a warning.

290. Again, you must not forget that "A contradiction doesn't make sense" does not mean that the sense of a contradiction is nonsense. – We exclude contradictions from language; we have no clear-cut use for them, and we don't want to use them. And if "It's raining but I don't believe it" is senseless, then again that is because an extension along certain lines leads to this technique. But under unusual circumstances that sentence could be given a clear sense.

291. If there were such a thing as 'automatic' speech, then we couldn't dispute such an utterance, or try to prove a mistake on

nicht eines Irrtums überweisen wollen. Wir würden also nicht die gleichen Sprachspiele mit dem automatischen, wie mit dem normalen Reden spielen.

292. Wenn ich ein Reden "automatisch" nenne, so stellt man sich dabei etwas Inflexionsloses, Maschinelles vor. Aber das ist für uns gar nicht wesentlich. Man braucht nur anzunehmen, daß *zwei* Personen durch einen Mund reden. Und wir haben dann, was gesagt wurde, auch als die Äußerung zweier Menschen zu behandeln. Es könnten also beide Sätze mit der Intention der Mitteilung gesprochen werden. Und es würde sich nur fragen, wie ich auf diese Mitteilungen reagieren sollte.

293. Einerseits kann man sagen, daß Schwarz und Weiß in Grau koexistieren können; und anderseits wird man sagen: "Aber wo Grau ist, ist natürlich weder Weiß, noch Schwarz. Was grau ist, ist natürlich nicht wirklich weiß."

294. Aber wie ist es mit "Hellrot" und "Dunkelrot"? Wird man auch sagen wollen, daß diese irgendwo zugleich sind? oder Lila und Violett? – Nun, denk dir den Fall, Hellblau und Dunkelblau, und zwar ganz bestimmte Töne, umgäben uns ständig, und wir können nicht (wie es tatsächlich der Fall ist) leicht beliebige Farbtöne erzeugen. Es wäre aber unter Umständen möglich, die hellblaue Substanz mit der dunkelblauen zu mischen, und dann erhielten wir einen seltenen Farbton, den wir nun auffassen als eine Mischung von Hellblau und Dunkelblau.

295. "Aber wären dann unsere Farbbegriffe die gleichen wie sie heute sind?" Sie wären diesen sehr ähnlich. Ungefähr wie die Zahlbegriffe der Völker, die nur bis 5 zählen können, den unseren.

296. Man kann sagen: Wem ein Wort durch Hinweisen auf einen färbigen Fleck erklärt wird, der weiß nur insofern, *was* gemeint ist, als er weiß, *wie* das Wort anzuwenden ist. Das heißt: Es gibt hier kein Erfassen, Auffassen des Gegenstandes, außer durch ein Erfassen einer Technik.

Anderseits könnte man doch sagen, ein Erfassen, Ergreifen des Gegenstandes *vor* jedem Erfassen einer Technik sei möglich, denn wir können Einem einfach den Befehl geben "Kopiere *dies*!" und er kann nun z.B. die Farbe kopieren, oder die Gestalt und Größe, oder nur die Gestalt, oder die Farbe, aber nicht den genauen Ton, etc. Und hier tut das Kopieren, was bei einem Körper etwa ein in die Hand Nehmen

the part of one who speaks it. Thus we would not play the same language-games with automatic speech as we do with the usual kind.

292. Calling a mode of speech "automatic" produces the image of something without inflection, something mechanical. But that isn't at all important to us. One need only assume that *two* people are talking through one mouth. We must then treat what was said as the utterance of two people. Thus both sentences could be spoken with the intention of giving a report. And then the only question would be, how I should react to these reports.

293. On the one hand it can be said that black and white can coexist in grey; on the other hand it will be said: "But where there is grey, there is, of course, neither black nor white. What is grey is of course not really white."

294. But how about "light red" and "dark red"? Will one want to say that they can co-exist somewhere? Or lilac and purple? — Well, suppose that we were constantly surrounded by very specific shades of light and dark blue, and that we could not (contrary to what is actually the case) easily produce any shade of colour we chose. But under certain circumstances we would be able to mix the light blue substance with the dark blue one, and then we would arrive at an unusual shade of colour which we would then perceive as a mixture of light blue and dark blue.

295. "But would our concepts of colour then be the same as the ones we have today?" They would be very similar. Very much like the relation of number concepts of peoples who can only count to five, and ours.

296. One can say: Whoever has a word explained by reference to a patch of colour only knows *what* is meant to the extent that he knows *how* the word is to be used. That is to say: there is no grasping or understanding of an object, only the grasping of a technique.

On the other hand, we would certainly say that grasping or comprehending an object is possible *before* understanding a technique, for we can simply give someone the order "Copy *this*!" and then he can copy the colour, or the shape and size, or only the shape, or the colour, but not the exact shade, etc. And here copying does what in the case of a body is done by taking one in one's hand. — It is as if we

tut. – Es ist uns da, als könnten wir, was gemeint ist, die Farbe etwa, mit einer eigenen feinen geistigen Zange auffassen, ohne irgendetwas anderes mit zu nehmen.

297. Der Verstand, sage ich, ergreift *den einen Gegenstand*; und dann reden wir von *ihm*, und seinen Eigenschaften, seiner Natur gemäß.

298. Wie aber weiß ich, daß dein Geist den gleichen Gegenstand ergreift, wie meiner? Doch eben z.B. dadurch, wie du auf meinen Befehl, "Kopiere die Farbe" z.B., reagierst. Aber hier, wirst du sagen, können wir nur das Wesentliche dieser Reaktion erkennen, indem wir ihn öfters Farben kopieren heißen. Das heißt wohl, ich werde nach einigen dieser Reaktionen andere vorhersehen können; und dies erkläre ich, indem ich sage: ich weiß nun, *'was'* er eigentlich kopiert. Also die Farbe, oder die Form z.B. – aber es gibt hier mehr solche *was*, als wir für gewöhnlich anzunehmen geneigt sind; d.h. man kann auch Begriffe bilden, die uns ganz ungewöhnt sind.

Es kann auch sein, daß ich allerdings nach einigen Reaktionen des Kopierens andere richtig voraussehe und nun mit ihnen rechnen kann – also sage, wir hätten einander nun verstanden – daß ich aber in einer etwas andern Situation eine Überraschung erlebe.—Und was soll ich nun sagen: Ich hätte ihn die ganze Zeit mißverstanden? oder, ich habe ihn zum Teil mißverstanden? Wenn du ans Ergreifen eines Gegenstandes denkst, wirst du vielleicht das erste sagen, gemäß dem Bild, er habe eben *nicht* den Gegenstand ergriffen, den ich glaubte. Denken wir aber an Methoden des Gebrauchs von Worten, so werden wir sagen, es seien hier ungleiche, aber ähnliche, Methoden.

299. Hier ist es nun freilich wichtig, daß eine Technik für uns eine Physiognomie hat. Daß wir z.B. von einer einheitlichen und einer uneinheitlichen Verwendung sprechen können.

300. Wissen in einem Sinn ist ein gelernt und nicht vergessen haben. Es hängt so mit dem Gedächtnis zusammen. – Nun kann ich also sagen: "Ich weiß, wieviel 97×78 ist" oder "Ich weiß, daß 97×78 432 ist". Im ersten Falle, so wollte ich sagen, teile ich jemand mit, ich könne etwas, habe einen gewissen Besitz; im zweiten versichere ich den Andern einfach, 97×78 sei 432. Heißt denn "97×78 ist ganz bestimmt 432" nicht, *ich wisse*, es sei so? Man kann auch sagen: Der erste Satz ist sicher kein arithmetischer, noch kann ihn ein solcher irgendwie ersetzen; statt des zweiten aber könnte man einen arithmetischen Satz verwenden. [Vgl. Z 406.]

could pick out the meaning, or the colour, perhaps, with a particularly refined pair of mental tweezers, without catching hold of anything else.

297. The understanding, I say, catches hold of *the one object*; and then we speak of *it* and its qualities according to its nature.

298. But how do I know that your mind catches hold of the same object as mine? Well, for instance by the very way you react to my command, e.g. "Copy the colour". But in this case, you will say, we can only recognize what is essential to his reaction by having him copy more and more colours. Presumably this means that after a few such reactions I will be able to see others in advance; and this I explain by saying: Now I know *"what"* he is actually copying. The colour or the form, for example – but there are more such *whats* than we are usually inclined to assume, i.e., concepts can also be formed with which we are quite unfamiliar.

It may also be that I do foresee his reactions of copying after a few have been given, and that I can count on them – i.e., say that we have now understood one another. – But then in a somewhat different situation I nevertheless get a surprise.—And what shall I now say: That I had been misunderstanding him the whole time?, or that I partly misunderstood him? If you think about catching hold of an object you will perhaps say the former, in accordance with the picture that he just had *not* caught hold of the object that I thought he had. But if we think about methods of using words, then we shall say that here we have similar, but not identical, methods.

299. Now here it is certainly important that a technique has a physiognomy for us. That we can speak, for example, of uniform and non-uniform uses.

300. In one sense knowing is to have learned and not forgotten. In this way it hangs together with memory. – So now I can say: "I know what 97×78 is", or "I know that 97×78 is 432". In the first case, I would say, I tell someone that I can do something, that I possess something; in the second I simply assure the other person that 97×78 is 432. For doesn't "97×78 is quite definitely 432" mean *I know* it is? The matter can also be put this way: The first sentence is by no means an arithmetical one, nor can it somehow be replaced by an arithmetical one; but an arithmetical sentence could be used in place of the second one. [Cf. Z 406.]

301. Der Unterschied ist der: Im Satze "Ich weiß, wie es sich verhält" kann das "Ich weiß" nicht wegbleiben. Den Satz "Ich weiß, daß es sich so verhält" kann man ersetzen durch "Es verhält sich so".

302. "Es wird regnen." – "Du glaubst, es wird regnen?" – "Ich weiß, es wird regnen." Sagt der dritte Satz mehr als der erste? Er ist die Wiederholung des ersten und eine Abwehr des zweiten.

303. Aber gibt es nicht ein Phänomen des Wissens, sozusagen ganz abgesehen vom Sinn der Worte "Ich weiß"? Ist es nicht merkwürdig, daß ein Mensch etwas *wissen* kann, die Tatsache gleichsam in sich selbst haben kann? Aber das ist eben ein falsches Bild. Denn, sagt man: wissen ist es nur, wenn es sich wirklich verhält, wie er sagt. Aber das ist nicht genug. Es darf sich nicht nur zufällig so verhalten. Er muß nämlich wissen, daß er weiß; das Wissen ist ja sein eigener Seelenzustand; er kann darüber, außer durch eine besondere Verblendung, nicht im Zweifel oder Unrecht sein. Wenn also das Wissen, daß es so ist, nur ein Wissen ist, wenn es wirklich so ist; und wenn das Wissen in ihm ist, so daß er darüber, daß es ein Wissen ist, unfehlbar ist; dann ist er also auch darüber unfehlbar, daß es ist, wie es das Wissen weiß; und also muß die Tatsache, die er weiß, so wie das Wissen, in ihm sein.

Also: Wenn ich, ohne zu lügen, sage "Ich weiß, daß es so ist", so kann ich nur durch eine besondere Verblendung im Unrecht sein. [Z 408a, c.]

304. Heißt 'das Bild nicht SO sehen': *es anders sehen*?

305. Denk dir diesen Fall: Ein Vexierbild wird mir gezeigt; ich sehe darin Bäume, Leute, etc. Ich untersuche es, und plötzlich sehe ich eine Gestalt in den Kronen der Bäume. Wenn ich es danach ansehe, sehe ich jene Striche nicht mehr als Zweige, sondern zur Gestalt gehörig. Nun stelle ich das Bild in meinem Zimmer auf und sehe es tagtäglich, und da vergesse ich zumeist die zweite Interpretation und es ist nun einfach ein Wald. Ich sehe es also, wie jedes andere Bild eines Waldes. (Du siehst die Schwierigkeit.) – Ich sage nun von jenem Bild einmal: "Ich habe es schon lange nicht mehr als Vexierbild gesehen, beinahe vergessen, daß es eins ist." Da kann man natürlich fragen "Wie hast du's denn gesehen?" und ich werde sagen "Nun, als Bäume . . ." und das ist auch ganz richtig; aber hab ich also nicht nur das Bild gesehen und gewußt, was es darstellt, sondern es auch immer gemäß einer bestimmten Deutung wahrgenommen? Lieber möchte ich sagen: Für mich waren's jetzt einfach immer Bäume, ich habe nie in anderm Sinne an das Bild gedacht.

301. The difference is as follows: In the sentence "I know how it is" the "I know" cannot be omitted. The sentence "I know it is this way" can be replaced by "It is this way".

302. "It's going to rain." – "Do you believe it's going to rain?" – "I know it's going to rain." Does the third sentence say more than the first? It is a repetition of the first and a rejection of the second.

303. But isn't there a phenomenon of knowing, as it were quite apart from the sense of the phrase "I know"? Is it not remarkable that a man can *know* something, can as it were have the fact within him? – But that is a wrong picture. – For, it is said, it's only knowledge if things really are as he says. But that is not enough. It musn't be just an accident that they are. For he has got to know that he knows: for knowing is a state of his own mind; he cannot be in doubt or error about it – apart from some special sort of blindness. If then knowledge *that* things are so is only knowledge if they *really* are so; and if knowledge is in him so that he is infallible about its being knowledge; in that case, he is also infallible about things being the way knowledge knows them; and so the fact which he knows must be within him just like the knowledge.

So: when I say, without lying: "I know that it is so", then only through a special sort of blindness can I be wrong. [Z 408a, c.]

304. Does "not seeing a picture IN THIS WAY" mean: *seeing it differently?*

305. Imagine the following: I am shown a picture-puzzle; I see trees, people, etc. in it. I examine it and suddenly I see a figure in the tree-tops. Looking at it afterwards, I no longer see those lines as branches, but as parts of the figure. Then I place the picture in my room, where I see it every day, and usually I forget about the second interpretation, and so now it is simply a forest. I see it in the same way as any other picture of a forest. (You see the difficulty.) – Then one day I say of the picture: "It's been such a long time since I've seen it as a picture-puzzle, I've almost forgotten that it is one." Here one can ask, of course: "Well how *did* you see it?", and I shall say, "Well, as trees . . .", and that is quite right too; but did I therefore not only see the picture and know what it portrayed, but also perceive it according to a certain interpretation? I would rather say: Up until now they've always just been trees to me; I've never thought about the picture in any other way.

306. Wer etwas bereut, der denkt doch daran. Ist also die Reue eine Art von Gedanken? Oder eine Färbung von Gedanken?

Es gibt reuevolle Gedanken, wie es z.B. furchtvolle gibt. Wenn ich aber sage "Ich bereue es", sage ich, "Ich habe reuevolle Gedanken"? Nein, denn das könnte auch sagen, wer es gerade jetzt nicht bereut. Aber könnte ich nicht, statt "Ich bereue es", sagen: "Ich denke mit Reue daran"?

307. Was interessiert mich an der Reue des Andern? Seine Einstellung zu der Handlung. Die Zeichen der Reue sind die Zeichen des Widerwillens, der Trauer. Der Ausdruck der Reue bezieht sich auf die Handlung.

Man nennt die Reue einen Schmerz der Seele, weil die Zeichen des Schmerzes denen der Reue ähnlich sind.

Wollte man aber ein Analogon zum Ort des Schmerzes finden, so wäre es natürlich nicht die Seele (wie ja der Ort des Körperschmerzes nicht der Körper ist), sondern der *Gegenstand* der Reue. [c: Z 511.]

308. Warum kann der Hund Furcht, aber nicht Reue empfinden? Wäre es richtig zu sagen "Weil er nicht sprechen kann"? [Z 518.]

309. Nur wer über die Vergangenheit nachdenken kann, kann bereuen. Das heißt aber nicht, daß nur so einer erfahrungsgemäß des Gefühls der Reue fähig ist. [Z 519.]

310. Es ist ja auch nichts so Erstaunliches, daß ein Begriff nur auf ein Wesen anwendbar sein sollte, das z.B. eine Sprache besitzt. [Z 520.]

311. Die Behandlung aller dieser Erscheinungen des Seelenlebens ist mir nicht darum wichtig, weil's mir auf Vollständigkeit ankommt. Sondern, weil jede für mich auf die richtige Behandlung *aller* ein Licht wirft. [Z 465.]

312. Wenn er zuerst die Farbnamen lernt, – was wird ihm beigebracht? Nun, er lernt z.B. beim Anblick von etwas Rotem "Rot" ausrufen. – Ist das eine richtige Beschreibung, oder hätte es heißen sollen: "Er lernt 'rot' nennen, *was auch wir* 'rot' nennen"? Beide Beschreibungen sind richtig.

Wie unterscheidet sich davon das Sprachspiel "Wie kommt es dir vor?"?

Man könnte Einem doch die Farbwörter beibringen, indem man ihn auf weiße Gegenstände durch farbige Brillen schauen läßt. Was ich ihn aber lehre, muß ein *Können* sein. Er *kann* also jetzt auf Befehle

306. Anyone who regrets something thinks about it. Is regret therefore a kind of thought? Or a colouring of thought?

There are regretful thoughts just as there are fearful ones, for instance. But if I say "I regret it" am I saying "I have regretful thoughts"? No, because somebody who doesn't regret it at the moment could say this too. But couldn't I say, "I think of it with regret", instead of "I regret it"?

307. What is it that interests me about someone else's regret? His attitude toward his action. The signs of regret are the signs of aversion, of sadness. The expression of regret refers to the action.

Regret is called a pain of the soul because the signs of pain are similar to those of regret.

But if one wanted to find an analogy to the place of pain, it would of course not be the mind (as, of course, place of bodily pain is not the body), but the *object* of regret. [c: Z 511.]

308. Why can a dog feel fear but not remorse? Would it be right to say "Because he can't talk"? [Z 518.]

309. Only someone who can reflect on the past can repent. But that does not mean that as a matter of empirical fact only such a one is capable of the feeling of remorse. [Z 519.]

310. There is nothing that astonishing about a certain concept only being applicable to a being that, e.g. possesses a language. [Z 520.]

311. The treatment of all these phenomena of mental life is not of importance to me because I am keen on completeness. Rather because each one casts light on the correct treatment of *all*. [Z 465.]

312. When he first learns the names of colours – what is taught him? Well, he learns, e.g., to call out "red" on seeing something red. – But is that a correct description; or ought it to have gone: "He learns to call 'red' *what we too* call 'red'"? Both descriptions are right.

What differentiates this from the language-game "How does it strike you?"?

But someone might be taught colour-vocabulary by being made to look at white objects through coloured spectacles. What I teach him, however, must be a *capacity*. So he *can* now bring something red at an

etwas Rotes bringen; oder Gegenstände nach ihren Farben ordnen. Aber was ist denn etwas Rotes? "Nun *das* (zeigend)." Oder hätte er sagen sollen: "*Das*; weil es die Meisten von uns 'rot' nennen"? Oder einfach: "*Das* nennen die Meisten von uns 'rot'"?

Dieses Auskunftsmittel nützt uns nichts. Die Schwierigkeit, die wir für "rot" hier empfinden, tritt dann bei "gleich" wieder auf. [Z 421 – bis "Nun *das* (zeigend)".]

313. Ich beschreibe eben das Sprachspiel "Bring etwas Rotes" dem, der es schon selbst spielen kann. Den Andern könnt' ich's nur *lehren*. (Relativität.) [Z 432.]

314. Es ist hier ein tiefer und wichtiger Punkt, den ich gerne ganz klar auszudrücken verstünde. Man täuscht sich irgendwie über den Zweck der Beschreibung. Oder will das Begründen fortsetzen, weil man seine Funktion mißversteht.

315. Warum lehrt man das Kind nicht zuerst gleich das Sprachspiel "Es scheint mir rot"? Weil es noch nicht im Stande ist, den feineren Unterschied zwischen Schein und Sein zu verstehen? [Z 422.]

316. Die rote Gesichtsempfindung ist ein neuer *Begriff*. [Z 423.]

317. Das Sprachspiel, was wir ihm dann beibringen, ist: "Mir scheint es . . ., dir scheint es . . ." Im ersten Sprachspiel kommt eine Person als wahrnehmendes Subjekt nicht vor. [Z 424.]

318. Du gibst dem Sprachspiel ein neues Gelenk. Was aber nicht heißt, daß nun davon immer Gebrauch gemacht wird.

Das Sprachspiel "Was ist das?" – "Ein Sessel." – ist nicht das Gleiche wie: "Wofür hältst du das?" – "Es dürfte ein Sessel sein." [a: Z 425; b: Z 417.]

319. Wir lehren das Kind im Anfang nicht "Das ist wahrscheinlich ein Sessel", sondern "Das ist ein Sessel". Bilde dir ja nicht ein, man lasse das Wort "wahrscheinlich" aus, weil das Verstehen desselben dem Kind noch zu schwierig ist; man vereinfache die Dinge für das Kind; lehre es also etwas, was nicht *streng* richtig ist.

320. Man spricht von einem Gefühl der Überzeugung, weil es einen *Ton* der Überzeugung gibt. Ja, das Charakteristikum aller 'Gefühle' ist, daß es einen Ausdruck, d.i. eine Miene, Gebärde, des Gefühls gibt. [Z 513.]

order; or arrange objects according to colour. But what then is
something red? "Well *that* (pointing)." Or should he have said,
"*That*, because most of us call it 'red'"? Or simply "*That* is what most
of us call 'red'"?

This information doesn't help us at all. The difficulty we sense here
with respect to "red" reappears for "same". [Z 421 – up to the
sentence "Well *that* (pointing)".]

313. For I describe the language-game "Bring something red" to
someone who can himself already play it. Others I might at most
teach it. (Relativity.) [Z 432.]

314. Here we have a profound and important point; I wish I knew
how to express it unambiguously. Somehow one is deceived as to the
purpose of the description. Or: one wants to go on giving reasons
because he misunderstands the function of giving a reason.

315. Why doesn't one teach a child the language-game "It looks red
to me" from the first? Because it is not yet able to understand the
rather fine distinction between seeming and being? [Z 422.]

316. The red visual impression is a new *concept*. [Z 423.]

317. The language-game that we teach him then is: "It looks to
me . . ., it looks to you . . .". In the first language-game a person does
not occur as perceiving subject. [Z 424.]

318. You give the language-game a new joint. Which does not mean,
however, that now it is always used.
   The language-game "What is that?" – "A chair." – is not the same
as: "What do you take that for?" – "It might be a chair." [a: Z 425;
b: Z 417.]

319. In the beginning we do not teach the child "It's probably a
chair", but "That's a chair". Don't fancy for a moment that the word
"probably" is left out because it is still too difficult for the child to
understand, that things are simplified for the child; that therefore he is
taught something that is not *strictly* right.

320. One speaks of a feeling of conviction because there is a *tone* of
conviction. For the characteristic mark of all 'feelings' is that there is
expression of them, i.e. facial expression, gestures, of feeling. [Z 513.]

321. James sagt, man könne sich eine Gemütsbewegung, oder Stimmung nicht ohne die entsprechenden (sie zusammensetzenden) Körperempfindungen denken. Denke man sich diese hinweg, so finde man, daß man dadurch die Existenz der Gemütsbewegung selbst aufhebe. Das geschieht etwa so: Ich stelle mir mich selbst trauernd vor und nun versuche ich, mich zugleich jubelnd in der Vorstellung zu sehen und zu empfinden. Dazu hole ich etwa tief Atem und ahme ein strahlendes Gesicht nach. Und nun kann ich mir allerdings die Trauer nicht gut vorstellen; denn, sie mir vorstellen, hieß, sie spielen. Aber daraus folgt nun nicht, daß, was wir dabei im Körper fühlen, die Trauer oder etwas ähnliches wie die Trauer ist. – Der Trauernde kann ja allerdings nicht überzeugend lachen und jubeln, und könnte er's, so wäre, was wir den Ausdruck der Trauer nennen, nicht Ausdruck der Trauer, und das Jubeln nicht Ausdruck einer andern Gemütsbewegung. – Wenn der Tod des Freundes und die Genesung des Freundes uns gleichermaßen jubeln oder – dem Benehmen nach – trauern ließen, so wären diese Formen des Benehmens nicht, was wir den Ausdruck der Freude oder der Trauer nennen. Ist es *a priori* klar, daß, wer die Freude nachahmt, Freude fühlen wird? Kann es nicht sein, daß der bloße Versuch, in der Trauer zu lachen, diese noch ungeheuer verschärft?

322. Dabei darf ich aber doch nicht vergessen, daß Freude mit körperlichem Wohlbefinden zusammengeht und Trauer, oder doch Depression, oft mit körperlichem Unbehagen. – Wenn ich spazieren gehe und mich über alles freue, so ist es wohl wahr, daß dies nicht geschähe, wenn ich unwohl wäre. Wenn ich aber nun meiner Freude Ausdruck gebe, z.B. sage "Wie herrlich Alles ist!" – wollte ich sagen, daß all diese Dinge in mir angenehme körperliche Gefühle hervorrufen?

Ja selbst wenn ich meine Freude so ausdrückte "Die Bäume und der Himmel und die Vögel geben mir ein herrliches Gefühl im ganzen Körper" – so wäre hier nicht von Verursachung die Rede, nicht von dem erfahrungsmäßigen Zusammentreffen etc. etc.

323. Man sagt doch "Jetzt, wo er wieder gesund ist, atme ich freier", holt auch einen tiefen Atemzug der Erleichterung.

Es wäre ja möglich, daß man traurig ist, weil man weint, aber natürlich nicht *darüber*, daß man weint. Es wäre doch möglich, daß Menschen, die man etwa mit Hilfe von Zwiebeln weinen macht, traurig würden; daß sie entweder im allgemeinen deprimiert würden, oder anfingen, an bestimmte Geschehnisse zu denken und über sie zu trauern. Aber die *Empfindungen* des Weinens wären doch damit nicht ein Teil des 'Gefühls' der Trauer geworden.

321. James says it is impossible to imagine an emotion or a mood without the corresponding bodily sensations (of which it is composed). If you imagine the latter absent then you can see that you are thereby abolishing the very existence of the emotion. This might happen in the following way: I imagine myself sorrowing, and now in the imagination I try to picture and to feel myself rejoicing at the same time. To do that I might take a deep breath and imitate a beaming face. And now indeed I have trouble forming an image of sorrow; for forming an image of it would mean play-acting it. But it does not follow from this that our bodily feeling at that point is sorrow, or even something like it. – To be sure, a person who is sorrowful cannot laugh and rejoice convincingly, and if he could, what we call the expression of sorrow would not really be that, and rejoicing would not be the expression of a different emotion. – If the death of a friend and the recovery of a friend equally caused us to rejoice or – judging by our behaviour – both caused us sorrow, then these forms of behaviour would not be what we call the expressions of joy or sorrow. Is it clear *a priori* that whoever imitates joy will feel it? Couldn't the mere attempt to laugh while one was feeling grief bring about an enormous sharpening of the grief?

322. Yet still I mustn't forget that joy goes along with physical well-being, and sadness, or at least depression, often with being physically out of sorts. – If I go for a walk and take pleasure in everything, then it is surely true that this would not happen if I were feeling unwell. But if I now express my joy, saying, e.g., "How marvellous all of this is!" – did I mean to say that all of these things were producing pleasant physical feelings in me?

In the very case where I'd express my joy like this: "The trees and the sky and the birds make me feel good all over" – still what's in question here is not causation, nor empirical concomitance, etc. etc.

323. One does say: "Now that he's well again I breathe easier", and one breathes a deep sigh of relief.

Possibly one could be sad because he is crying, but of course one is not sad *that* he is crying. It would after all be possible that people made to cry by application of onions would become sad; that they would either become generally depressed, or would start thinking about certain events, and then grieve over them. But then the *sensations* of crying would not thereby have turned into a part of the 'feeling' of grief.

324. Wer sich unter den und den Umständen so und so benimmt, von dem sagen wir, er sei traurig. (Auch vom Hunde.) Insofern kann man nicht sagen, das Benehmen sei die *Ursache* der Trauer; sie ist ihr Anzeichen. Sie die Wirkung der Trauer zu nennen, wäre auch nicht einwandfrei. — Sagt er's von sich (er sei traurig), so wird er im allgemeinen dafür als Grund nicht sein trauriges Gesicht u.s.w. angeben. Wie aber wäre es, wenn er sagte: "Erfahrung hat mich gelehrt, daß ich traurig werde, sobald ich anfange, traurig dazusitzen, etc."? Das könnte zweierlei heißen. Erstens: "Sobald ich, etwa einer leichten Neigung folgend, es mir gestatte, mich so und so zu halten und zu benehmen, gerate ich in den Zustand, in diesem Benehmen verharren zu müssen." Es könnte ja sein, daß Zahnschmerzen durch Stöhnen ärger würden. Zweitens aber könnte jener Satz eine Spekulation enthalten über die Ursache der menschlichen Trauer. Etwa des Inhalts, daß, wer im Stande wäre auf irgend eine Weise gewisse Körperzustände hervorzurufen, den Menschen traurig machen würde. Hier ist aber die Schwierigkeit, daß wir einen Menschen, der unter allen Umständen traurig *aussähe* und sich *benähme*, nicht traurig nennen würden. Ja, wenn wir einem solchen den Ausdruck "Ich bin traurig" beibrächten und er sagte das *die ganze Zeit* mit dem Ausdruck der Trauer, so hätten diese Worte, so wie die übrigen Zeichen, ihren normalen Sinn verloren. [Z 526.]

325. Fast möchte ich sagen: Man fühlt die Trauer so wenig im Körper, wie das Sehen im Auge. [Z 495.]

326. Einen im Anfang lehren "Das scheint rot" hat ja gar keinen Sinn. Das muß er ja spontan sagen, wenn er einmal gelernt hat, was "rot" heißt, d.i. die Technik der Wortverwendung. [Z 418.]

327. Die Grundlage jeder Erklärung ist die Abrichtung. (Das sollten Erzieher bedenken.) [Z 419.]

328. "Nur für den *ganzen* Menschen gelten also diese Begriffe?" — Nein; denn manche haben ihre Anwendung auch für Tiere.

329. "Wer im allgemeinen *so* handelt und dann manchmal *so* handelt, von dem sagen wir . . ." Das ist eine legitime Art der Worterklärung.

330. Wir neigen dazu, uns die Sache so zu denken, als wäre die Gesicht*sempfindung* ein neuer *Gegenstand*, den das Kind kennen lernt, nachdem es die ersten primitiven Sprachspiele mit Gesichtswahr-

324. If someone behaves in such-and-such a way under such-and-such circumstances, we say that he is sad. (We say it of a dog too.) To this extent it cannot be said that the behaviour is the *cause* of the sadness; it is its symptom. Nor would it be beyond cavil to call it the effect of sadness. — If he says it of himself (that he is sad) he will not in general give his sad face as a reason. But what if he said: "Experience has taught me that I get sad as soon as I start sitting about sadly, etc." This might have two different meanings. Firstly: "As soon as, following a slight inclination, I set out to carry and conduct myself in such-and-such a way, I get into a state in which I have to persist in this behaviour." For it might be that a toothache got worse by groaning. — Secondly, however, that proposition might contain a speculation about the cause of human sadness. The content being, perhaps, that if you could somehow or other produce certain bodily states, you would make the man sad. But here arises the difficulty that we should not call a man sad, if he *looked* and *acted* sad in all circumstances. If we taught such a one the expression "I am sad" and he constantly kept on saying this with an expression of sadness, these words, like the other signs, would have lost their normal sense. [Z 526.]

325. I should almost like to say: One no more feels sorrow in one's body than one feels seeing in one's eyes. [Z 495.]

326. To begin by teaching someone "That looks red" makes no sense. For he must say that spontaneously once he has learnt what "red" means, i.e. has learnt the technique of using the word. [Z 418.]

327. Any explanation has its foundation in training. (Educators ought to remember this.) [Z 419.]

328. "So these concepts are valid only for the *total* human being?" — No, for some have their application to animals too.

329. "Whoever generally acts this way and then sometimes that way, is described as . . ." That is a legitimate kind of explanation of a word.

330. We are inclined to imagine the matter as if a visual *sensation* were a new *object* which the child gets to know, after he has learned the first primitive language-games with visual observations. "It looks red to

nehmungen gelernt hat. "Es scheint mir rot." – "Und wie ist rot?" – "So." Dabei muß auf das richtige Paradigma gezeigt werden. [Von "Es scheint mir rot." an: Z 420.]

331. Wenn ich in einem bestimmten Zimmer eine bestimmte Tätigkeit auszuführen gelernt habe (das Aufräumen des Zimmers etwa) und diese Technik beherrsche, so folgt doch nicht, daß ich bereit sein müsse, die Einrichtung des Zimmers zu beschreiben; auch wenn ich jede Veränderung in ihr gleich merken würde und auch sofort beschreiben könnte. [Z 119.]

332. "Dieses Gesetz wurde nicht in Voraussicht solcher Fälle gegeben." Ist es darum sinnlos? [Z 120.]

333. Man könnte sich doch einen Furchtbegriff, z.B., denken, der nur auf Tiere, also rein das Benehmen betreffend, Anwendung fände. – Du willst doch nicht sagen, daß so ein Begriff keinen Nutzen hätte. [Z 524, die ersten zwei Sätze.]

334. Kann man sagen, es existiere zwischen der Gemütsbewegung und ihrem Ausdruck eine *Ähnlichkeit*, insofern z.B. beide aufgeregt seien? (Ähnliches hat, glaube ich, Köhler gesagt.) Und wie weiß man, daß die Gemütsbewegung selbst aufgeregt sei? Der sie hat, merkt es und sagt's. – Und wenn nun Einer einmal das Gegenteil sagte? – "Aber nun sei offen und sag, ob du nicht wirklich die innere Aufregung erkennst!" – Wie habe ich nur die Bedeutung des Worts "Aufregung" gelernt?

335. Die falsche Auffassung, daß dieses Wort *sowohl* etwas Inneres, *als auch* etwas Äußeres bedeutet. Und leugnet man dies, so wird es dahin mißverstanden, man leugne die innere Aufregung. (Zeitliche und zeitlose Sätze.)

336. Denke, ein Kind wäre ganz besonders gescheit, so gescheit, daß man ihm gleich die Zweifelhaftigkeit der Existenz aller Dinge beibringen kann. Es lernt also von Anfang: "Das ist wahrscheinlich ein Sessel."

Und wie lernt es nun die Frage: "Ist das auch wirklich ein Sessel?"? [Z 411.]

337. Betreibe ich Kinderpsychologie? – Ich bringe den Begriff des Lehrens mit dem Begriff der Bedeutung in Verbindung. [Z 412.]

me." – "And what is red like?" – "Like *this*." Here the right paradigm must be pointed to. [From "It looks red to me.": Z 420.]

331. If I have learned to carry out a particular activity in a particular room (putting the room in order, say) and am master of this technique, it does not follow that I must be ready to describe the arrangement of the room; even if I should at once notice, and could also describe, any alteration in it. [Z 119.]

332. "This law was not given with such cases in view." Does that mean it is senseless? [Z 120.]

333. One could imagine a concept of fear, for instance, that had application only to beasts, and therefore pertained only to behaviour. – But you don't want to say that such a concept would have no use. [Z 524, first two sentences.]

334. Can one say that there is a *similarity* between the emotion and its expression, insofar as both are excited, for example? (I think Köhler said something like that.) And how does one know that the emotion itself is excited? The person who feels it notices it and says so. – And if someone were one day to say the opposite? – "Be honest now, and say whether you don't really recognize your inner excitement!" – How did I ever learn the meaning of the word "excitement"?

335. The misconception that this word means something internal *as well as* something external. And if any one denies that, he is misinterpreted as denying inner excitement. (Temporal and timeless sentences.)

336. Imagine that a child was quite specially clever, so clever that he could at once be taught the doubtfulness of the existence of all things. So he learns from the beginning: "That is probably a chair."

And now how does he learn the question: "Is it also really a chair?"? [Z 411.]

337. Am I doing child psychology? – I am making a connection between the concept of teaching and the concept of meaning. [Z 412.]

338. Einer sei ein überzeugter Realist, der Andere ein überzeugter Idealist und lehrt seine Kinder dementsprechend. In einer so wichtigen Sache wie der Existenz oder Nichtexistenz der äußern Welt wollen sie ihren Kindern nichts Falsches beibringen.

Was wird man sie nun lehren? Auch dies, zu sagen "Es gibt physikalische Gegenstände", beziehungsweise das Gegenteil?

Wenn Einer an Feen nicht glaubt, so braucht er seine Kinder nicht lehren "Es gibt keine Feen", sondern er kann es unterlassen, sie das Wort "Fee" zu lehren. Bei welcher Gelegenheit sollen sie sagen "Es gibt . . ." oder "Es gibt nicht . . ."? Nur wenn sie Leute treffen, die entgegengesetzten Glaubens sind. [Z 413.]

339. Aber der Idealist wird den Kindern doch das Wort "Sessel" beibringen, denn er will sie ja lehren, gewisses zu tun, z.B. einen Sessel zu holen. Wo wird sich also, was die idealistisch erzogenen Kinder sagen, von dem, was die realistischen sagen, unterscheiden? Wird der Unterschied nicht nur der der Schlachtrufe sein? [Z 414.]

340. Fängt denn nicht das Spiel "Das ist wahrscheinlich ein . . ." mit der Enttäuschung an? Und kann die erste Einstellung die auf die mögliche Enttäuschung sein? [Z 415.]

341. "So muß man ihm also zuerst eine falsche Sicherheit beibringen?"

Es ist bei ihrem Sprachspiel von Sicherheit oder von Unsicherheit noch nicht die Rede. Erinnere dich: sie lernen ja etwas *tun*. [Z 416.]

342. Wie äußert sich denn also der Zweifel? ich meine: im Sprachspiel, nicht einfach in gewissen *Redensarten*. Etwa im nähern Hinsehen, also in einer ziemlich komplizierten Tätigkeit. Aber diese Äußerung des Zweifels hat gar nicht immer Sinn, Zweck.

Man vergißt eben, daß auch das Zweifeln zu einem Sprachspiel gehört.

343. Wie kommt es, daß der Zweifel nicht der Willkür untersteht? – Und wenn es so ist, – könnte nicht ein Kind durch seine merkwürdige Veranlagung an allem zweifeln?

Man kann erst zweifeln, wenn man Gewisses gelernt hat; wie man sich erst verrechnen kann, wenn man rechnen gelernt hat. Dann ist es allerdings unwillkürlich. [a: Z 409; b: Z 410.]

344. Wenn ich daran zweifle, daß dies ein Sessel ist, – was tue ich? – Ich besehe und befühle ihn von allen Seiten und dergleichen. Ist aber diese Handlungsweise immer der Ausdruck des Zweifels? Nein.

338. One man is a convinced realist, another a convinced idealist and teaches his children accordingly. In such an important matter as the existence or non-existence of the external world they don't want to teach their children anything wrong.

What will the children be taught? Also to say: "There are physical objects" or the opposite?

If someone does not believe in fairies, he does not need to teach his children "There are no fairies": he can omit to teach them the word "fairy". On what occasion are they to say: "There are . . ." or "There are no . . ."? Only when they meet people of the contrary belief. [Z 413.]

339. But the idealist will teach his children the word "chair" after all, for of course he wants to teach them to do this and that, e.g. to fetch a chair. Then where will be the difference between what the idealist-educated children say and the realist ones? Won't the difference only be one of the battle cry? [Z 414.]

340. For doesn't the game "That is probably a . . ." begin with disillusion? And can the first attitute of all be directed towards a possible disillusion? [Z 415.]

341. "So does he have to begin by being taught a false certainty?"

There isn't any question of certainty or uncertainty yet in their language-game. Remember: they are learning to *do* something. [Z 416.]

342. So how does the doubt get expressed? That is: in a language-game, and not merely in certain *phrases*. Maybe in looking more closely; and so in a fairly complicated activity. But this expression of doubt by no means always makes sense, nor does it always have a point.

One simply tends to forget that even doubting belongs to a language-game.

343. How does it come about that doubt is not subject to arbitrary choice? – And that being so – might not a child doubt everything because it was so remarkably talented?

A person can doubt only if he has learnt certain things; as he can miscalculate only if he has learnt to calculate. In this case it is indeed involuntary. [a: Z 409; b: Z 410.]

344. If I have any doubts that this is a chair, what do I do? – I look at it and feel it on all sides, and so forth. But is this way of acting always an expression of doubt? No. If a monkey or a child were to do this it

Wenn ein Affe oder ein Kind dies täte, wäre es keiner. Zweifeln kann der, der schon einen 'Grund zum Zweifeln' kennt.

345. Ich kann mir wohl vorstellen, daß ein bestimmtes primitives Benehmen sich später zum Zweifel auswächst. Es gibt z.B. ein *primitives* Untersuchen. (Ein Affe, der z.B. eine Zigarette zerpflückt. Einen intelligenten Hund sehen wir dergleichen nicht tun.) Das bloße Hin- und Herwenden und Beschauen eines Gegenstandes ist eine primitive Wurzel des Zweifels. Aber Zweifel ist erst da, wenn die typischen Antezedentien und Konsequenzen des Zweifels da sind.

346. "Es schmeckt wie Zucker." Man erinnert sich genau und mit Sicherheit, wie Zucker schmeckt. Ich sage nicht "Ich glaube, so schmeckt Zucker". Welch merkwürdiges Phänomen. Eben das Phänomen des Gedächtnisses. – Aber ist es richtig, es ein merkwürdiges Phänomen zu nennen?

Es ist ja nichts weniger als merkwürdig. Jene Sicherheit ist ja nicht um ein Haar merkwürdiger, als es die Unsicherheit wäre. Was ist denn merkwürdig? Das, daß ich mit Sicherheit sage "Das schmeckt wie Zucker", oder, daß es dann wirklich Zucker ist? Oder, daß Andere dasselbe finden?

Wenn das sichere Erkennen des Zuckers merkwürdig ist, so wäre es also das Nichterkennen weniger. [Z 660.]

347. Wenn Leute (plötzlich) aufhörten, in ihren Urteilen über Geschmäcke übereinzustimmen, – würde ich noch sagen: Jeder wisse jedenfalls, was er schmecke? – Würde es dann nicht klar, daß das Unsinn sei?

348. Verwirrung der Geschmäcke: Ich sage "Das ist süß", der Andere "Das ist sauer", u.s.f. Einer kommt daher und sagt: "Ihr habt Alle keine Ahnung, wovon ihr sprecht. Ihr wißt gar nicht mehr, was ihr einmal einen Geschmack genannt habt." Was wäre das Zeichen dafür, daß wir's noch wissen? [Z 366.]

349. Aber könnten wir nicht auch in dieser 'Verwirrung' ein Sprachspiel spielen? – Aber ist es noch das Frühere? – [Z 367.]

350. Aber hier ist doch ein Paradox! Soll denn die Verläßlichkeit meiner Geschmacksäußerung von den Veränderungen in der Außenwelt abhängen? – Es kommt doch hier auf den Sinn des Urteils, nicht auf die Nützlichkeit an.—Wir sehen hier die Verwandtschaft mit dem ursprünglichen Sprachspiel der Wahrnehmung.

wouldn't be. Only someone who is aquainted with such a thing as a 'reason for doubt' can doubt.

345. I can easily imagine that a particular primitive behaviour might later develop into a doubt. There is, e.g., a kind of *primitive* investigation. (An ape who tears apart a cigarette, for example. We don't see an intelligent dog do such things.) The mere act of turning an object all around and looking it over is a primitive root of doubt. But there is doubt only when the typical antecedents and consequences of doubt are present.

346. "It tastes like sugar." One remembers exactly and with certainty what sugar tastes like. I do not say "I believe sugar tastes like this." What a remarkable phenomenon. It just is the phenomenon of memory. – But is it right to call it a remarkable phenomenon?

It is anything but remarkable. That uncertainty is not by a hair's breadth more remarkable than uncertainty would be. For what is remarkable? My saying with certainty "This tastes like sugar", or its then really being sugar? Or that other people find the same thing?

If the certain recognition of sugar is remarkable, then the failure to recognize it would be less so. [Z 660.]

347. If people were (suddenly) to stop agreeing with each other in their judgments about tastes – would I still say: At any rate, each one knows what taste he's having? – Wouldn't it then become clear that this is nonsense?

348. Confusion of tastes: I say "This is sweet", someone else "This is sour" and so on. So someone comes along and says: "You have none of you any idea what you are talking about. You no longer know at all what you once called a taste." What would be the sign of our still knowing? [Z 366.]

349. But might we not play a language-game even in this 'confusion'? – But is it still the earlier one? – [Z 367.]

350. But there's a paradox here! Is the reliability of my expression of my taste to depend on changes in the outside world? – The important thing here is surely the sense of the judgment, not its usefulness.—— Here we see the relation to the original language-game of perception.

351. "Es schmeckt genau wie Zucker." Wie kommt es, daß ich dessen so sicher sein kann? Aber auch, wenn es sich dann als falsch herausstellt. – Und was erstaunt mich daran? Daß ich den Begriff 'Zucker' in eine so *feste* Verbindung mit der Geschmacksempfindung bringe. Daß ich die Substanz Zucker direkt im Geschmack zu erkennen scheine.

Aber statt des Ausdrucks "Es schmeckt genau . . ." könnte ich ja primitiver den Ausruf "Zucker!" verwenden. Und kann man denn sagen, bei dem Wort 'schwebe mir die Substanz Zucker vor'? Wie tut sie das? [Z 657.]

352. Kann ich sagen, dieser Geschmack brächte gebieterisch den Namen "Zucker" mit sich; oder aber das Bild eines Stücks Zucker? Keines von beiden scheint richtig. Ja, gebieterisch ist das Verlangen nach dem Begriff 'Zucker' allerdings und zwar ebenso, wie nach dem Begriff 'rot', wenn wir ihn zur Beschreibung des Gesehenen verwenden. [Z 658.]

353. Ich erinnere mich, daß Zucker so geschmeckt hat. Es kommt mir das Erlebnis zurück ins Bewußtsein. Aber natürlich: Wie weiß ich, daß es das frühere Erlebnis ist? Das Gedächtnis hilft mir da nicht mehr. Nein, diese Worte, das Erlebnis komme zurück . . ., sind nur eine Umschreibung, keine Erklärung des Erinnerns.

Aber wenn ich sage "Es schmeckt genau wie Zucker", so findet in einem wichtigen Sinne gar kein Erinnern statt. Ich *begründe* also mein Urteil, oder meinen Ausruf, *nicht*. Wer mich fragt, "Was meinst du mit 'Zucker'?" – dem werde ich allerdings ein Stück Zucker zu zeigen trachten. Und wer fragt "Wie weißt du, daß Zucker so schmeckt", werde ich allerdings antworten "Ich habe tausende Male Zucker gegessen" – aber das ist nicht eine Rechtfertigung, die ich mir selbst gebe. [Z 659.]

354. "Selbstbeobachtung lehrt mich: ich glaube das, – aber Beobachtung der Außenwelt, daß es nicht so ist."

355. Nehmen wir nun an, ich habe das F eines Menschen gesehen, welches er so schreibt: Ⅎ ,[1] und habe es immer für ein Spiegel-F *gehalten*; d.h. ich habe einen *gewissen* Zusammenhang zwischen seinem Buchstaben und dem regelrecht geschriebenen angenommen. Nun machst du mich aufmerksam, daß dieser Zusammenhang *nicht* besteht,

---

[1] An dieser Stelle im Typoskript kommt kein Buchstabe vor. Wir haben das Vorbild der entsprechenden Manuskriptstelle benutzt. (*Herausg.*)

351. "It tastes exactly like sugar." How is it I can be so sure of this? Even if it turns out wrong. – And what astonishes me about it? That I bring the concept 'sugar' into so *firm* a connection with the taste sensation. That I seem to recognize the substance sugar directly in the taste.

But instead of the expression "It tastes exactly . . ." I might more primitively use the exclamation "Sugar!" And can it be said that 'the substance sugar comes before my mind' at the word? How does it do that? [Z 657.]

352. Can I say that this taste brought the name "sugar" along with it in a peremptory fashion? Or the picture of a lump of sugar? Neither seems right. The demand for the concept 'sugar' is indeed peremptory, just as much so, indeed, as the demand for the concept 'red' when we use it to describe what we see. [Z 658.]

353. I remember that sugar tasted like this. The experience returns to consciousness. But, of course: how do I know that this was the earlier experience? Memory is no more use to me here. No, in those words, that the experience returns to consciousness . . ., I am only transcribing my memory, not explaining it.

But when I say "It tastes exactly like sugar", in an important sense no remembering takes place. So I do *not have grounds for* my judgment or my exclamation. If someone asks me "What do you mean by 'sugar'?" – I shall indeed try to show him a lump of sugar. And if someone asks "How do you know that sugar tastes like that?" I shall indeed answer him "I've eaten sugar thousands of time" – but that is not a justification that I give myself. [Z 659.]

354. "Self-observation tells me that I believe that – but observation of the external world that it is not so."

355. Let us now assume I've seen an F which someone has written like this: ㅋ .[1] And assume that I always *took* it for a mirror-F; that is, I assumed a *certain* connection between his letter and the regular one. Now you point out to me that this is *not* the connection that exists,

[1] At this point there is no letter in the typescript. We have taken the figure from the MS. (*Eds.*)

sondern ein anderer (der der verschobenen Striche). Dies verstehe ich, und sage nun: "Dann sieht es freilich auch anders aus." Gefragt *Wie anders?*" sage ich etwa: "Früher sah es ungeschickt aus, jetzt aber kühn und energisch." [Vgl. Z 208.]

356. Sag dir,[1] es hätte Einer Gesichter immer nur mit *einem* Ausdruck, sagen wir lächelnd, gesehen. Und nun sieht er zum ersten Mal ein Gesicht seinen Ausdruck verändern. Könnte man da nicht sagen, jetzt erst bemerke er einen Ausdruck des Gesichts? Erst der Wechsel machte den Ausdruck bedeutsam; früher gehörte er eben zur Anatomie des Gesichts. – Ist es so auch mit dem Aspekt des Buchstabens? Ausdruck, könnte man sagen, gibt es nur im Mienenspiel.

357. Wie mir ein Buchstabe vorkommt, hängt also davon ab, ob er streng nach der Norm gebildet ist, oder ob, und wie er von ihr abweicht. Dann ist auch das begreiflich, daß es einen Unterschied macht, ob wir nur eine oder zwei Erklärungen einer Buchstabenform kennen.

358. Wie konnte ich denn sehen, daß diese Stellung zaghaft war, ehe ich wußte, daß sie eine Stellung und nicht die Anatomie dieses Wesens war. [Vgl. PU II, xi, S. 209b.]

359. Die Frage ist nun: Wenn man eine Figur einer Interpretation gemäß sehen kann, sieht man sie *immer* einer Interpretation gemäß? Und ist da ein scharfer Unterschied zwischen dem Sehen, das mit keiner Interpretation verbunden ist und jenem andern?

360. Ich will sagen: Das Sehen einer Figur in dieser Interpretation ist ein Denken an die Interpretation. Denn soll ich sagen, es sei möglich, dies als ein Spiegel-F zu sehen und dabei nicht an die besondere *Beziehung* zu denken, die das Wort "Spiegel-F" bedeutet? Ich sehe doch eine Deutung und eine Deutung ist ein Gedanke.

361. Man könnte das Vexierbild vor und nach der Lösung *beiläufig* kopieren; und dann würde der Fehler beim Kopieren des ersten Aspekts verschieden sein von dem beim Kopieren des Zweiten. Ich könnte also sagen: "Vor der Lösung sah ich ungefähr *das* (und zeichne einen Wald)—nach der Lösung ungefähr *das*" (und zeichne einen Menschen in den Baumkronen).

---

[1] Im Manuskript "Denke dir,". (*Herausg.*)

but rather there is a different one (that of the lines moved around). I understand this and now I say: "Well it certainly does look different." If I'm asked "*How* different?" I might say: "Earlier it looked clumsy, but now it looks bold and energetic." [Cf. Z 208.]

356. Suppose[1] someone had always seen faces with only *one* expression, say a smile. And now, for the first time, he sees a face changing its expression. Couldn't we say here that he hadn't noticed a facial expression until now? Not until the change took place was the expression meaningful; earlier it was simply part of the anatomy of the face. – Is that the way it is with the aspect of the letter? Expression could be said to exist only in the play of the features.

357. So how a letter appears to me depends on whether it strictly follows the norm or whether and how it deviates from the norm. Thus it is understandable that it makes a difference whether we know only one explanation for the shape of a letter, or two.

358. For how could I see that this posture was hesitant before I knew that it was a posture and not the anatomy of the animal? [Cf. *PI* II, xi, p. 209b.]

359. The question now is: If one can see a figure according to an interpretation, does one see it according to an interpretation *every* time? And is there a well-defined difference between seeing which is not connected to any interpretation, and that which is?

360. I mean: Seeing a figure with this interpretation is a kind of thinking of the interpretation. For should I say that it is possible to see this as a mirror-F without at the same time thinking about the special *relationship* which the word "mirror-F" signifies? But I see an interpretation and an interpretation is a thought.

361. One could make a *rough* copy of a picture-puzzle before and after one put it together, and then a mistake made in copying the first aspect will be different from the mistake made in copying the second. So I could say: "Before I solved it, I saw something like *this* (and I draw a forest)—after I solved it, something like *this*" (and then I draw a man in the tree-tops).

---

[1] In the MS, "Imagine". (*Eds.*)

362. Du mußt bedenken, daß, was Einer sieht, in der wichtigsten Klasse von Fällen, in einer Meldung über das betrachtete Objekt zum Ausdruck kommt. Und zu dieser Meldung gehört natürlich auch die räumliche Anmeldung.[1]—Wie ist es nun, wenn Einer zu melden hat, was er auf einer Fläche sieht und wenn die Zeichnung auf ihr den Charakter des Vexierbildes hat? Erstens, was das Räumliche anbelangt, so kann er, was er auf der Fläche sieht, auch räumlich beschreiben; ja, das ist vielleicht die einzige Art der Beschreibung, die er geben kann.

363. Eine wichtige Meldung wird z.B. sein: "Es hat sich in dieser ganzen Zeit nichts verändert." Sie beruht eben auf andauernder Beobachtung.

364. Wenn ich die Lösung des Vexierbildes entdecke, mache ich über das Bild selbst eine Entdeckung. Die Entdeckung z.B., daß durch diese Camouflage ein Schiff verborgen wurde. Ich will Einem etwa geheim mitteilen, wie ein gewisser Mensch ausschaut und verberge meine Mitteilung, nämlich sein Porträt, in einem Vexierbild.

365. Wenn ich die Figur eine Gedankenhilfe nennte, so könnte ich sagen, ich sehe sie als *diese* Gedankenhilfe.

366. Was für eine seltsame Frage ist es, ob ich nicht an den N.N. *gedacht* haben müsse – als ich sein Gesicht plötzlich in dem seines Sohnes sah! Ich wollte natürlich nicht fragen, ob ich nicht *gleichzeitig* mit jenem Vorstellen an ihn gedacht haben müßte, sondern ob das Vorstellen kein Denken war. Wie entscheidet man das aber?
  Ich sage z.B. "Ich habe gerade daran gedacht, ob er wohl auch in . . . angekommen ist". Dieser Gedanke drückt sich in einem Satz aus. Jener andere etwa in einem Ausruf.

367. Kann ich jetzt in seinem Gesicht das seines Vaters sehen und doch dabei nicht an seinen Vater *denken*? In seinem Gesicht das seines Vaters sehen, war doch offenbar eine Art des Vorstellens dieses Gesichts. Und da muß man sich erinnern, daß man die Vorstellung eines Menschen nicht als die seine *erkennt*.

368. Erinnere dich daran, daß du ja auch das Wandern des Blicks durch ein Bild (oder Modell) nicht wiedergeben kannst! Und würde man den Eindruck, den das erzeugt, nicht sehr natürlich zum

[1] Im Manuskript "Anordnung". (*Herausg.*)

362. You must bear in mind that in the most important cases, what someone sees gets its impression in a report about the object perceived. And this kind of report, of course, includes spatial announcements.[1]—Now what is it like, if someone has to give a report about what he sees on a flat surface, when the drawing on it has the character of a picture-puzzle? First of all, so far as describing what he sees on the surface in spatial terms, he can give such a description; indeed, that is perhaps the only kind of description he can give.

363. An important piece of information will be, for instance: "Nothing has changed the whole while." This report is based on continuous observation.

364. When I solve the picture-puzzle, I discover something about the picture itself. For example, that a ship was hidden by this camouflage. Perhaps I want secretly to tell someone what a certain person looks like, and I hide my message, his portrait, in a picture-puzzle.

365. If I were to call the figure an aid to thought, I could say I see it as *this* aid to thought.

366. What a queer question it is, whether I musn't have *thought* of N. N. – when suddenly I saw his face in that of his son! Of course my question is not: Mustn't I have thought of him *simultaneously* with having that image of him; rather, it is whether having that image of him wasn't a kind of thinking of him? But how does one decide that?
   For instance I say "I was just thinking whether he has arrived in . . .". This thought is expressed in a sentence. That other one perhaps in an exclamation.

367. Can I see his father's face in his and yet not *think* of his father at the same time? Seeing his father's face in his clearly was a kind of imagining of that face. And now we must remember that one does not *recognize* the image of a man as an image of him.

368. Remember also that you cannot use a picture (or a model) to represent the shifting of the gaze! And wouldn't the impression that that produces very naturally be counted as part of the visual

[1] The manuscript has "indications". (*Eds.*)

Gesichtsausdruck rechnen? Es wird, oder kann, sich auch der Aspekt in der Art und Weise ausdrücken, wie ich die Figure kopiere, also doch, in *einem* Sinne, in der Kopie. Ich werde auch ein Gesicht, je nachdem ich's *auffasse*, anders in der Zeichnung wiedergeben, obwohl die Photographie jedesmal das Gleiche zeigt. Also hier wieder ein Grund vom "sehen" zu reden.

369. Daß ich eine andere Kopie (ein anderes Resultat) hervorbringe, das stimmt mit dem Begriff des Sehzustandes zusammen. Daß ich die gleiche Kopie erzeuge, sie aber *anders* erzeuge — die Striche in anderer Reihenfolge ziehe — weist auf den Begriff des *Denkens*.

370. Mit welchem Recht gebraucht er da das Wort "sehen"? Oder hat er keine Berechtigung, und ist es nur eine Sprachdummheit? Oder liegt die einzige Berechtigung darin, daß ich auch geneigt bin, zu sagen: "einmal sehe ich es als das", "einmal sehe ich es als jenes"? Es könnte so sein. Aber ich bin durchaus abgeneigt, das anzunehmen; ich fühle, ich *muß* sagen "ich sehe etwas". Was soll das aber heißen? — Ich habe doch das Wort "sehen" *gelernt*. Was paßt, ist doch nicht das *Wort*, der Klang, oder das geschriebene Bild. Der Gebrauch des Worts ist es, was mir die Idee aufnötigt, ich *sehe* dies.

Was ich über den Gebrauch des Worts gelernt habe, muß mich hier zwingen, es hier zu gebrauchen.

371. "Das *ist* doch: etwas sehen — " möchte ich sagen. Und es ist ja wirklich so: die Situation ist ganz die, in welcher dieses Wort auch sonst gebraucht wird; — nur ist die Technik hier etwas verschieden.

372. Der Gebrauch des Wortes "sehen" ist ja durchaus kein einfacher. — Man stellt sich ihn manchmal wie den eines Tätig-keitswortes vor, — und es sei nur schwer auf die Tätigkeit geradezu zu *deuten*. — Man stellt sich ihn daher einfacher vor, als er wirklich ist, das Sehen sozusagen als ein Eintrinken von etwas mit den Augen. Wenn ich also etwas mit den Augen eintrinke, so könne kein Zweifel mehr bestehen, ich sehe etwas (wenn mich nicht Vorurteile täuschen).

373. Man könnte sagen: Ich sehe die Figur einmal als den Grenzwert dieser Reihe, einmal als den Grenzwert jener. Dieser *Wert* könne der Grenzwert verschiedener Funktionen sein.

374. Das, als was ich die Figur sehe, das kann sie immer, in einem gewissen Sinne, *sein*. Wenn das auch nicht im anderen Sinne 'sichtbar' wäre. Denn eine Figur kann ja ihrem Gebrauch, oder ihrer

impression? The aspect will, or can be expressed in the way I copy the figure, and thus in *one* sense, it is in the copy after all. Furthermore I will portray a face differently according to my *interpretation* of it, even though the photograph shows the same thing each time. So here again there's reason to speak of "seeing".

369. The fact that I produce a different copy (a different result) accords with the concept of the visual state. The fact that I produce the same copy, but in a *different* way — by drawing the lines in a different sequence — points toward the concept of *thinking*.

370. What justifies his use of "seeing" here? Or is there any justification and is it merely a linguistic blunder? Or is it solely justified by the fact that I too am inclined to say: "Now I see it as this", "Now I see it as that"? That could be. But I am absolutely disinclined to assume that; I feel I *have* to say "I see something". But what is that supposed to mean? — I *learned* the word "to see", after all. What fits is not the *word*, the sound, or the written image. It's the use of the word which forces on me the idea that I *see* this.
   What I have learned about the use of the word must be forcing me to use the word here.

371. "That *is* what it *is* to see something — ", I should like to say. And that's really the way it is: the situation is exactly like that in which the word is used elsewhere; — except the technique is somewhat different here.

372. The use of the word "see" is in no way a simple one. — Sometimes we think of it as a word for an activity and then it is hard to *put your finger on* the action. — Thus we think of it as simpler than it really is, conceiving it as drinking something in with one's eyes, as it were. So that if I drink something in with my eyes, then there can be no doubt that there's something I'm seeing (unless I am deceived by prejudices).

373. One could say: I see the figure now as the limit of this series, now as the limit of that. This *value* could be the limit of various functions.

374. In a certain sense the figure can always *be* what I see it as, even if it is not "visible" in the other sense. For, depending on the way it's used, or the way it arises, a figure can be the limit of different series.

Entstehungsweise nach Grenzwert verschiedener Reihen sein. Ein Dreieck kann wirklich gebraucht werden, einen Berg darzustellen, oder als Pfeil, um in *dieser* Richtung zu zeigen, etc. etc. Die Beschreibung des Aspekts ist also immer eine richtige Beschreibung der Sehwahrnehmung.

375. Es kann doch eine Figur, sagen wir ein Schriftzeichen, das korrekt geschriebene, oder, in verschiedenen Weisen, ein fehlerhaft geschriebenes sein. Und diesen Auffassungen der Figur entsprechen Aspekte. – Hier haben wir die größte Ähnlichkeit mit dem Erleben der Bedeutung beim Aussprechen eines isolierten Worts.

376. Man kopiert es anders, – aber die Kopie ist dieselbe.
  Aber ich will sagen: Wenn etwas Anderes *gesehen* wird, muß die *Kopie* eine andere sein.

377. Was ist z.B. eine Kopie des 'Würfelschemas'? Eine Zeichnung, oder ein Körper? Und warum nur das erstere?! Und wenn ein Körper, – welcher Körper: ein Raumeck, ein solider Würfel, ein Drahtgestell?

378. Wenn ich ihm mitteile: "Ich sehe die Figur jetzt als . . .", so mache ich ihm eine Mitteilung in mancher Beziehung *ähnlich* der einer Gesichtswahrnehmung, aber auch ähnlich der eines Auffassens, oder einer Deutung, oder eines Vergleichens, oder eines Wissens.

379. "Ich sehe jetzt ein weißes Kreuz auf schwarzem Grunde und dann ein schwarzes Kreuz auf weißem Grunde." Aber was ist denn das: ein weißes Kreuz auf schwarzem Grunde? erklär es doch! und was ist ein schwarzes Kreuz auf weißem Grunde? Du darfst doch für beide nicht etwa die gleiche Erklärung geben! Und erklärt müßten sie doch werden!
  Die Erklärung könnte doch ungefähr so lauten: "Ein weißes Kreuz auf schwarzem Grunde, das ist *so* etwas –" und nun folgt eine Figur. Es darf aber natürlich *nicht* die doppeldeutige sein. Daher kann man dann statt zu sagen "Ich sehe die Figur einmal als ein weißes Kreuz auf . . ., einmal als . . ." auch sagen: "Ich sehe die Figur einmal *so* (folgt eine Figur), einmal *so* (folgt eine andere Figur)." Und war der erste Satz ein erlaubter Ausdruck, so war es dieser auch.

380. Und heißt das nicht, daß nun jene zwei Figuren eine *Art* von Kopien der doppeldeutigen Figur waren?

A triangle can really be used to represent a mountain, or as an arrow, in order to point in *this* direction, etc. etc. Thus the description of the aspect is always a correct description of visual perception.

375. Take a figure, say a written symbol; it may be the symbol correctly written, or there are various ways in which it may be faulty. And there are aspects corresponding to these ways of taking the figure. – Here there's a very close similarity with the experience of meaning when one utters an isolated word.

376. It is copied differently – but the copy is the same.
   But I want to say: If something else is *seen*, the *copy* must be different.

377. What, for example, is a copy of 'the schematic cube'? A drawing, or a solid object? And why only the former?! And if a solid object is a copy, what kind of an object: a solid angle, a solid cube, a wire frame?

378. If I tell someone "Now I see the figure as . . ." then I am providing him with some information *similar* to that given in visual perception, but also similar to that of a way of taking, or an interpretation, or a comparison, or a knowing.

379. "Now I see a white cross on a black ground and then a black cross on a white ground." But what is this: a white cross on a black ground? Do explain! And what is a black cross on a white ground? Surely you can't give the same explanation for both! And yet there must be an explanation!
   The explanation could go something like this: "A white cross on a black ground is something like *this* –" and now a figure would follow. But of course this must *not* be the ambiguous one. Thus, instead of saying, "I see the figure now as a white cross on . . ., now as . . .", one can also say: "I see the figure now in *this* way (and then the figure follows), now in *this* way (and a different figure follows)." And if the first sentence was permissible then so was this one.

380. And doesn't that mean that each of the two figures was a *kind* of copy of the ambiguous figure?

381. Einerseits sind diese beiden Darstellungen Kopien des Gesehenen, anderseits bedarf es auch noch einer begrifflichen Erklärung. – Wenn ich z.B. die Kreuzfigur[1] $+$ einmal als liegendes Kreuz, einmal als stehendes Kreuz, einmal als schiefgestelltes Diagonalkreuz sehe, – was sind die entsprechenden Kopien?

Ein liegendes Kreuz ist eines, das umgelegt worden ist und stehen sollte. Die Kopie wird also etwas sein, was Kreuzform hat und wovon wir wissen, ob es liegt oder steht. Es wäre daher auch möglich, als Kopie ein Bild zu gebrauchen, worin die Kreuzform vorkommt und die oder die Rolle spielt. D.h., es gibt ein Bild, welches, was ich als Aspekt sehe, zum Ausdruck bringt. Und das gibt dem Aspekt Ähnlichkeit mit etwas durch Sehen Wahrgenommenen.

382. Oder: Es gibt ein Bild, das für den Aspekt eine *ähnliche* darstellende Rolle spielt, wie das Bild als Mitteilung des Wahrgenommenen. Denk dir ein Gemälde, eine Kreuzabnahme etwa; was wäre es uns, wenn wir nicht wüßten, welche *Bewegungen* hier festgehalten wurden. Und das Bild zeigt uns diese Bewegungen und es zeigt sie uns auch nicht. (Das Bild der Kavallerieattacke, wenn der Betrachter nicht weiß, daß die Pferde nicht so stehen bleiben.)

383. "Was ich sehe, schaut *so* aus." Denk dir, das sagte jemand, der das Bild eines rennenden Pferdes betrachtet und als Kopie davon ein ausgestopftes Pferd benützt, welches in laufender Stellung *steht*! Wäre nicht die richtige Kopie ein laufendes Pferd?

384. Ist mir nun mit dem Aspekt ein *Gedanke* vorm Auge? Ist mir mit dem *Gemälde* einer vor Augen? (Denn die als das und das gesehene Figur ist ja wie der allein noch sinnlose Bestandteil eines Gemäldes.)

385. Man kann doch ein Gemälde beschreiben, indem man *Vorgänge* beschreibt; ja so würde man es beinahe immer beschreiben. "Er steht im Schmerz versunken, sie ringt die Hände, . . ." Ja, wer es so nicht beschreiben könnte, ob er es auch als Verteilung von Farbflecken auf der Fläche haarscharf beschreiben könnte, verstünde es nicht. ((Bild vom Mann, der den Berg hinaufgeht.))

386. Du siehst es also so, wie wenn du *das* davon wüßtest.

Und wenn dies eine närrische Ausdrucksweise erscheint, so muß man eben im Auge behalten, daß der *Begriff* des Sehens durch sie modifiziert wird.

---

[1] Es kommt keine Figur im Typoskript vor. Wir haben diese Figur nach der entsprechenden Manuskriptstelle kopiert. (*Herausg.*)

381. On the one hand these two representations are copies of what was seen, but on the other there is still need for a conceptual explanation. – For instance, if I see the figure of a cross[1] $+$ now as a cross lying down, now as standing up, now as a diagonal cross set up askew – what are the corresponding copies?

A cross lying down is one which was layed on its side but should stand up. So the copy will be something shaped like a cross, and about which we know which it is – lying down or standing up. Therefore it would also be possible to use as a copy a picture in which the shape of a cross appears, playing this or that role. That is, there is a picture which brings to expression what I see as an aspect. And this makes the aspect similar to something visually perceived.

382. Or: In the same way as a picture tells us what is perceived, there is a picture that has a *similar* representing role in relation to the aspect. Imagine a painting of a descent from the cross, for instance. What would that be to us, if we didn't know which *movements* were captured here? The picture shows us these movements and yet it does not. (The picture of the cavalry-attack, when the viewer doesn't know that horses don't stop in those positions.)

383. "What I see looks like *this*." Imagine this said by someone who is looking at a galloping horse and then, as a copy, uses a stuffed horse *standing* in a galloping position! Wouldn't the right copy be a galloping horse?

384. Now — do I see a *thought* before me along with the aspect? Is a thought before me along with the *painting*? (For of course the figure which is seen as this or that is like a part of a painting which by itself doesn't yet make any sense.)

385. It is possible to describe a painting by describing *events*; indeed that's the way it would be described in almost every instance. "He's standing there, lost in sorrow, she's wringing her hands . . ." Indeed, if you could not describe it this way you wouldn't understand it, even if you could describe the distribution of colour on its surface in minute detail. ((Picture of the man ascending the mountain.))

386. So you see it as if you knew *that* about it.

And if this seems a foolish way of putting it, then it must be kept in mind that the *concept* of seeing is modified by it.

[1] There is no figure in the typescript. We have copied this figure from the manuscript. (*Eds.*)

387. Kann ich aber auch sagen: "Er würde das Bild (der Schlacht etwa) anders sehen, wenn er nicht wüßte, was hier vor sich geht"? Wie würde sich das äußern?! Er würde nicht so über das Bild reden wie wir; er würde nicht sagen: "Man sieht förmlich, wie diese Pferde dahinbrausen" oder "So läuft doch ein Pferd nicht!" etc. Er würde unzähliges nicht aus dem Bild entnehmen, was wir daraus entnehmen.

388. Wir könnten uns doch entscheiden, das, was wir jetzt "die Figur als ... sehen" nennen, sie als das und das *"auffassen"* zu nennen. – Hätten wir das nun getan, so wären dadurch die Probleme natürlich nicht zur Seite geschafft; sondern wir würden nun den Gebrauch von "auffassen" studieren, und insbesondere die Eigentümlichkeit, daß dieses Auffassen etwas Stationäres ist, ein Zustand, der *jetzt* anfängt, *jetzt* endet.

389. Es ist mir also zumute – könnte ich sagen – als müßte ich im Stande sein, diese Auffassung durch ein *Bild* der angeschauten Figur wiederzugeben. – Und das ist doch wirklich so: ich kann doch sagen, das Bild, das Einer von ihr macht, drücke eine Auffassung des Gegenstands aus. Ganz so, wie man eben sagen kann: Hör dieses Thema *so* ... und spiel es entsprechend.

390. Es ist ein Sehen, *insofern* ...
   Es ist ein Sehen nur insofern, *als* ...
   (Das scheint mir die Lösung.)

391. Insofern aber unterscheiden sich die Aspekte, die sozusagen gesehene Deutungen der Figur sind, von den Aspekten der räumlichen Erscheinung. Denn man kann eine Figur für einen Körper *halten*. Und auch, wenn von einer solchen Täuschung nicht die Rede ist, so teilt "Ich sehe diese Figur jetzt als Pyramide" anders mit, hat andere Konsequenzen, als, daß ich die Figur jetzt als schwarzes Kreuz auf weißem Grunde sehe etc. (Die Konsequenzen des räumlichen Sehens in der darstellenden Geometrie.) Es scheint aber auch der Zusammenhang des Aspekts mit dem Denken geändert oder gelöst. Denn ist hier nicht die Kopie, die dem Andern zeigt, wie ich die Figur sehe, von andrer Art? Und man darf nicht vergessen, daß das Wort "Kopie" in dieser ganzen Betrachtung eine schwankende Bedeutung hat.

392. "Es ist, als wären unsere Begriffe bedingt durch ein Gerüste von Tatsachen."
   Das hieße doch: Wenn du dir gewisse Tatsachen anders denkst, sie

387. But can I also say: "He would see the picture (of the battle, for instance) differently, if he didn't know what was going on here"? How would this come out?! He would not talk about the picture in the same way we do, and he would not say: "You can positively see these horses charging", or "That's not the way a horse runs!" etc. He would not infer many things from the picture that we do.

388. We could resolve, of course, to call what we now call "seeing the figure as . . .", "*conceiving*" it as this or that. — If we did that, the problems of course would not disappear. Rather, we would then study the use of "conceiving", and in particular we would study the peculiarity that this conceiving is something stationary, a state that *now* begins and *now* ends.

389. It seems to me — I might say — as if I should be able to reproduce this conception by means of a *picture* of the figure that I am looking at. — And that, indeed, is the way it really is: I can say that the picture someone makes of an object expresses a conception of the object. Quite as one can say: Hear this theme like this . . ., and play it correspondingly.

390. It is seeing, *insofar as* . . .
    It is seeing, only insofar *as* . . .
    (That seems to me to be the solution.)

391. In this way, however, the aspects which are, so to speak, visual interpretations of the figure differ from the aspects of the three-dimensional appearance. For a figure can be *taken* for a solid object. And even if there's no question of such a deception, the statement "Now I see this figure as a pyramid" tells us something different, and has different consequences, from the statement "Now I see the figure as a black cross on a white ground, etc.". (The consequences of seeing three-dimensionally in descriptive geometry.) But the connection between the aspect and thinking also seems to be changed, or dissolved. For isn't the copy which shows someone else how I see the figure different? And one mustn't forget that the meaning of the word "copy" varies throughout this discussion.

392. "It is as if our concepts involved a scaffolding of facts."
    That would presumably mean: If you imagine certain facts

anders beschreibst, als sie sind, dann kannst du die Anwendung gewisser Begriffe dir nicht mehr vorstellen, weil die Regeln ihrer Anwendung kein Analogon unter den neuen Umständen haben. – Was ich sage, kommt also *darauf* hinaus: Ein Gesetz wird für Menschen gegeben und ein Jurist mag wohl fähig sein, Konsequenzen für jeden Fall zu ziehen, der ihm gewöhnlich vorkommt, das Gesetz hat also offenbar seine Verwendung, einen Sinn. Trotzdem aber setzt seine Gültigkeit allerlei voraus; und wenn das Wesen, welches er zu richten hat, ganz vom gewöhnlichen Menschen abweicht, dann wird z.B. die Entscheidung, ob er eine Tat mit böser Absicht begangen hat, nicht etwa schwer, sondern einfach unmöglich werden. [Z 350.]

393. "Wenn die Menschen nicht im allgemeinen über die Farben der Dinge übereinstimmten, wenn Unstimmigkeiten nicht Ausnahmen wären, könnte es unsern Farbbegriff nicht geben." Nein; *gäbe* es unsern Farbbegriff nicht. Heißt das also: Was als Regel denkbar ist, muß es nicht als Ausnahme sein? [Z 351 – bis "Heißt das also:".]

394. Der Fall ist doch ähnlich diesem: Ich habe gelernt, Versuchsresultate durch eine Kurve darzustellen und werde, wenn die aufgenommenen Punkte *so*[1] liegen, wissen, ungefähr welche Kurve zu ziehen ist und werde weitere Schlüsse aus den Experimenten ziehen können. Liegen aber die Punkte *so*,[2] so wird, was ich gelernt habe, mich im Stiche lassen; ich weiß gar nicht mehr, welche Linie ich ziehen soll. Und käme ich zu Leuten, die, ohne mir verständlicher Methode und ohne Bedenken, eine Kurve durch diese Konstellation legten, so könnte ich ihre Technik nicht nachahmen; sollte ich aber sehen, daß bei ihnen *irgend* eine plausible Linie als die Richtige anerkannt wird und diese dann zur Basis weiterer Folgerungen dient; und, wenn diese Folgerungen, wie wir sagen würden, mit der Erfahrung in Widerspruch kämen, die Leute sich irgendwie darüber hinwegsetzten, – dann würde ich sagen, es sei dies gar nicht mehr die mir bekannte Technik, sondern eine 'äußerlich' ähnliche, im Wesen

[1] Im Manuskript folgt hier eine Zeichnung

(*Herausg.*)

[2] Im Manuskript folgt eine Zeichnung

(*Herausg.*)

otherwise, describe them otherwise, than the way they are, then you can no longer imagine the application of certain concepts, because the rules for their application have no analogue in the new circumstances. – So what I am saying comes to *this*: A law is given for human beings, and a jurisprudent may well be capable of drawing consequences for any case that ordinarily comes his way; thus the law evidently has its use, makes sense. Nevertheless its validity presupposes all sorts of things, and if the being that he is to judge is quite deviant from ordinary human beings, then, e.g., the decision whether he has done a deed with evil intent will become not difficult but simply impossible. [Z 350.]

393. "If humans were not in general agreed about the colours of things, if disagreements were not exceptional, then our concept of colour could not exist." No: – our concept *would* not exist. Does that mean, therefore, that what is conceivable as a rule does not have to be conceivable as an exception? [Z 351 – to "Does that mean".]

394. It is like the following case: I have learned how to express the results of experiments by means of a curve. If the points are situated like *this*[1], I will know more or less what kind of curve to draw, and I will be able to use it to draw further conclusions from the experiments. But if the points are placed like *this*[2], then what I have learned will leave me in the lurch, for I will no longer know what line to draw. And if I met people who drew a curve through this constellation of points without using any method I could understand and without hesitation, then I shouldn't be able to imitate their technique. But suppose that I should see that they acknowledge *some* plausible line or other as the right one, and that this line then serves them as the basis for further inferences; and if these inferences conflicted, as we should say, with experience, and these people were somehow to make light of it – then I would say that this indeed is no longer the technique I know of, but is one that, although "outwardly" similar, is in

[1] In the MS there is a drawing at this point:

(*Eds.*)

[2] In the MS there is a drawing at this point:

(*Eds.*)

aber ganz verschiedene. Sage ich das aber, so gebe ich mit den Worten "äußerlich" und "Wesen" ein Urteil ab.

395. Was heißt das: "Das ist doch ein ganz anderes Spiel!" Wie verwende ich diesen Satz? Als Mitteilung? Nun, etwa als Einleitung zu einer Mitteilung, die die Unterschiede aufzählt und ihre Folgen erklärt. Aber auch, um auszudrücken, daß ich eben darum hier nicht mehr mittue, oder doch eine andere Stellung zu dem Spiel einnehme. [Z 330.]

396. Wenn ich sagte "Ich würde es nicht mehr ... nennen", so heißt das eigentlich: die Waage meiner Stellungnahme schlägt nun um.

397. Ich könnte doch auch sagen: "Ich kann mich mit diesen Menschen nicht mehr verständigen."

398. Ich sagte einmal, es könnte einen Begriff geben, der links von einer gewissen wichtigen Linie unserm 'Rot', rechts von ihr unserm 'Grün' entspräche. Und es kam und kommt mir vor, als könnte ich mich in diese Begriffswelt hineindenken; als könnte ich wohl geneigt sein, Rot auf der einen Seite, das Gleiche zu nennen, wie Grün auf der andern. (Und zwar geht es mir besonders so mit einem ziemlich dunkeln Rot und einem ziemlich dunkeln Grün.) Als wäre ich also nicht ungeneigt, das Grün nur einen Aspekt des Rot zu nennen; als liefe, was ich "Farbe" nenne, unverändert weiter, und nur die 'Schattierung' änderte sich. Es besteht also hier die Neigung zu einer Ausdrucksweise, die, unter gewissen Umständen, für Grün und für Rot dasselbe Eigenschaftswort, mit einem Bestimmungswort wie "beschattet"/"unbeschattet" verwendet. "Aber willst du also wirklich sagen, daß hier nicht zwei verschiedene Farben vorliegen?" Ich will sagen: Ich sehe genug Ähnlichkeit in der von mir beschriebenen Ausdrucksweise mit dieser und jener, die wir tatsächlich verwenden, daß ich die ungewöhnliche unter Umständen sehr wohl hinnehmen könnte. — Aber würden also die Leute die Ähnlichkeit oder Gleichheit nicht sehen, die wir sehen: nämlich zwischen Grün links und (nach unserer Ausdrucksweise) Grün rechts? — Wie wenn sie sagten, diese seien 'äußerlich gleich'. Ich stelle mir die Lage ähnlich

vor, wie in der Zeichnung[1] , wo ich die Winkel α, β, γ

einander gleich, obwohl äußerlich ungleich nennen kann; die Winkel δ + α, sowie ε + γ ungleich, aber äußerlich gleich.

[1] Keine Zeichnung im Typoskript. Wir haben die Zeichnung nach der entsprechenden Manuskripstelle kopiert. (*Herausg.*)

essence completely different. But if I say that, in using the words "outwardly" and "essence" I am passing judgment.

395. What does it mean to say: "But that's an utterly different game!" How do I use this sentence? As information? Well, perhaps to introduce some information in which differences are enumerated and their consequences explained. But also to express that just for that reason I don't join in here, or at any rate take up a different attitude to the game.[Z 330.]

396. If I said "I wouldn't any longer call it . . .", this really means: the scales are tipping — I've taken up a different position toward the thing.

397. I could also say: "I can no longer communicate with these people."

398. Once I said that there might be a concept which, to the left of a certain dividing line, would correspond to our 'red', and to the right, would correspond to our 'green'. And it appeared to me then and still does, that I might be able mentally to enter this conceptual world, and that indeed I might be inclined to call the red that lies on one side of the line the same thing as green on the other. (Indeed, this actually happens to me, particularly when there is a fairly dark red and a fairly dark green.) It is as if, in such a world, I would not be disinclined to call the green merely an aspect of the red, and as if what I call "colour" went further unaltered, and only the "shading" altered. Thus there would be an inclination, in this situation, to employ a mode of expression which used the same adjective for green and red, along with a modifier such as "shaded"/"unshaded". "But are you really going to tell me then that we're not dealing with two different colours?" I want to say: I see enough similarity between this way of talking and the usual one so that I could very easily accept this way, under certain circumstances. — But then wouldn't people see the similarity or resemblance which we see; i.e., between green to the left and (our usual) green to the right? — What if they said that these two colours were "outwardly similar"? I imagine the situation to be

similar to this one: In the drawing[1]: I can call the angles

α, β, γ equal to each other, even though they are outwardly unequal; and I can call angles δ + α, as well as ε + γ unequal, even though they are outwardly equal.

[1] There is no drawing in the typescript. We have copied the drawing from the manuscript. (*Eds.*)

399. Ich könnte auch sagen: Rot links und Grün rechts sei die gleiche Natur, aber eine andere Erscheinung.

400. Bei allem dem habe ich aber doch eine Verwirrung angerichtet. Das Wichtige an der Sache war doch, zu zeigen, daß man in einer Folge (von Ziffern etwa) so fortschreiten kann, daß man, für *unsere* Begriffe, sie nach dem einen Reihengesetz abbricht und nach einem neuen fortsetzt; daß aber nach einer andern Auffassung sich ihr Gesetz *nicht* ändert, die scheinbare Änderung aber durch eine Änderung der Umstände begründet wird.

401. Aber das kommt eigentlich darauf hinaus, daß, was das *folgerechte* Weitergehen in einer Reihe ist, nur durch das *Beispiel* gezeigt werden kann.

402. Und hier ist man immer wieder in der Versuchung, mehr zu reden, als noch Sinn hat. Weiter zu reden, wo man Halt machen sollte.

403. Ich kann Einem sagen: "*Diese* Zahl ist die folgerechte Fortsetzung dieser Folge"; dadurch kann ich ihn dazu bringen, daß er in Zukunft das "folgerechte Fortsetzung" nennt, was ich so nenne. D.h., ich kann ihn eine Reihe (Grundreihe) fortsetzen lehren, ohne einen Ausdruck des 'Gesetzes der Reihe' zu verwenden; ja vielmehr, um ein Substrat zu erhalten für die Bedeutung algebraischer Regeln, oder was ihnen ähnlich ist. [Vgl. Z 300.]

404. Er muß *ohne Grund* so fortsetzen. Aber nicht, weil man ihm den Grund noch nicht begreiflich machen kann, sondern weil es – in *diesem* System – keinen Grund gibt. ("Die Kette der Gründe hat ein Ende.") Und das *so* (in "so fortsetzen") ist durch eine Ziffer, einen Wert, bezeichnet. Denn auf *dieser* Stufe wird der Regelausdruck durch den Wert erklärt, nicht der Wert durch die Regel. [Z 301.]

405. Denn dort, wo es heißt "Aber *siehst* du denn nicht . . .!" nützt eben die Regel nichts, sie ist Erklärtes, nicht Erklärendes. [Z 302.]

406. "Er erfaßt die Regel intuitiv." – Warum aber die Regel? und nicht, wie er jetzt fortsetzen soll? [Z 303.]

407. "Hat er nur das Richtige gesehen, diejenige der unendlich vielen Beziehungen, die ich ihm nahezubringen trachte, – hat er sie nur einmal erfaßt, so wird er jetzt ohne weiteres die Reihe richtig fortsetzen. Ich gebe zu, er kann diese Beziehung, die ich meine, nur

399. I could also say: the red to the left and the green to the right are of the same nature, but are different manifestations of it.

400. But in all of this I have produced a confusion. The important thing about the matter was surely to show that one can go on in a sequence (say of numbers) in such a way that according to *our* concepts he stops following the old law of the series, and continues on following a new one; but that according to another conception, the law of the series does *not* change, but that what appears to be a change is explained by a change in circumstances.

401. But what this really amounts to is that *consistently* following a series can only be shown by *example*.

402. And here one is tempted again and again to talk more than still makes sense. To continue talking where one should stop.

403. I can tell someone: "*This* number is the right continuation of this sequence"; and in doing this I can bring it about that for the future he calls the "right continuation" the same thing I do. That is, I can teach him to continue a series (basic series) without using any expression of the 'law of the series'; rather, I am forming a substratum for the meaning of algebraic rules, or what is like them. [Cf. Z 300.]

404. He must go on like this *without a reason*. Not, however, because he cannot yet grasp the reason but because – in *this* system – there is no reason. ("The chain of reasons comes to an end.") And the *like this* (in "go on like this") is signified by a number, a value. For at *this* level the expression of the rule is explained by the value, not the value by the rule. [Z 301.]

405. For just where one says "But don't you *see* . . .!" the rule is no use, it is what is explained, not what does the explaining. [Z 302.]

406. "He grasps the rule intuitively." – But why the rule? Why not how he is to continue? [Z 303.]

407. "Once he has seen the right thing, seen the one of infinitely many references which I am trying to push him towards – once he has got hold of it, he will continue the series right without further ado. I grant that he can only guess (intuitively guess) the reference that I

erraten (intuitiv erraten) – ist es aber gelungen, dann ist das Spiel gewonnen." – Aber dieses 'Richtige' von mir Gemeinte, gibt es gar nicht. Der Vergleich ist falsch. Es gibt hier nicht quasi ein Rädchen, das er erfassen soll, die richtige Maschine, die ihn, einmal gewählt, automatisch weiterbringt. Es könnte ja sein, daß sich in unserm Gehirn so etwas abspielt, aber das interessiert uns nicht. [Z 304.]

408. "Tu dasselbe!" Aber dabei muß ich ja auf die Regel zeigen. Die muß er also schon *anzuwenden* gelernt haben. Denn was bedeutet ihr Ausdruck sonst für ihn? [Z 305.]

409. Die Bedeutung der Regel erraten, sie intuitiv zu erfassen, könnte doch nur heißen: ihre *Anwendung* erraten. Und das kann nun nicht heißen: die *Art*, die *Regel* ihrer Anwendung erraten. Und vom Erraten ist hier überhaupt keine Rede. [Z 306.]

410. Ich könnte z.B. erraten, welche Fortsetzung dem Andern *Freude* machen wird (etwa nach seinem Gesicht). Die Anwendung der Regel erraten könnte man nur, sofern man bereits aus verschiedenen Anwendungen eine wählen kann. [Z 307.]

411. Man könnte sich ja dann auch denken, daß er, statt die 'Anwendung der Regel zu erraten', sie *erfindet*. Nun, wie sähe das aus? – Soll er etwa sagen: "Der Regel '+1' folgen, möge einmal heißen, zu schreiben: 1, 1 + 1, 1 + 1 + 1, u.s.w."? Aber was meint er damit? Das "u.s.w." setzt ja eben schon das Beherrschen einer Technik voraus. [Z 308.]

412. Wie kann man denn, was jemand tut, der jene Regel fortsetzt, beschreiben? – Man kann die Regel angeben; dem nämlich, der sie schon gebrauchen kann. Und wer kann sie gebrauchen? Der, welcher auf 1 + 1 1 + 1 + 1 schreibt, und darauf 1 + 1 + 1 + 1. – Und kann ich jetzt enden "u.s.f."? Das würde ja heißen: "und überhaupt nach dieser Regel weitergeht."

413. Ich kann nicht beschreiben, wie eine Regel (allgemein) zu verwenden ist, als indem ich dich *lehre*, *abrichte*, eine Regel zu verwenden. [Z 318.]

414. Ich kann nun z.B. einen solchen Unterricht im Sprechfilm aufnehmen. Der Lehrer wird manchmal sagen "So ist es recht". Sollte der Schüler ihn fragen "Warum?" – so wird er nichts, oder doch nichts Relevantes antworten, auch nicht das: "Nun, weil wir's Alle so machen"; das wird nicht der Grund sein. [Z 319.]

mean – but once he has managed that the game is won." – But this 'right thing' that I mean does not exist. The comparison is wrong. There is no such thing here as, so to say, a wheel that he is to catch hold of, the right machine which, once chosen, will carry him on automatically. It could be that something of the sort happens in our brain but that is not our concern. [Z 304.]

408. "Do the same." But in saying this I must point to the rule. So its *application* must already have been learnt. For otherwise what meaning will its expression have for him? [Z 305.]

409. To guess the meaning of a rule, to grasp it intuitively, could surely mean nothing but: to guess its *application*. And that can't now mean: to guess the *kind* of application, the *rule* for it. Nor does guessing come in here. [Z 306.]

410. I might, e.g., guess what continuation will give the other *pleasure* (by his expression, perhaps). The application of a rule can be guessed only when one can already choose one among different applications. [Z 307.]

411. We might in that case also imagine that, instead of 'guessing the application of the rule,' he *invents* it. Well, what would that look like? Ought he perhaps to say "Following the rule '+1' may mean writing 1, 1 + 1, 1 + 1 + 1, and so on"? But what does he mean by that? For the "and so on" presupposes that one has already mastered a technique. [Z 308.]

412. How can one describe what someone does in continuing that rule? – If someone already knows how to use it, we can do it by giving the rule. And who can use it? Someone who writes 1 + 1 + 1 after 1 + 1 and after that 1 + 1 + 1 + 1. – And can I now end with "and so on"? That would surely mean: "and simply goes on according to this rule."

413. I cannot describe how (in general) to employ rules, except by *teaching* you, *training* you to employ rules. [Z 318.]

414. I may now, e.g., make a talkie of such instruction. The teacher will sometimes say "That's right". If the pupil should ask him "Why?" – he will answer nothing, or at any rate nothing relevant, not even: "Well, because we all do it like that"; that will not be the reason. [Z 319.]

415. Man sagt nicht "Es dürfte sich so verhalten; verhält sich aber anders". Oder: "Ich nehme an, er kommt morgen; er wird aber tatsächlich nicht kommen."

416. Die Linie liegt schon in der *Annahme* anders, als du denkst.

Ich möchte sagen: In den Worten "Angenommen, ich glaube das" setzt du schon die ganze Grammatik des Wortes "glauben" voraus. Du nimmst nicht etwas an, was dir, sozusagen, eindeutig durch ein Bild gegeben ist, so daß du dann eine andere als die gewöhnliche Behauptung an diese Annahme anstückeln kannst. *Du wüßtest gar nicht*, was du hier annimmst, wenn dir nicht schon die Verwendung von "glauben" geläufig wäre. [Vgl. PU II, x, S. 192e.]

417. Es ist die unsichtbare Anwendung, die hier ihr Gesicht zeigt.

Der besondern Technik sind wir uns nicht bewußt, sie fließt sozusagen unterirdisch, ohne daß wir sie merken, dahin; und wir werden uns ihrer nur dort plötzlich bewußt, wo sie mit unsrer falschen Vorstellung offen in Widerspruch tritt. Wo wir etwa merken, ein Satz habe keinen Sinn, wir wissen gar nicht, was wir mit ihm anfangen sollten, ein Satz von dem dies nicht ohne weiteres zu vermuten war. Kann man dem Arzt als Symptom einer geistigen Erkrankung mitteilen "Ich glaube . . ."? – Wohl aber etwa: "Ich glaube immer Stimmen zu hören."

"Ich nehme immer an, er sei mir untreu, er ist es aber nicht."

Die Linie des Begriffs scheint jäh abgebrochen! –

418. "Der Satz 'Ich glaube es, und es ist nicht wahr' *kann doch die Wahrheit sein*. Wenn ich es nämlich wirklich glaube, und sich dieser Glaube als falsch herausstellt."

419. Ich sage vom Andern "Er scheint zu glauben . . ." und Andere sagen es von mir. Nun, warum sage ich's nie von mir, auch wenn die Andern es *mit Recht* von mir sagen? Ebenso: "Es ist offenbar, er glaubt . . ." Sehe ich mich selbst denn nicht? – Man kann es sagen. [PU, II, x, S. 191 f.]

420. A: "Ich glaube, es regnet." – B: "Ich glaube es nicht." – Nun, sie widersprechen einander ja nicht; Jeder sagt bloß etwas über sich selbst aus.

421. "Es gibt kein bläuliches Gelb." Ähnlich dem Satz "Es gibt kein regelmäßiges Zweieck"; eine Aussage der Farbengeometrie könnte man es nennen, d.h. ein begriffsbestimmender Satz.

415. We don't say "It may well be like that, but it isn't". Or: "I suppose he's coming tomorrow, but actually he won't come."

416. Even in the *hypothesis* the pattern is not what you think.

I should like to say: When you say "Suppose I believe that" you are presupposing the whole grammar of the word "to believe". You are not supposing something given to you unambiguously through a picture, so to speak, so that you can tack on to this hypothetical use some assertive use other than the ordinary one. You *would not know at all* what you were supposing here, if you were not already familiar with the use of "believe". [Cf. *PI* II, x, p. 192e.]

417. What is showing its face here is the invisible application.

We are not aware of *the particular technique*, for it flows along underground, as it were, without our noticing it; and not until it openly contradicts our false imagination do we suddenly become aware of it; not until we notice, e.g., that a sentence makes no sense, that we have no idea what to do with this sentence which was not such as to arouse this suspicion straightaway. Can one tell one's doctor that one believes something as a symptom of mental illness? – But one can say, for example: "I always believe I hear voices."

"I am always supposing that he is unfaithful to me, but he isn't."

The line of the concept seems to break off abruptly! –

418. "The sentence, 'I believe it and it isn't true' *can after all be the truth*. Namely, when I really believe it and this belief turns out to be wrong."

419. I say of someone else "He seems to believe . . ." and others say it of me. Now why do I never say it of myself, even though others are *justified* in saying it of me? Likewise: "It's obvious that he believes . . ." Don't I see myself? – One could say so. [*PI* II, x, p. 191f.]

420. A: "I believe it's raining." – B: "I don't believe so." – Now they are not contradicting each other; each one is simply saying something about himself.

421. "There is no such thing as a bluish yellow." This is like "There is no such thing as a regular biangle"; this could be called a proposition of colour-geometry, i.e., it is a proposition determining a concept.

422. Wenn ich Einen gelehrt hätte, die sechs primären Farbnamen zu gebrauchen und die Silbe "lich", so könnte ich ihm Befehle geben, wie "Male hier ein grünliches Weiß!" – Einmal aber sage ich ihm "Mal ein rötliches Grün!" Ich beobachte seine Reaktion. Vielleicht wird er Grün und Rot mischen und von dem Resultat nicht befriedigt sein; vielleicht endlich sagen: "Es gibt kein rötliches Grün." – Analog hätte ich ihn dazu bringen können, mir zu sagen "Ein regelmäßiges Zweieck gibt es nicht!" oder "Eine Quadratwurzel aus −25 gibt es nicht".

423. Zwischen Grün und Rot, will ich sagen, sei eine *geometrische* Leere, nicht eine physikalische. [Z 354.]

424. Aber entspricht dieser also nichts Physikalisches? Das leugne ich nicht. (Und wenn es bloß unsre Gewöhnung an *diese* Begriffe, an diese Sprachspiele wäre. Aber ich sage nicht, daß es so ist.) Wenn wir einem Menschen die und die Technik durch Exempel beibringen, − daß er dann mit einem bestimmten neuen Fall *so* und nicht *so* geht, oder daß er dann stockt, daß für ihn also dies und nicht jenes die 'natürliche' Fortsetzung ist, ist allein schon ein höchst wichtiges Naturfaktum. [Z 355.]

425. "Aber wenn ich mit 'bläulichgelb' grün meine, so fasse ich eben ¹iesen Ausdruck anders als nach der ursprünglichen Weise auf. Die rsprüngliche Auffassung bezeichnet einen andern und eben *nicht gangbaren* Weg."
Was ist aber hier das richtige Gleichnis? das vom physisch nicht gangbaren Weg, oder vom Nicht-Existieren des Weges? Also das Gleichnis der physikalischen, oder der mathematischen Unmöglichkeit? [Z 356.]

426. Wir haben ein System der Farben wie ein System der Zahlen.
Liegen die Systeme in *unserer* Natur, oder in der Natur der Dinge? Wie soll man's sagen? − *Nicht* in der Natur der Zahlen oder Farben. [Z 357.]

427. Hat denn dieses System etwas Willkürliches? Ja und nein. Es ist mit Willkürlichem verwandt und mit Nicht-Willkürlichem. [Z 358.]

428. Es leuchtet auf den ersten Blick ein,[1] daß man nichts als Zwischenfarben von Rot und Grün anerkennen will. (Und ob es dem

[1] Im Typoskript vielleicht fehlerhaft: "Es leuchtet aus dem ersten Bild ein,". (*Herausg.*)

422. If I had taught someone to use the names of the six primary colours, and the suffix "ish" then I could give him orders such as "Paint a greenish white here!" – But now I say to him "Paint a reddish green!" I observe his reaction. Maybe he will mix green and red and not be satisfied with the result; finally he may say "There's no such thing as a reddish green." – Analogously I could have gotten him to tell me: "There's no such thing as a regular biangle!", or "There's no such thing as the square root of −25."

423. I want to say there is a *geometrical* gap, not a physical one, between green and red. [Z 354.]

424. But doesn't anything physical correspond to it? I do not deny that. (And suppose it were merely our habituation to *these* concepts, to these language-games? But I am not saying that it is so.) If we teach a human being such-and-such a technique by means of examples, – that he then proceeds like *this* and not like *that* in a particular new case, or that in this case he gets stuck, and thus that this and not that is the 'natural' continuation for him: this of itself is an extremely important fact of nature. [Z 355.]

425. "But if by 'bluish yellow' I mean green, I am taking this expression in a different way from the original one. The original conception signifies a different road, a *no thoroughfare*."
　But what is the right simile here? That of a road that is physically impassable, or of the non-existence of a road? i.e. is it one of physical or of mathematical impossibility? [Z 356.]

426. We have a colour system as we have a number system.
　Do the systems reside in *our* nature or in the nature of things? How are we to put it? – *Not* in the nature of numbers or colours. [Z 357.]

427. Then is there something arbitrary about this system? Yes and no. It is akin both to what is arbitrary and to what is non-arbitrary. [Z 358.]

428. It is obvious at a glance[1] that we aren't willing to acknowledge anything as a colour intermediate between red and green. (Nor does

---

[1] Perhaps as an error, the typescript has: "It is obvious at a picture". (*Eds.*)

Menschen immer so einleuchtet, oder erst nach Erfahrung und Erziehung, ist hier gleichgültig.) Was würden wir von Menschen denken, die ein 'Rötlichgrün' kennten (etwa Olivgrün so nennen)? Und was heißt *das*: "Die haben dann überhaupt einen andern Begriff der Farbe"? Als wollten wir sagen: "Es wäre eben dann nicht *dieser*, sondern ein anderer" – indem wir auf unsern zeigen. Als gäbe es also einen *Gegenstand*, dem der Begriff eindeutig angehörte. [Die ersten zwei Sätze: Z 359.]

429. Die Leute kennen ein Rötlichgrün. Aber es *gibt* doch gar keins! – Welcher sonderbare Satz. – (Wie weißt du's nur?) [Z 362.]

430. (Das Bild, das den Begriff charakterisiert, wäre etwas wie eine algebraische Formel.)

431. Sagen wir's doch so: Müssen denn diese Leute die Diskrepanz merken? Vielleicht sind sie zu stumpf dazu. Und dann wieder: vielleicht auch nicht.—[Z 363.]

432. Ja aber hat denn die Natur hier gar nichts mitzureden?! Doch – nur macht sie sich auf andere Weise hörbar.
    "Irgendwo wirst du doch an Existenz und Nichtexistenz anrennen!" – Das heißt aber doch an *Tatsachen*, nicht an Begriffe. [Z 364.]

433. Es ist eine Tatsache von der höchsten Wichtigkeit, daß eine Farbe, die wir (z.B.) "rötlichgelb" zu nennen geneigt sind, sich wirklich durch Mischung (auf verschiedene Weise) von Rot und Gelb erzeugen läßt. Und daß wir nicht im Stande sind, eine Farbe, die durch Mischen von Rot und Grün entstanden ist, ohne Weiteres als eine zu erkennen, die sich so erzeugen läßt. (Was aber bedeutet "ohne Weiteres" hier?)
    Es könnte Leute geben, die ein regelmäßiges 97-Eck ohne zu zählen auf einen Blick als solches erkennen. [a: Z 365.]

434. Begriffe mit einer Malweise verglichen: Ist denn auch nur unsere Malweise willkürlich? Können wir uns einfach entscheiden, die der Ägypter anzunehmen? Oder handelt sich's da nur um hübsch und häßlich? [Vgl. PU II, xii, S. 230c.]

435. Haben wir denn die menschliche Sprache *erfunden*? So wenig, wie das Gehen auf zwei Beinen. Es ist eine wichtige Tatsache, wenn sich's so verhält, daß Menschen, die, den großen Bären etwa in Strichen wiedergeben sollen, dies, wenn sie sich selbst überlassen sind,

it matter whether this is always obvious to people, or whether it took experience and education to make it so.) What would we think of people who were acquainted with 'reddish-green' (e.g., who called olive-green by that name)? And what does *this* mean: "Then they have a different concept of colour altogether"? As if they wanted to say: "Well, then it wouldn't be *this* but a different concept of colour" – all the while pointing to our own. As if there were an *object* to which the concept belonged unequivocally. [First two sentences: Z 359.]

429. These people are acquainted with reddish green. "But there *is* no such thing!" – What an extraordinary sentence. – (How do you know?) [Z 362.]

430. (The picture characterizing the concept would be something like an algebraic formula.)

431. Let's put it like this: Must these poeple notice the discrepancy? Perhaps they are too stupid. And again: perhaps not that either.— [Z 363.]

432. Yes, but has nature nothing to say here?! Indeed she has – but she makes herself audible in another way.

"You'll surely run up against existence and non-existence some-where!" – But that means against *facts*, not concepts. [Z 364.]

433. It is an extremely important fact that a colour which we are inclined to call (e.g.) "reddish yellow" can really be produced (in various ways) by a mixture of red and yellow. And that we are not able to recognize straight off a colour that has come about by mixing red and green as one that can be produced in that way. (But what does "straight off" signify here?)

There could be people who recognize a regular polygon with 97 angles at first glance, and without counting. [a: Z 365.]

434. A concept compared with a style of painting: For is even our style of painting arbitrary? Can we simply decide to adopt the style of the Egyptians? Is it a mere question of pleasing and ugly? [Cf. *PI* II, xii, p. 230c.]

435. Did we *invent* human speech? No more than we invented walking on two legs. But if this is really so, then it is an important fact that when humans are asked to reproduce the Great Bear on their

immer, oder meistens, auf eine bestimmte Weise und nie auf eine bestimmte andere tun.

Aber heißt *das*: die Konstellation so sehen? Liegt darin z.B. schon die Möglichkeit eines Umschlagens des Aspekts? Denn es ist ja das Umschlagen, dessen Ähnlichkeit mit einem Wechseln des Gesichtsobjekts wir empfinden.

436. Wenn nicht der Wechsel des Aspekts vorläge, so gäbe es nur eine *Auffassung*, nicht ein so oder so *sehen*.

437. Das scheint absurd. Als wollte man sagen "Wenn ich nur immer mit Kohle heize, und nicht auch manchmal mit etwas anderem, so heize ich auch nicht mit Kohle".

Aber kann man nicht sagen: "Wenn es nur *eine* Substanz gäbe, so hätte man keinen Gebrauch für das Wort 'Substanz'"? Aber das heißt doch: Der Begriff 'Substanz' setzt den Begriff 'Unterschied der Substanz' voraus. (Wie der des Schachkönigs den des Schachzuges, oder wie der der *Farbe* den der *Farben*.) [b: Z 353.]

438. Ich teile Einem etwas anderes mit, wenn ich ihm sage:

(a) daß in der Zeichnung, die er nicht sieht, die und die Form enthalten ist –

(b) daß in der Zeichnung, die er sieht, die Form enthalten ist, die er noch nicht bemerkt –

(c) daß ich gerade entdeckt habe, die Zeichnung, die mir wohlbekannt war, enthielte diese Form –

(d) daß ich jetzt gerade die Zeichnung in diesem Aspekt sehe.

Jede dieser Mitteilungen hat ein anderes Interesse.

439. Die erste ist eine teilweise Beschreibung eines wahrgenommenen Gegenstands, etwa analog der "Ich sehe dort etwas Rotes".

Die zweite ist, was ich eine "geometrische Mitteilung" nennen will. Sie ist im Gegensatz zur ersten zeitlos. Die Entdeckung, daß es sich so verhält, ist von der Art mathematischer Entdeckungen.

440. Aber könnte die Mitteilung nicht auch in temporaler Form gemacht werden? Etwa so: "Wenn du diese Zeichnung hin und her wendest, wirst du *diese* Form in ihr sehen, ohne daß sich die Linien bewegt zu haben scheinen." Daß wir dies Faktum begriffsbestimmend verwenden, ist damit noch nicht gesagt.

441. Wie macht man denn die *Entdeckung*? Etwa so: Man zieht auf durchscheinendem Papier – vielleicht rein zufällig – gewisse Linien

own, they will always, or for the most part, do this by drawing the lines in one particular way and never in another.

But does *that* mean that they see the constellation in this way? And does it contain the possibility of a sudden shift of aspect, for example? For it's the shift that we feel to be similar to a change in the object of sight.

436. If there were no change of aspect then there would only be a *way of taking*, and no such thing as *seeing* this or that.

437. This seems absurd. As if one wanted to say: "If I use only coal for heat, and never anything else, then I'm not really heating with coal."

But may it not be said: "If there were only *one* substance, there would be no use for the word 'substance'"? That however presumably means: The concept 'substance' presupposes the concept 'difference of substance'. (As that of the king in chess presupposes that of a move in chess; or that of *colour* that of *colours*.) [b: Z 353.]

438. I tell someone something different when I say:
   (a) that this or that form is contained in a drawing he doesn't see –
   (b) that in the drawing he does see there is a form which he hasn't yet seen –
   (c) that I've just noticed that a familiar drawing contains this form –
   (d) that I am just now seeing the drawing in this aspect.
The interest of each of these is different.

439. The first statement is a partial description of an object that one sees, and thus resembles "I see something red over there".

The second is what I might call a "geometrical statement". In contrast to the first it is timeless. The discovery that this is so is of the same kind as mathematical discoveries.

440. But couldn't this statement also be made in temporal form? Something like this: "If you turn this drawing this way and that you will see *this* form in it, and the lines won't seem to have moved." But it doesn't follow that we use this fact to define a concept.

441. How does one make the *discovery*? Well, for instance one might trace – by pure accident – certain lines of the drawing on tracing

der Zeichnung nach. Dann sieht man: das ist ja ein Gesicht! Oder man macht diesen Ausruf einmal beim Anblick der Zeichnung und zieht dann jenen Linien nach. – Und wo ist hier die *Entdeckung*? – Dies muß erst als Entdeckung, und insbesondere als *geometrische Entdeckung*, interpretiert werden.

442. Ein Aspekt kann mir dadurch erscheinen, daß mich Einer auf ihn *aufmerksam macht*. Wie sehr unterscheidet das doch *dieses* 'Sehen' vom Wahrnehmen der Farben und Formen.

443. Bemerken und Sehen. Man sagt nicht "Ich habe es fünf Minuten lang bemerkt".

444. "Aber sehen wir die menschlichen Gestalten auf dem Bild *wirklich*?" Wonach fragt man nur??
Es geht hier offenbar eine Störung eines Begriffs durch einen etwas verschiedenen vor sich. Ich sollte etwa fragen: "Sehe ich denn die Gestalten wirklich in demselben Sinne wie . . .?" Oder auch: "Welchen Grund habe ich, hier von 'sehen' zu sprechen? und was lehnt sich etwa in mir dagegen auf?"

445. Ich möchte etwa die Frage stellen: "Bin ich mir der Räumlichkeit (Tiefe) dieses Buches, z.B., während ich es sehe, *immer bewußt*?" *Fühle* ich sie sozusagen die ganze Zeit? – Aber stell die Frage in der dritten Person. Wann würdest du sagen, er *sei* sich ihrer immer bewußt, wann das Gegenteil? – Angenommen, du fragtest ihn, – aber wie hat er gelernt, dir auf diese Frage zu antworten? – Nun, er weiß z.B., was es heißt, ununterbrochen Schmerzen zu fühlen. Aber das wird ihn hier nur verwirren, wie es auch mich verwirrt. [Vgl. PU II, xi, S. 210–211.]

446. Wenn er mir nun sagt, er sei sich der Tiefe fortwährend bewußt, – glaub ich's ihm? Und wenn er sagt, er sei sich ihrer nur von Zeit zu Zeit bewußt, wenn er etwa von ihr redet, – glaub ich ihm *das*? Es wird mir vorkommen, als ruhten diese Antworten auf falscher Grundlage. – Anders aber, wenn er mir sagt, der Gegenstand käme ihm manchmal räumlich, manchmal aber flach vor. [PU II, xi, S. 211a.]

447. Ich könnte Einem eine wichtige Botschaft zukommen lassen, indem ich ihm das Bild einer Landschaft übersende. Liest er dieses, wie eine Werkzeichnung; ich meine: *entziffert* er es? Er sieht es an und richtet sich danach. Er sieht darauf Felsen, Bäume, ein Haus, etc.

paper. And then one sees: Why, that's a face! Or one is looking at the drawing, and then exclaims this sometimes while one traces those lines. – And where is the *discovery* here? – It still has to be interpreted as a discovery, and in particular as a *geometrical discovery*.

442. I may come to see an aspect through someone's *drawing my attention* to it. But how that separates *this* 'seeing' from perceiving colours and shapes.

443. Noticing and seeing. One doesn't say "I noticed it for five minutes."

444. "But do we *really* see the human figures in the picture?" Only what are you asking about??

What is obviously happening here is that one rather different concept is causing trouble for another. I was supposed to be asking: "Do I really see the figures in the same sense as I really see ...?" Or: "What reason do I have for talking about 'seeing' in this case? And what is it in me that makes me rebel against this?"

445. I should like to put the question, for instance: "Am I *aware* of the spatial character, the depth of this book, for instance, the *whole* time I am seeing it?" Do I, so to speak, *feel* it the whole time? – But put the question in the third person. When would you say of someone he *was* aware of it the whole time, and when the opposite? – Suppose that you ask him – but how did he learn how to answer such a question? – Well, for instance, he knows what it means to feel pain continuously. But that will only confuse him here, just as it confuses me. [Cf. *PI* II, xi, pp. 210–211.]

446. If he now tells me that he is continuously aware of the depth – do I believe him? And if he says he is aware of it only occasionally, when talking about it, perhaps – do I believe *that*? These answers will strike me as resting on a false foundation. – It will be different if he tells me that the object sometimes strikes him as three-dimensional, sometimes as flat. [*PI* II, xi, p. 211a.]

447. I might get an important message to someone by sending him the picture of a landscape. Does he read it like a blueprint? That is, does he *decipher* it? He looks at it and acts accordingly. He sees rocks, trees, a house, etc. in it.

448. (Die Situation ist hier die der praktischen Notwendigkeit, aber das Verständigungsmittel eines, dem nichts von Verabredung, Definition, und dergleichen anhängt, und das sonst nur quasi poetischen Zwecken dient. Aber es dient eben auch die gewöhnliche Wortsprache poetischen Zwecken.)

449. Die Aspekte des F: Es ist quasi, wie wenn eine *Vorstellung* mit dem Gesichtseindruck in Berührung käme und für eine Zeit in Berührung bliebe. [Vgl. PU II, xi, S. 207b.]

450. Der Fall des schwarzen und weißen Kreuzes aber ist anders und ähnlicher dem der *räumlichen* Aspekte (z.B. der Prismenzeichnung).

451. Die Versuchung, zu sagen "Ich sehe es *so*", indem man bei "es" und "so" auf das Gleiche zeigt. [Vgl. PU II, xi, S. 207e.]

452. Der Begriff 'sehen' macht einen wirren Eindruck. Nun, so ist er. – Ich sehe in die Landschaft; mein Blick schweift, ich sehe allerlei klare und unklare Bewegung; *dies* prägt sich mir klar ein, *jenes* nur ganz verschwommen. Wie gänzlich zerrissen uns doch erscheinen kann, was wir sehen! Und nun sieh, was eine "Beschreibung des Gesehenen" heißt! Aber das ist es, was wir so nennen. Wir haben nicht einen wirklichen, respektablen Fall so einer Beschreibung und sagen: "Nun, das Übrige ist eben noch unklarer, harrt noch der Klärung, oder muß einfach als Abfall in den Winkel gekehrt werden." [PU II, xi, S. 200a.]

453. Es ist hier für uns die ungeheure Gefahr, feine Unterschiede machen zu wollen. Ähnlich ist es, wenn man den Begriff des physikalischen Körpers aus dem 'wirklich Gesehenen' erklären will. Es ist vielmehr das uns wohlbekannte Sprachspiel *hinzunehmen*, und *falsche* Erklärungen sind als solche zu kennzeichnen. Das primitive, uns ursprünglich beigebrachte Sprachspiel bedarf keiner Rechtfertigung, falsche Versuche der Rechtfertigung, die sich uns aufdrängen, bedürfen der Zurückweisung. [Vgl. PU II, xi, S. 200b.]

454. Die Begriffsverhältnisse liegen sehr kompliziert.

455. Es ist immer zu trennen der Ausdruck von der Technik. Und der Fall, wenn wir die Technik angeben können, von dem, wenn wir sie nicht angeben können.

448. (The situation here is one of practical necessity, but the means of communication is one that has nothing to do with any previous agreement, definition, or the like, and that otherwise only serves quasi-poetic purposes. But on the other hand normal speech also serves poetic purposes.)

449. The aspects of F: It is as if an *image* came into contact, and for a time remained in contact, with the visual impression. [Cf. *PI* II, xi, p. 207b.]

450. With the black and white cross, however, it is different, and this is more closely related to the *three-dimensional* aspects (for instance, the drawing of a prism).

451. The temptation to say "I see it like *this*", pointing to the same thing for "it" and "this". [Cf. *PI* II, xi, p. 207e.]

452. The concept of 'seeing' makes a tangled impression. Well, it is tangled. — I look at the landscape, my gaze ranges over it, I see all sorts of distinct and indistinct movement; *this* impresses itself sharply on me, *that* is quite hazy. After all, how completely ragged what we see can appear! And now look at all that can be meant by a "description of what is seen"! But this is just what we call that. We don't have a genuine, respectable case of such description, and so we say. "Well, the rest isn't very clear as it is, being something which awaits clarification, or which must just be swept aside as rubbish." [*PI* II, xi, p. 200a.]

453. Here we are in enormous danger of wanting to make fine distinctions. It is the same when one tries to define the concept of a material object in terms of 'what is really seen'. What we have rather to do is to *accept* the familiar language-game, and to note *false* explanations of the matter as false. The primitive language-game we originally learned needs no justification, and false attempts at justification, which force themselves on us, need to be rejected. [Cf. *PI* II, xi, p. 200b.]

454. Conceptual facts have very complicated interrelationships.

455. Expression should always be separated from technique. And also cases where we can indicate the technique from those where we can't.

456. Ich könnte wohl sagen: "Meine Gedanken gehen von *diesem* Bild natürlich zu wirklichem Gras, zu wirklichen Tieren hin: von jenem Bild nie."

457. Man sagt beim Anschauen des Bildes: "*Siehst du* nicht ein Eichhörnchen!" – "*Fühlst* du nicht die Weichheit dieses Pelzes!" – Und man sagt dies bei gewissen Bildern, bei andern nicht.

458. Auf die Idee des Bildwesens, welche nicht unähnlich einer mathematischen Idee ist, komme ich durch *gewisse* Darstellungs-weisen, unter *gewissen* Umständen. Wenn jemand ein von mir geschriebenes Blatt sieht, so wird er, wenn er Lateinschrift lesen und schreiben kann, es leicht ziemlich genau kopieren können. Er braucht es nur lesen und wieder schreiben. Trotz der Abweichungen der Handschrift wird er mit Leichtigkeit ein halbwegs gutes Bild der Linien auf meinem Blatte hervorbringen. Hätte er Lateinschrift nicht lesen und schreiben gelernt, so wäre es ihm nur mit größter Mühe gelungen, jene verschlungenen Linien zu kopieren. Soll ich nun sagen: wer dies gelernt hat, *sähe* das beschriebene Blatt ganz anders, als ein Anderer? – Was wissen wir davon? Es könnte ja sein, daß wir Einem, ehe er schreiben und lesen gelernt hatte, jenes Blatt zu kopieren gaben; und dann wieder, nachdem er schreiben und lesen gelernt hatte. Und er wird uns dann vielleicht sagen: "Ja, jetzt sehe ich diese Linien ganz anders." Er wird auch vielleicht erklären: "Jetzt sehe ich eigentlich nur die Schrift, die ich gerade lese; alles andere ist Drum und Dran, was mich nichts angeht und ich kaum bemerke." Nun, das heißt: er sieht das Bild anders – wenn er nämlich wirklich auch anders darauf reagiert.

Ebenso wird, wer lesen gelernt hat, von dem Blatt, das nach der Länge und Quere beschrieben ist, einen andern Bericht geben können, als wer nicht lesen kann. Und Analoges gilt vom Sprechen und den begleitenden Geräuschen.

459. Es gibt da die Antwort "Ich habe ein ꓩ[1] noch nie daraufhin angeschaut."

460. Denke, Einer antwortete: "Für mich schaut es *immer* in dieser Richtung." – Würden wir seine Antwort nun annehmen? Sie würde uns zu behaupten scheinen, er denke, wann immer er diesen Buchstaben sieht, an solche Zusammenhänge (ganz so, wie man sagt: "Wenn immer ich diesen Menschen sehe, muß ich daran denken, wie er . . .").

---

[1] Im Typoskript kommt kein Buchstabe an dieser Stelle vor. Wir haben diesen Buchstaben nach der entsprechenden Manuskriptstelle kopiert. (*Herausg.*)

456. I might well say: "My thoughts move naturally from *this* picture to real grass, real animals; but from that one, never."

457. One looks at a picture and says: "Don't you *see* a squirrel!" – "Don't you *feel* the softness of this fur!" – And this is said of certain pictures, but not of others.

458. I get the idea of the essence of a picture – an idea not unlike that of a mathematical idea – through *certain* modes of representation, in *certain* circumstances. If someone sees something I've written, then if he can read and write the Roman alphabet, he'll be able to copy it quite exactly. He has only to read it, and then write it out. Despite our different handwriting styles he'll have no difficulty producing a fairly acceptable reproduction of the lines on my sheet of paper. But if he hadn't learned to read and write the Roman alphabet then it would have been much more difficult for him to copy the maze of lines. Now, should I say: Whoever has learned these things would *see* my handwriting completely differently from someone who had not? – What do we know about this? It could be that we gave someone that sheet of paper to copy before he had learned to read and write; and then again, after he had learned to read and write. And then he might tell us: "Oh yes, now I see these lines completely differently." Possibly he might also explain: "Now all I really see is the writing that I'm reading; all else is floss, which doesn't concern me, and which I hardly notice." Well this means that he sees the picture differently – when, that is, he actually does react to it differently.

Likewise, compared to someone who can't read, someone who can will be able to give a different account of a sheet of paper criss-crossed with writing. And this analogy holds too for speaking and its accompanying sounds.

459. To this there is the answer, "I have never looked at a J [1] with that in mind."

460. Suppose someone were to answer: "For me it is *always* facing in that direction." – Would we accept his answer? It would seem to assert that he always thinks of such connections whenever he looks at that letter (just as we say: "Whenever I see this man, I have to think of how he . . .").

---

[1] There is no letter at this point in the typescript. We have taken it from the manuscript. (*Eds.*)

461. Aber wenn wir nun das Bild eines Gesichts, oder ein wirkliches Gesicht sehen, – kann man hier auch sagen: Ich sehe es nur solange in dieser Richtung schauen, als ich mich *so* damit beschäftige? – Was ist der Unterschied? Die Mitteilung "Dieses Gesicht schaut nach rechts" ist, für gewöhnlich, eine über die Lage des Gesichts. Ich mache sie Einem, der selbst das Gesicht nicht sieht. Es ist die Mitteilung einer Wahrnehmung.

462. Zeigt dies nun aber, daß es sich in diesen Fällen um ein 'Sehen' nicht handeln kann – sondern etwa um ein Denken? Dagegen spricht schon, daß man überhaupt von einem Sehen reden will. – Soll ich also sagen, es ist hier ein Phänomen zwischen Sehen und Denken? Nein; aber ein Begriff, der zwischen dem des Sehens und dem des Denkens liegt, d.h., mit beiden Ähnlichkeit hat; und Phänomene, die mit denen des Sehens und Denkens verwandt sind (z.B. das Phänomen der Äußerung "Ich sehe das F nach rechts schauen").

463. Wie merkt man, daß die Menschen räumlich *sehen*? Ich frage Einen, wie das Terrain liegt, das er überschaut. "Liegt es *so*?" (räumliche Geste) – "Ja." – "Woher weißt du das?" – "Es ist nicht neblig, ich sehe ganz klar." – Es werden keine Gründe für die *Vermutung* angegeben. Es ist uns einzig natürlich, das Geschaute räumlich darzustellen; während es für die ebene Darstellung, sei es durch Zeichnung oder durch Worte, besonderer Übung und eines Unterrichts bedarf. Die Sonderbarkeit der Kinderzeichnungen. [PU II, xi, S. 198d.]

464. Was fehlt dem, der die Frage nicht versteht, nach welcher Seite der Buchstabe F schaue, wo ihm etwa eine Nase zu malen wäre?

Oder dem, der nicht findet, beim öftern Wiederholen eines Wortes gehe diesem etwas verloren; seine Bedeutung; und es werde nun ein bloßer Klang?

Wir sagen "Zuerst war etwas da wie eine Vorstellung".

465. Ist es dies, daß er einen Satz nicht wie die Verstehenden genießen, beurteilen kann; daß der Satz für ihn nicht lebt (mit allem, was das in sich schließt); daß das Wort nicht das Aroma seiner Bedeutung hat? Daß er sich also in vielen Fällen anders zu einem Wort verhält als wir? – Es *könnte* so sein.

466. Wenn ich aber eine Melodie mit Verständnis höre, geht da nicht etwas Besonderes in mir vor – was nicht vorgeht, wenn ich sie verständnislos höre? Und *was*? – Es kommt keine Antwort; oder was

461. But if we now see the picture of a face, or even a real face – can we also say: I only see it looking in this direction so long as I am occupied with it *in this way*? – What is the difference? The report: "This face is looking to the right" – usually refers to the position of the face. I make it to someone who doesn't see the face himself. It is the report of a perception.

462. But does this then show that it can't be a matter of 'seeing' in these cases – but it is one of 'thinking', perhaps? What makes this quite unlikely is that we want to talk about 'seeing' in the first place. – So should I say that it is a phenomenon between seeing and thinking? No; but a concept that lies between that of seeing and thinking, that is, which bears a resemblance to both; and the phenomena which are akin to those of seeing and thinking (e.g. the phenomena of the utterance "I see the F facing to the right").

463. How does one tell that human beings *see* three-dimensionally? I ask someone about the lie of the land of which he has a view. "Is it like *this*?" (a spacial gesture) – "Yes." – "How do you know?" – "It's not misty, I see quite clearly." – He does not give reasons for the *surmise*. The only thing that is natural to us is to represent what we see three-dimensionally; special practice and training are needed for two-dimensional representation whether in drawing or words. The queerness of children's drawings. [*PI* II, xi, p. 198d.]

464. What is lacking to anyone who doesn't understand the question which way the letter F is facing, where, for example, to paint a nose on?

Or to anyone who doesn't find that a word loses something when it is repeated several times, namely, its meaning; or to someone who doesn't find that it then becomes a mere sound?

We say: "At first something like an image was there."

465. Is it that such a person is unable to appreciate a sentence, judge it, the way those who understand it can? Is it that for him the sentence is not alive (with all that that implies)? Is it that the word does not have an aroma of meaning? And that therefore he will often react differently to a word than we do? – It *might* be that way.

466. But if I hear a tune with understanding, doesn't something special go on in me – which does not go on if I hear it without understanding? And *what*? – No answer comes; or anything that

mir einfällt, ist abgeschmackt. Ich kann wohl sagen: "Jetzt habe ich sie verstanden", und nun etwa über sie reden, sie spielen, sie mit andern vergleichen, etc. *Zeichen* des Verständnisses mögen das Hören begleiten. [Z 162.]

467. Es ist falsch, das Verstehen einen Vorgang zu nennen, der das Hören begleitet. (Man könnte ja auch die Äußerung davon, das ausdrucksvolle Spiel, nicht eine Begleitung des Hörens nennen.) [Z 163.]

468. Denn wie läßt sich erklären, was 'ausdrucksvolles Spiel' ist? Gewiß nicht durch etwas, was das Spiel begleitet. – Was gehört also dazu? Eine Kultur, möchte man sagen. – Wer in einer bestimmten Kultur erzogen ist, – dann auf Musik so und so reagiert, dem wird man den Gebrauch des Wortes "ausdrucksvolles Spiel" beibringen können. [Z 164.]

469. Das Verstehen eines Themas ist weder eine Empfindung, noch eine Summe von Empfindungen. Es ein Erlebnis zu nennen, ist aber dennoch insofern richtig, als *dieser* Begriff des Verstehens manche Verwandtschaften mit andern Erlebnisbegriffen hat. Man sagt "Ich habe diese Stelle diesmal ganz anders erlebt". Aber doch 'beschreibt' dieser Ausdruck 'was geschah' nur für den, der mit einem besondern Begriffssystem vertraut ist. (Analogie: "Ich habe die Partie gewonnen.")[1] [Z 165.]

470. Beim Lesen schwebt mir *das* vor. So geht also etwas beim Lesen vor sich . . .? Diese Frage führt ja nicht weiter. [Z 166.]

471. Wie kann mir doch das vorschweben? Nicht in den Dimensionen, an die du denkst. [Z 167.]

472. Gewisses am Sehen kommt uns rätselhaft vor, weil uns das ganze Sehen nicht rätselhaft genug vorkommt. [PU II, xi, S. 212f.]

473. Daß jemand einen deutlich gemalten Würfel räumlich sieht, wissen wir Alle. Er kann, was er sieht, vielleicht nicht einmal anders als räumlich beschreiben. Und, daß Einer so ein Bild auch flach sehen *könnte*, ist klar. Wenn er nun abwechselnd das Bild einmal so, einmal so sieht, hat er das Erlebnis eines Wechsels des Aspekts. Was ist dann

---

[1] Var. "Aber doch sagt dieser Ausdruck *'was geschah'* nur für den (also auch nur für den Sprecher), der in einer besondern, diesen Situationen angehörigen Begriffswelt zu Hause ist."

occurs to me is insipid. I may indeed say: "Now I've understood it," and perhaps talk about it, play it, compare it with others etc. *Signs* of understanding may accompany hearing. [Z 162.]

467. It is wrong to call understanding a process that accompanies hearing. (Of course its manifestation, expressive playing, cannot be called an accompaniment of hearing either.)[Z 163.]

468. For how can it be explained what 'expressive playing' is? Certainly not by anything that accompanies the playing. – What is needed for the explanation? One might say: a culture. – If someone is brought up in a particular culture – and then reacts to music in such-and-such a way, you can teach him the use of the phrase "expressive playing".[Z 164.]

469. The understanding of a theme is neither sensation nor a sum of sensations. Nevertheless it is correct to call it an experience inasmuch as *this* concept of understanding has some kinship with other concepts of experience. You say "I experienced that passage quite differently this time". But still this expression 'describes what happened' only for someone familiar with a particular system of concepts. (Analogy: "I won the match.")[1] [Z 165.]

470. *This* floats before my mind as I read. So does something go on in reading. . .? This question doesn't get us anywhere. [Z 166.]

471. But how can it float before me? Not in the dimensions you are thinking of. [Z 167.]

472. We find certain things about seeing puzzling, because we do not find the whole business of seeing puzzling enough. [*PI* II, xi, p. 212f.]

473. We all know that a cube which is clearly depicted will be seen three-dimensionally. One might not even be able to describe what one sees in anything other than three-dimensional terms. And it is clear that someone *could* also see this picture as flat. Now, if he alternately sees the picture in one way, then in the other, he is

---

[1] Var. "But still this expression tells you *'what happened'* only if you are at home in the special conceptual world that belongs to these situations (and this holds for the speaker too)."

daran das Staunenerregende? – Ist es dies: daß hier der Bericht "Ich sehe jetzt . . ." nicht mehr Bericht über den wahrgenommenen Gegenstand sein kann. Denn früher war ja "Ich sehe auf diesem Bild einen Würfel" der Bericht über den Gegenstand, welchen ich anblicke.

474. Das Unbegreifliche ist ja doch, daß sich *nichts* geändert hat, und sich doch *Alles* geändert hat. Denn nur so kann man es ausdrücken. Nicht *so*: es habe sich in *einer* Beziehung nicht verändert, wohl aber in einer andern. Daran wäre nichts Seltsames. "Es hat sich nichts geändert" heißt aber: Ich habe kein Recht, meinen Bericht über das Gesehene zu ändern, ich sehe nach wie vor dasselbe – bin aber, auf unbegreifliche Weise, gezwungen ganz verschiedenes zu berichten.

475. Und es ist nicht *so*: Ich sehe das Bild eben als einen der unendlich vielen Körper, dessen Projektion es ist; – sondern *nur* als *diesen* – oder als *diesen*. Das Bild *ist* also abwechselnd der eine und der andere.

476. Wir haben jetzt ein Sprachspiel, das in merkwürdiger Weise *gleich*, und in merkwürdiger Weise *verschieden* von dem frühern ist. Die Konsequenzen aus dem Ausdruck "Ich sehe jetzt . . ." sind nun gänzlich andere; obwohl doch wieder enge Verwandtschaft der Sprachspiele besteht.

477. Daß das Auge (der Punkt in unserm Bild) in einer Richtung blickt, hätte uns gar nicht in Staunen versetzt – bis es die Blickrichtung *geändert* hatte.

478. Die Frage liegt nahe: Könnten wir uns Menschen denken, die nie etwas *als etwas* sähen? Würde diesen ein wichtiger Sinn fehlen; ähnlich als wären sie farbenblind oder als fehlte ihnen absolutes Gehör? Nennen wir solche Menschen einmal "gestaltblind" oder "aspektblind".

479. Da wird es sich fragen, für welche *Art* von Aspekt Einer blind ist. Soll ich z.B. annehmen, daß er das Würfelschema nicht einmal *so*, einmal anders im Raum sehen kann? Ist es so, so werde ich konsequenterweise annehmen müssen, er könne das Bild eines Würfels nicht als Würfel, also das Bild eines räumlichen Gegenstandes nicht als solchen sehen. Er hätte also zu Bildern überhaupt eine andere Einstellung als wir. Es könnte die sein, die wir zu einer

experiencing a change of aspect. What is so amazing about *that*? – Is it this: that the report "Now I see . . ." can no longer be a report about the object that is perceived. For earlier "I see a cube in this picture" was a report about the object I am looking at.

474. What is incomprehensible is that *nothing*, and yet *everything*, has changed, after all. That is the only way to put it. Surely *this* way is wrong: It has not changed in *one* respect, but has in another. There would be nothing strange about that. But "Nothing has changed" means: Although I have no right to change my report about what I saw, since I see the same things now as before – still, I am incomprehensibly compelled to report completely different things, one after the other.

475. And it is *not* like this: I simply see the picture as one of an infinitely large number of bodies, whose projection it is; – rather, I see it *only* as *this* – or as *that*. So the picture *is* alternately one and the other.

476. We now have a language-game that is remarkably the *same* as, and remarkably *different* from, the previous one. Now what follows from the expression "Now I see . . ." is completely different, even though there is once again a close relationship between the language-games.

477. We wouldn't have been surprised that the eye (the dot on our picture) is looking in one direction – unless it *changed* the direction in which it looked.

478. This question naturally suggests itself: Can we imagine people who never see anything *as anything*? Would they be lacking an important sense, such as if they were colour-blind or they lacked perfect pitch? For the time being let us call such people "gestalt-blind" or "aspect-blind".

479. Here the question will arise: To what *kind* of aspect is someone blind. Should I assume, for example, that he cannot see the schematic cube three-dimensionally, first *one* way, then another? If this is to be the case, then in consistency I should have to suppose that he couldn't see the picture of a cube as a cube, and therefore couldn't see the picture of a three-dimensional object as a three-dimensional object. So he would generally have a different attitude toward pictures than we do. It might be the kind of attitude which we have toward a

Blaupause haben. Er wäre z.B. im Stande, nach einer bildlichen Darstellung zu arbeiten. – Aber hier ist die Schwierigkeit, daß er ein Bild dann nie für einen räumlichen Gegenstand halten dürfte, wie wir z.B. manchmal eine Scheinarchitektur. Und *das* könnte man nicht wohl eine 'Blindheit' nennen; eher das Gegenteil. (Diese Untersuchung ist keine psychologische.)

480. Es läßt sich ja natürlich vorstellen, daß Einer nie einen Wechsel des Aspekts sieht; indem der räumliche Aspekt eines jeden Bildes für ihn immer stabil bleibt. Aber diese Annahme *interessiert uns nicht*.

481. Es ist aber denkbar, und für uns auch wichtig, daß Leute ein von dem unsern ganz verschiedenes Verhältnis zu Bildern haben könnten.

482. Wir könnten uns also Einen denken, der nur ein gemaltes Gesicht als Gesicht sähe, aber nicht eines, das aus einem Kreis und vier Punkten besteht. Der also das Hasen–Entenbild nicht als Bild eines Tierkopfes sieht, und daher auch nicht den Aspektwechsel, welchen wir kennen.

483. Einer soll das Bild eines Laufenden nicht als Bild der Bewegung sehen können: Wie würde es sich zeigen? Ich nehme an, er habe *gelernt*, daß so ein Bild einen Läufer darstellt. So kann er also sagen, es sei ein Läufer; wie wird er sich dann von den normalen Menschen unterscheiden? Er wird für die Darstellung der Bewegung in einem Bild überhaupt nicht Verständnis zeigen, – werde ich annehmen. Und was würden wir Zeichen dieses mangelnden Verständnisses nennen? – Das können wir uns unschwer ausmalen. (Wenn aber ein Solcher nun jedes Bild sehen und genau kopieren könnte, so würden wir gewiß von ihm nicht sagen, sein Gesichtssinn sei mangelhaft.)

Es ist ja klar, daß der Schüler, der nur eben erst mit dem Begriff 'Spitze', 'Grundlinie', etc. Bekanntschaft gemacht hat, daß für den die Worte "Ich sehe jetzt *das* als Spitze – jetzt *das*" keinen Sinn haben werden. Aber das meinte ich nicht als einen Erfahrungssatz. [b: Vgl. PU II, xi, S. 208e.]

484. Nur von dem würde man sagen, er sehe es jetzt *so*, jetzt *so*, der *im Stande ist*, mit Geläufigkeit allerlei Anwendungen von der Figur zu machen. [PU II, xi, S. 208e.]

485. Wie seltsam aber, daß dies die Bedingung sein soll, daß er das und das *erlebt*! Du sagst doch nicht, daß nur der Zahnschmerzen hat,

blueprint. For example, he would be able to work according to a pictorial representation. – But then we face the difficulty that it would never be possible for him to take a picture for a three-dimensional object, as we do sometimes with *trompe l'oeil* architecture. And *that* could not very well be called a sort of blindness; on the contrary. (This investigation is not psychological.)

480. Of course it is imaginable that someone might never see a change of aspect, the three-dimensional aspect of every picture always remaining constant for him, for example. But this assumption *doesn't interest us*.

481. It is conceivable, however, and also important for us, that some people might have a completely different relation to pictures than we do.

482. Thus we could imagine someone who would see only a painted face as a face, but not one that consists of a circle and four dots; who wouldn't see the duck–rabbit picture as a picture of the head of an animal, and therefore wouldn't see the change of aspect with which we are familiar.

483. Let's assume that someone cannot see the picture of a runner as a picture of motion: How would this come out? I'm assuming that he has *learned* that such a picture as this portrays a runner. Thus that he can say that it is a runner; how will this man differ from normal human beings? I shall assume that he will show absolutely no understanding that motion is being represented in a picture. And what would we call the signs of this defective understanding? – We can easily fill out the picture. (But if such a man were able to see any picture and then copy it exactly, we certainly wouldn't say of him that his visual sense was deficient.)

Clearly the words "Now I am seeing *this* as the apex – now *that*" won't mean anything to a learner who has only just met the concepts apex, base, and so on. But I did not mean this as an empirical proposition. [b: cf. *PI* II, xi, p. 208e.]

484. "Now he's seeing it like *this*", "now like *that*" would only be said of someone *capable* of making all sorts of applications of the figure quite freely. [*PI* II, xi, p. 208e.]

485. But how queer for this to be the condition of his having such-and-such an *experience*! After all, you don't say that one only has

der das und das zu tun im Stande sei. Woraus eben folgt, daß wir's hier nicht mit dem selben Erlebnisbegriff zu tun haben.

Der Erlebnisbegriff ist jedesmal ein anderer, wenn auch ein verwandter. [PU II, xi, S. 208f.]

486. Wir sprechen, machen Äußerungen, und erst *später* erhalten wir ein Bild von ihrem Leben. [PU II, xi, S. 209a.]

487. Man könnte sich aber diese Art und Weise denken, dem Schüler jenes Sehen beizubringen: Man zeichnet zu dem Dreieck ein zweites

hin, welches das noch nicht umgestürzte ist.[1]  Später

läßt man dies aus und er kann nun das Dreieck als umgefallen sehen. – Muß er denn aber diese Illustration verstehen, oder doch richtig sehen? – Es könnte sein, daß sie ihn nur noch verwirrt.

Wem jene Illustration nichts sagt, zu dem werden auch andere Bilder nicht sprechen wie zu uns, er wird auf sie nicht so reagieren wie wir. (Nicht erfahrungsmäßig.) Analogie mit dem Bild des laufenden Pferdes.

488. Es ist nichts weniger als selbstverständlich, daß wir mit zwei Augen 'räumlich' sehen. Wenn die beiden Gesichtsbilder in eins verschmelzen, könnte man sich als Resultat ein verschwommenes erwarten, analog einer verwackelten Photographie. [PU II, xi, S. 213b.]

489. Eine Geheimsprache, die ich mit Einem vereinbare, worin "Bank" Apfel bedeutet. Gleich nach der Vereinbarung sage ich ihm "Schaff diese Bänke fort!" – Er versteht mich und tut es; aber das Wort "Bank" kommt ihm in dieser Verwendung noch immer fremdartig vor, und er mag bei ihm die Vorstellung von einer Bank haben. [Vgl. PU II, xi, S. 214f.]

490. Was würde man von dem sagen, der das Würfelschema nicht einmal als stehende, einmal als liegende Schachtel sehen kann? Ist dies nicht, wenn es ein Defekt ist, eher einer der Phantasie, als des Gesichtssinns?

---

[1] Im Typoskript kommt kein Bild vor. Dieses Bild haben wir dem Manuskript entnommen. (*Herausg.*)

toothache if one is capable of doing such-and-such. From this it follows that we're not dealing with the same concept of experience here.

The concept of experience is different each time, even though related. [*PI* II, xi, p. 208f.]

486. We speak, make utterances, but only *later* do we form a picture of their life. [*PI* II, xi, p. 209a.]

487. We could, however, imagine the following way of teaching the

pupil to see it that way: In addition to the first

triangle we draw a second one, which is the one that hasn't toppled over yet.[1] Later we omit the second triangle, and now the student can see the first one as toppled over. – But does he have to understand the illustration, or at least see it correctly? – It might merely add to his confusion.

If that illustration says nothing to someone, then other pictures won't speak to him either, as they do to us; he will not react to them as we do. (Not empirically.) Analogy with the picture of the galloping horse.

488. It is anything but a matter of course that we see 'three-dimensionally' with two eyes. If the two visual images are amalgamated, we might expect a blurred one as a result, like a wobbled photograph. [*PI* II, xi, p. 213b.]

489. A code which I and another man have agreed on, in which "bench" means apple. Immediately after we agree I say to him: "Take these benches away!" – He understands me, and does it; but he still feels the word "bench" to be strange in this use, and when he hears it he might have the image of a bench. [Cf. *PI* II, xi, p. 214f.]

490. What would we say of someone who couldn't see the schematic cube now as an upright box, now as one lying on its side? If this is a defect, isn't it one of the imagination rather than of visual sense?

---

[1] There is no picture in the typescript. We have taken it from the manuscript. (*Eds.*)

491. Aber welch merkwürdige Methode! – Ich bilde einen Begriff und frage mich, wie er konsequent durchzuführen wäre. Was "seine konsequente Durchführung" für uns zu heißen verdiente. Wir sehen ein Gemälde zwar räumlich, es wäre uns nicht leicht, es als Aggregat ebener Farbflächen zu beschreiben, aber was wir im Stereoskop sehen, schaut noch ganz anders räumlich aus. Wer eine Photographie betrachtet, von Menschen, Häusern, Bäumen etwa, dem scheint Räumlichkeit an ihr nicht abzugehen! ((Zu der Bemerkung über das räumliche Sehen mit beiden Augen.)) [Vgl. PU II, xi, S. 213a.]

492. Ich kann das Würfelschema als Schachtel sehen, aber *nicht*: einmal als Papier-, einmal als Blechschachtel. – Was sollte ich dazu sagen, wenn jemand mich versicherte, er könnte die Figur als *Blech*schachtel sehen? Sollte ich antworten, das sei kein *Sehen*? Aber, wenn nicht sehen, könnte er es also *empfinden*?

Es wäre natürlich plausibel, zu antworten: nur was in Wirklichkeit gesehen werden könnte, könne man sich so *visuell* vorstellen. ((Das Wissen im Traum.)) [Vgl. PU II, xi, S. 208b.]

493. Die Erfahrung, wenn man aus dem Kino auf die Straße tritt, und Straße und Menschen sieht, als wären sie auf dem Lichtschirm und Teil einer Filmhandlung. Woran liegt es? *Wie* sieht man die Straße und die Menschen? Ich könnte nur sagen: ich habe z.B. den flüchtigen Gedanken "Vielleicht wird *dieser* Mann eine Hauptperson im Stück sein". Aber das allein ist es nicht. Meine Einstellung ist irgendwie die zu den Vorgängen auf der Leinwand. Etwa wie eine milde Neugierde, ein Vergnügen. – Aber das alles kann ich zuerst gar nicht sagen.

494. Gehört dazu, etwas als Variation eines bestimmten Themas zu hören, nicht Phantasie? Und doch nimmt man dadurch etwas wahr. [PU II, xi, S. 213c.]

495. "Stell dir *das* so geändert vor, so hast du das andere." Im allgemeinen möchte man sagen, die Vorstellungskraft könne ein Bild, eine Demonstration ersetzen. [Vgl. PU II, xi, S. 213d.]

496. Die Aspekte des doppelten Kreuzes kann man einfach dadurch ausdrücken, daß man einmal auf ein weißes Kreuz, einmal auf ein schwarzes zeigt, darauf also, worauf man auch bei der Frage wiese "Ist in der Figur auf diesem Papier *dies* enthalten?" – Die gleiche Frage könnte man bezüglich des Hasen-Enten-Bildes stellen. Es ist aber auch klar, daß hier jeder Fall etwas von dem andern abweicht.

491. But what a strange method! – I form a concept and ask myself how one might follow through with it consistently. What we feel would deserve to be called that. To be sure, we do see a painting three-dimensionally, and we would have a hard time describing it as a composite of flat colour surfaces, but what we see in a stereoscope looks three-dimensional in an entirely different way again. Someone who looks at a photograph, whether it is one of human beings, houses, or trees, doesn't seem to miss three-dimensionality in it! ((To the remark about seeing three-dimensionally with both eyes.)) [Cf. *PI* II, xi, p. 213a.]

492. I can see the schematic cube as a box, but *not*: now as a paper box, now as a tin box. – What ought I to say if someone assured me he could see the figure as a *tin* box? Should I answer that that isn't *seeing*? But if he couldn't see, could he then *sense* it?

Of course it would be plausible if we said to him: Only what can really be seen can be *visually* imagined in that way. ((Knowing in dreams.)) [Cf. *PI* II, xi, p. 208b.]

493. When you come out of a movie onto the street, you sometimes have the experience of seeing the street and the people as if they were on the screen and part of the plot of a movie. How come? *How* does one see the street and the people? I can only say: I have the fleeting thought, for example, "Perhaps *this* man will be a main character in the plot". But that's not all there is to it. Somehow my attitude toward the street and the people is like the one toward the action on the screen. Perhaps something like mild curiosity, or enjoyment. – But initially I can't even say all that.

494. Doesn't it take imagination to hear something as a variation on a particular theme? And yet one is perceiving something in so hearing it. [*PI* II, xi, p. 213c.]

495. "Imagine *this* changed like this, and you have this other thing." In general, one would like to say that the power of imagination can substitute for a picture, or a demonstration. [Cf. *PI* II, xi, p. 213d.]

496. One can express the aspects of the double-cross simply by pointing first to a white cross, then to a black one, which is to say, to the same things someone would point to if he were asking "Is *this* contained in the figure on this paper?" – The same question could be asked about the duck–rabbit picture. But it is also clear that each case here differs slightly from the other.

Denn, um die Aspekte dieses Bilds auszudrücken, zeigt man z.B. auf etwas, was nicht im Bild enthalten ist, wie das schwarze Kreuz im Doppelkreuz.

497. Du redest doch vom *Verstehen* der Musik. Du verstehst sie doch, *während* du sie hörst! Sollen wir davon sagen, es sei ein Erlebnis, welches das Hören begleite? [Z 159.]

498. Ich gebe Zeichen des Entzückens und des Verständnisses.

Ist es Wortklauberei: Freude, Genuß, Entzücken seien nicht Empfindungen? – Fragen wir uns einmal: Wieviel Analogie besteht denn zwischen dem Entzücken und dem, was wir z.B. "Sinnesempfindungen" nennen? [a: Z 515; b: Z 484.]

499. Das Bindeglied zwischen ihnen wäre der Schmerz. Denn sein Begriff ähnelt dem der Tastempfindung, z.B. (durch die Merkmale der Lokalisierung, echten Dauer, Intensität, Qualität) und zugleich dem der Gemütsbewegungen durch den Ausdruck (Mienen, Gebärden, Laute). [Z 485.]

500. Wie weiß ich, daß Einer entzückt ist? Wie lernt man den sprachlichen Ausdruck des Entzückens? Woran knüpft er sich? An den Ausdruck von Körperempfindungen? Fragen wir Einen, was er in der Brust, in den Gesichtsmuskeln spürt, um herauszufinden, ob er Genuß empfindet? [Z 168.]

501. Heißt das aber, es gäbe nicht doch Empfindungen, die oft beim Genießen der Musik wiederkehren? Durchaus nicht. (Bei manchen Stellen mag ihm das Weinen kommen und er spürt es im Kehlkopf.)

Ein Gedicht macht uns beim Lesen einen Eindruck. "Fühlst du dasselbe, während du es liest, wie wenn du etwas Gleichgültiges liest?" – Wie habe ich auf diese Frage antworten gelernt? Ich werde vielleicht sagen: "Natürlich nicht!" – was soviel heißt wie: mich ergreift *dies*, und das andere nicht. "Ich erlebe dabei etwas anderes." – Und welcher Art ist dies? – Ich kann nichts Befriedigendes antworten. Denn, was ich angebe, ist nichts Wichtiges. – "Hast du aber nicht *während* des Lesens genossen?" Freilich – denn die entgegengesetzte Antwort hieße: ich hätte es früher, oder später genossen; und das will ich nicht sagen.

Aber nun erinnerst du dich an gewisse Empfindungen und Vorstellungen und Gedanken beim Lesen, und zwar solche, die für das Genießen, für den Eindruck nicht irrelevant waren. – Aber von denen möchte ich sagen, sie hätten ihre Richtigkeit nur durch ihre Umgebung erhalten: durch das Lesen des Gedichts, durch meine

For in order to express the aspects of this picture, one points to something that is not contained in the picture, such as the black cross in the double cross.

497. But you do speak of *understanding* music. You understand it, surely, *while* you hear it! Ought we to say this is an experience which accompanies the hearing? [Z 159.]

498. I give signs of delight and comprehension.
Is it hair-splitting to say: joy, enjoyment, delight, are not sensations? — Let us at least ask ourselves: How much analogy is there between delight and what we call, e.g. "sensation"? [a: Z 515; b: Z 484.]

499. The connecting link between them would be pain. For this concept resembles that of, e.g., tactile sensation (through the characteristics of localization, genuine duration, intensity, quality) and at the same time that of the emotions through its expression (facial expressions, gestures, noises). [Z 485.]

500. How do I know that someone is enchanted? How does one learn the linguistic expression of enchantment? What does it connect up with? With the expression of bodily sensations? Do we ask someone what he feels in his breast and facial muscles in order to find out whether he is feeling enjoyment? [Z 168.]

501. But does that mean that there aren't any sensations after all which often return when one is enjoying music? Certainly not. (In some places he is near weeping, and he feels it in his throat.)
A poem makes an impression on us as we read it. "Do you feel the same while you read it as when you read something indifferent?" — How have I learnt to answer this question? Perhaps I shall say "Of course not!" — which is as much as to say: *this* takes hold of me, and the other not. "I experience something different." — And what kind of thing? — I can give no satisfactory answer. For the answer I give is nothing of importance. — "But didn't you enjoy it *during* the reading?" Of course — for the opposite answer would mean: I enjoyed it earlier or later, and I don't want to say that.
But now you remember certain sensations and images and thoughts as you read, and they are such as were not irrelevant for the enjoyment, for the impression. — But I should like to say that they get their correctness only from their surroundings: through the

Kenntnis der Sprache, des Metrums und unzähliger anderer Dinge. (Diese Augen lächeln nur in *diesem* Gesicht und in *diesem* zeitlichen Zusammenhang.)

Du mußt dich doch fragen, wie haben wir den Ausdruck "Ist das nicht herrlich!" (z.B.) überhaupt gelernt? – Niemand erklärte ihn uns, indem er sich auf Empfindungen, Vorstellungen, oder Gedanken bezog, die das Hören begleiten! Ja, wir würden nicht bezweifeln,[1] daß er's genossen hat, wenn er keine solchen Erlebnisse anzugeben wüßte; wohl aber, wenn es sich zeigte, daß er gewisse Zusammenhänge nicht versteht. [a: Vgl. Z 169; b, c, d: Vgl. Z 170.]

502. Aber zeigt sich das Verständnis nicht z.B. darin, mit welchem Ausdruck Einer das Gedicht liest, die Melodie singt? Gewiß. Aber was ist nun hier das Erlebnis während des Lesens? Da müßte man ja sagen: der genieße und verstehe es, der es gut gelesen hört, oder in den Sprechorganen fühlt. [Z 171.]

503. Man kann auch vom Verstehen einer musikalischen Phrase sagen, es sei das Verstehen einer *Sprache*. [Z 172.]

504. Ich denke an eine ganz kurze von nur zwei Takten. Du sagst "Was liegt nicht alles in ihr!" Aber es ist nur, sozusagen, eine optische Täuschung, wenn du denkst, beim Hören gehe vor, was in ihr liegt. (Denk doch daran, daß wir manchmal sagen, und ganz mit Recht: "Es kommt drauf an, *wer's* sagt.") (Nur in dem Fluß der Gedanken und des Lebens haben die Worte Bedeutung.) [Z 173.]

505. Nicht *das* enthält die Täuschung: "*Jetzt* habe ich's verstanden." – und nun folgt vielleicht eine lange Erklärung dessen, was ich verstanden habe. [Z 174.]

506. Wie hängt das Sehen eines Aspekts zusammen mit der Fähigkeit zu operieren (z.B. in der Mathematik)? Denk an das räumliche Sehen in der darstellenden Geometrie und das Operieren in der Zeichnung. Er bewegt sich mit dem Stift auf der Zeichenfläche, als bewegte er sich im wirklichen Körper. Wie aber kann das ein Beweis des *Sehens* sein?

Nun, ist es uns nicht auch ein Beweis des Sehens, wenn sich Einer mit Sicherheit im Zimmer umherbewegt? Es gibt eben verschiedene Kriterien des Sehens. Frag dich: Muß Einer, der Tiere, Menschen, und allerlei Gegenstände gut nach Vorstellung oder Erinnerung zeichnen kann, sie dazu vor dem innern Auge sehen? Die Antwort könnte sein: "In so einem Fall *sagen* wir eben . . ." – aber auch: "Man muß den Zeichner fragen, ob er's tut oder nicht."

[1] Im TS: "verzweifeln". (*Herausg.*)

reading of this poem, from my *knowledge* of the language, with its meter and with innumerable other things. (These eyes smile only in *this* face and in *this* temporal context.)

You must ask how we learnt the expression "Isn't that glorious!" (e.g.) at all. — No one explained it to us by referring to sensations, images or thoughts that accompany hearing! Nor should we doubt whether he had enjoyed it if he had no account to give of such experiences; though we should, if he showed that he did not understand certain tie-ups. [a: cf. Z 169; b, c, d: cf. Z 170.]

502. But isn't understanding shown, e.g., in the expression with which someone reads the poem, sings the tune? Certainly. But what is the experience during the reading? About that you would just have to say: you enjoy and understand it if you hear it well read, or feel it well read in your speech-organs. [Z 171.]

503. Understanding a musical phrase may also be called understanding a *language*. [Z 172.]

504. I think of a quite short phrase, consisting of only two bars. You say "What a lot that's got in it!" But it is only, so to speak, an optical illusion if you think that what is there goes on as we hear it. (Consider that sometimes we say, and say rightfully: "It all depends *who* says it".) (Only in the stream of thought and life do words have meaning.) [Z 173.]

505. What contains the illusion is not *this*: "*Now* I've understood" — followed perhaps by a long explanation of what I have understood. [Z 174.]

506. How does seeing an aspect hang together with the ability to perform certain operations (e.g. in mathematics)? Think of seeing three-dimensionally in descriptive geometry and operating within the drawing. He moves his pencil on the surface of the drawing as if he were moving within the real object. But how can that be proof of *seeing*?

Well, don't we accept it as proof of seeing if somebody moves about a room with confidence? There are simply different criteria for seeing. Ask yourself: does someone who has no trouble picturing animals, people, and all sorts of things in his imagination, or in his memory, have to see them with his inner eye? The answer could be: "In such a case we simply *say* . . ." — But it could also be: "You have to ask the person doing the drawing whether he's doing this or not."

507. Es ist nun ein Zusammenhang zwischen Aspekt und Phantasie.

508. Die Aspekte von Mantel und Grundfläche. Was fehlt dem, der für sie blind wäre? – Es ist nicht unsinnig, zu antworten: Vorstellungskraft.

509. Bedenke, daß es für einen Aspekt oft ein 'treffendes' Wort gibt. Läßt man z.B. Einen das Doppelkreuz ansehen und berichten, welchen der *beiden* Aspekte (schwarzes Kreuz oder weißes Kreuz) er sehe, so mag es uns gleichgültig sein, ob er sagt, er sehe das eine Mal etwas wie ein weißes Windmühlchen mit vier Flügeln, das andere Mal ein stehendes schwarzes Kreuz, oder ob er das weiße Kreuz als vier gegen die Mitte gefaltete Spitzen eines Papiers sieht. Das Kreuz, welches 'jetzt' gesehen wird, kann auch als kreuzförmige *Öffnung* gesehen werden. Aber auf *diese* Unterschiede müßte es uns nicht ankommen; und man könnte also eine Unterscheidung machen zwischen 'rein optischen' und 'begrifflichen' Aspekten. ((Ähnlich könnte es bei der Erzählung eines Traums auf die besondern Worte, mit welchen die Traumsituationen beschrieben werden, ankommen, oder nicht ankommen.))

510. Man könnte nicht verstehen "Sieh F als ⊣ "[1], solange nicht noch etwas ganz anderes gesagt ist. Denn verstünde ich "Sieh dieses Dreieck als jenes Dreieck"?[2] Es muß erst eine begriffliche Verbindung bestehen.

511. "Es sieht jetzt für mich nach links – und nun wieder nach rechts." Also so, wie schon vorher? Nein; früher hatte es für mich keine *Richtung*. Ich umgab es früher nicht mit dieser Welt der Vorstellungen.

512. Die Aufmerksamkeit ist dynamisch, nicht statisch – möchte man sagen. Ich vergleiche das Aufmerken zuerst mit einem Hinstarren: das ist es aber nicht, was ich Aufmerksamkeit nenne; und will nun sagen, ich finde, man *könne* nicht statisch aufmerken. [Z 673.]

513. Einer könnte beim Anblick eines Felsens ausrufen "Ein Mann!" und nun vielleicht dem Andern zeigen, wie er in dem Felsen den Mann sieht, – wo das Gesicht, wo die Füße sind, etc. (Ein anderer könnte in der gleichen Form einen Mann in anderer Weise sehen.)

[1] Den Buchstaben haben wir nach dem Vorbild der entsprechenden Manuskriptstelle kopiert. (*Herausg.*)

[2] Im Manuskript: "Sieh △ als ◿ "? (*Herausg.*)

507. Now there is a tie-up between aspect and imagination.

508. The aspects of surface and base. What would a person who is blind towards these aspects be lacking? – It is not absurd to answer: the power of imagination.

509. Bear in mind that there is frequently a 'right' word for an aspect.
Suppose we have someone look at the double cross and tell us which of the *two* aspects (black cross or white cross) he sees. It will probably be irrelevant whether he says that sometimes he sees something like a little white windmill with four sails and sometimes an upright black cross, or whether he sees the white cross as the four corners of a piece of paper folded toward the middle. The cross which is "now" seen can also be seen as an *opening* in the shape of a cross. But *these* differences needn't matter to us; and therefore one could distinguish between "purely optical" aspects and "conceptual" ones. ((Similarly, the particular words someone uses to describe the events in a dream may or may not matter.))

510. "See F as ⊢ "[1] could not be understood before something quite different has been said. For would I understand "See this triangle as that triangle"?[2] There must first be a conceptual connection.

511. "It seems to me now to be facing left – and now right again." That is, the way it was before? No; earlier it had no *direction* for me. Earlier I didn't surround it with this world of images.

512. Attention is dynamic, not static – one would like to say. I begin by comparing attention to gazing but that is not what I call attention; and now I want to say that I find it is *impossible* that one should attend statically. [Z 673.]

513. Someone might see a boulder and exclaim: "A man!", and then he might point out to someone else how he sees the man in the boulder – where the face is, the feet are, etc. (Someone else might see a man in the same shape, but in a different way.)

[1] We have copied the letter following the manuscript. (*Eds.*)

[2] In the MS: "See △ as ◿ "? (*Eds.*)

Man wird sagen, es sei dazu Phantasie erforderlich. Nicht aber dazu, das naturgetreue Bild eines Hundes als solches zu erkennen.

514. "Er vergleicht den Felsen mit einer menschlichen Gestalt", "Er sieht in ihm eine menschliche Gestalt" – aber nicht im gleichen Sinne: er vergleiche jenes Bild mit einem Hund, oder diese Paßphotographie mit einem Gesicht.

515. Ich sage mir beim Anblick der Photographie nicht "Das könnte man als einen Menschen ansehen". Noch beim Anblick des F: "Das könnte man als ein F ansehen."

516. Wer mir die Figur zeigte und mich fragte "Was ist das?", dem könnte ich nur *so* antworten. – Auch nicht: "Ich halte das für ein . . .", oder "Es ist wohl ein . . .". So wenig, wie ich beim Lesen in einem Buch die Buchstaben für das oder das *halte*.

517. "Ich sehe es als ein . . ." geht zusammen mit "Ich versuche es als . . . zu sehen", oder "Ich kann es noch nicht als ein . . . sehen". Du kannst aber nicht versuchen, das gewöhnliche F als dies zu sehen.

518. Einen im Geist um Rat fragen. Die Zeit schätzen, indem man sich eine Uhr *vorstellt*.

519. Im Aspekt ist eine Physiognomie vorhanden, die nachher vergeht. Es ist beinahe, als wäre da ein Gesicht, welches ich zuerst *nachahme* und dann hinnehme, ohne es nachzuahmen. – Und ist das nicht eigentlich genug der Erklärung? – Aber ist es nicht zu viel? [PU II, xi, S. 210e.]

520. Wenn ich in einem bestimmten Fall sage: die Aufmerksamkeit besteht in der Bereitschaft, jeder kleinsten Bewegung, die sich zeigen mag, zu folgen, – so siehst du schon, daß die Aufmerksamkeit nicht das starre Hinschauen ist, sondern ein Begriff anderer Art. [Z 674.]

521. Nicht den Aspektwechsel sieht man, sondern den Deutungswechsel. [Z 216.]

522. Du siehst es nicht einer Deutung, sondern einem Deuten gemäß. [Z 217.]

523. Wen man fragte "Kannst du F als ein ef sehen?", der würde uns nicht verstehen. Die Frage "Kannst du es als ein Spiegel-F sehen?"

It will be said that it takes imagination to see that, but that no imagination is required to recognize a true-to-life picture of a dog as a dog.

514. "He's comparing the boulder to a human shape," "He sees a human shape in it" – but it's not in the same sense that we say: He's comparing that picture with a dog, or this passport photograph with a face.

515. When I'm looking at the photograph, I don't tell myself "That could be seen as a human being". Nor when looking at an F do I say: "That could be seen as an F."

516. If somebody showed me the figure and asked me "What is that?", I could answer him only *that way*. – I couldn't answer: "I take that to be a . . ." or "Probably that is a . . ." Any more than I *take* letters to be this or that when I'm reading a book.

517. "I see it as a . . ." is connected with "I'm trying to see it as . . .", or "I can't see it as . . . yet". But you cannot try to see the regular F as a regular F.

518. To ask someone's advice mentally. To estimate the time by *imagining* a clock.

519. The aspect presents a physiognomy which then passes away. It is almost as if there were a face there which at first I *imitate*, and then accept without imitating it. – And isn't this really explanation enough? – But isn't it too much? [*PI* II, xi, p. 210e.]

520. If in a particular case I say: attention consists in preparedness to follow each smallest movement that may appear – that is enough to show you that attention is not a fixed gaze: no, this is a concept of a different kind. [Z 674.]

521. We see, not change of aspect, but change of interpretation. [Z 216.]

522. You see it conformably, not to an interpretation, but to an act of interpreting. [Z 217.]

523. If someone were asked, "Can you see F as an ef?" he wouldn't understand us. But he would understand if we asked, "Can you see it

aber würde er verstehen. Und auch die: "Und kannst du es jetzt wieder als ein gewöhnliches ef sehen?" – Warum?

"Kannst du es als ... sehen?" oder "Sieh es jetzt als ein ...!" geht zusammen mit: "Faß es jetzt als ein ... auf."

Nur wo dieser Befehl Sinn hat, hat jene Frage Sinn.

524. Denk, jemand sagte, auf ein gewöhnliches Druck-F zeigend, "Jetzt ist es ein ef". – Was heißt das? Hat es einen Sinn? Es hat einstweilen noch keinen. Inwiefern ist es JETZT dies? Etwa insofern es immer dies ist? Und im Gegensatz wozu? - Ich schaue auf eine Lampe und sage "Jetzt ist es eine Lampe" – was kann ich meinen?

525. Du brauchst eine neue Begriffsbrille.

526. Wer sagt "Jetzt ist es für mich ein Gesicht", den kann man fragen: "Auf welche Art der Verwandlung spielst du an?" [PU II, xi, S. 195d.]

527. Der Ausruf "Ein Hase!" ist ja verwandt mit der *Meldung* "Ein Hase".

528. Was ist denn die Äußerung des Staunens? Kann es eine stationäre Haltung sein? Kann also das Staunen ein Zustand der Ruhe sein?

529. Denk dir, man fragte: "Warum ist das Erlebnis der Überraschung nicht festzuhalten?"

530. "Das ef verschwindet und es ist ein Kreuz da; das Kreuz verschwindet und es ist ein Spiegel-F da; etc." Das ist doch der Ausdruck der Änderung der Wahrnehmung.

531. *Vergiß*, vergiß, daß du diese Erlebnisse selber hast! [Z 179.]

532. Es ist uns doch, als zeichnete unser Auge jedesmal eine andere Figur in diese Striche (auf dem Papier).

533. Verschiedene Bilder erscheinen mir. Aber *wie* verschieden? Worin verschieden? Das kann ich nur durch eine Genesis erklären.

534. Ich sage etwas; und es ist richtig; – aber nun mißverstehe ich die Verwendung, der diese Aussage gehören würde.

as a backwards F?" And he would also understand: "And can you now see it as a regular ef again?" – Why?

"Can you see it as . . .?" or "Now look at it as a . . .!" go together with "Now take it as a . . .".

Only where this command makes sense does the question make sense.

524. Imagine that someone were to point to a regular printed F and say, "Now it is an ef". – What does that mean? Does it make any sense? For the time being it has none. To what extent is it NOW an ef? Insofar as it always is? And in contrast to what? – I look at a lamp and say "Now it is a lamp." – What can I mean?

525. You need new conceptual glasses.

526. If you say "Now it's a face for me", we can ask: "What sort of change are you alluding to?" [*PI* II, xi, p. 195d.]

527. The cry "A hare!" is, after all, related to the *report* "a hare".

528. What is an expression of amazement? Can it be a stationary attitude? Can amazement thus be a state of inactivity?

529. Suppose someone were to ask: "Why can't you hold on to the experience of surprise?"

530. "The ef vanishes and a cross appears in its place; the cross vanishes and a backwards F appears in its place; etc." That is, after all, the way we express changes in perception.

531. *Forget*, forget that you have these experiences yourself! [Z 179.]

532. Our eye seems each time to be drawing a different shape in these lines (on the paper).

533. Different pictures appear to me. But *how* different are they? In what do they differ? That I can explain only by referring to their origin.

534. I say something; and it is correct; – but then I misunderstand the use to which the statement would be put.

535. Wie spielt man denn das Spiel "Es könnte auch *das* sein"? *Das*, was die Figur auch sein könnte – und das ist das, als was sie gesehen werden kann – ist nicht einfach eine andere Figur. Es hatte darum keinen Sinn, zu sagen: F könnte auch ein ⌐ [1] sein. Oder auch: – dies könnte ganz verschiedenerlei heißen.

Jenes Spiel aber könnte man z.B. mit einem Kind spielen. Zusammen betrachten wir eine Figur; oder einen beliebigen Gegenstand (ein Möbelstück) – und nun heißt es: "Das soll jetzt ein Haus sein" – und es wird nun von ihm berichtet und erzählt, und man stellt sich zu ihm, als wäre es ein Haus, und es wird ganz als dies ausgedeutet. Dann stellt das gleiche Ding etwas anderes vor, eine andere Erfindung wird darum gewoben. [a: Vgl. PU II, xi, S. 206d; b: Vgl. PU, S. 206e.]

536. Wie wirst du wissen, ob das Kind das Ding als das *sieht*? Nun, vielleicht wird es dies spontan sagen. Etwa sagen: "Ja, *jetzt* sehe ich es als...". Und in *dieser* Situation, bei der lebhaften Teilnahme an der Erdichtung, wird es uns allerdings das Sehen des Aspekts bedeuten.

537. Ich will sagen: dieses Spiel ist mit dem des Sehens der Aspekte des F z.B. *verwandt*.

Daß Einer mit den Dingen, gleichsam, Theater spielen kann, ist für uns eine Vorbedingung dessen, daß er mit den Worten "Jetzt sehe ich es als..." das meint, was wir meinen.

538. Wie lehrst du ein Kind etwa beim Rechnen: "Jetzt nimm diese Punkte zusammen!" oder "Jetzt gehören *die* zusammen"? Offenbar muß "zusammennehmen" und "zusammengehören" ursprünglich eine andere Bedeutung für ihn gehabt haben, als die, etwas so oder so *sehen*. – Und das war eine Bemerkung über Begriffe, nicht über Unterrichtsmethoden. [PU II, xi, S. 208c.]

539. Man kann allerdings sagen "Sieh die Figur jetzt an für fünf Minuten als ein...", wenn dies heißt: Erhalte, balanciere sie in diesem Aspekt.

540. Was verstehst du, wenn dir Einer sagt "Ich sehe es (nämlich das gewöhnliche F) als ein ef"? – Daß er es mit Aspekten zu tun hat; daß es ein labiler Zustand ist. Daß er denkt 'es könnte auch das sein'.

---

[1] Im Typoskript kommt kein Zeichen hier vor. Wir haben diesen Buchstaben nach der entsprechenden Manuskriptstelle kopiert. (*Herausg.*)

535. How does one play the game "It could be *this* too"? What a figure could also be – which is what it can be seen as – is not simply another figure. Thus it made no sense to say: F could also be an ⅂ .[1] Nor would this make sense: – this could mean several entirely different things.

But one could play that game, for instance, with a child. Together we look at a shape; or at a random object (a piece of furniture) – and then it is said: "That is now supposed to be a house." – And now it is reported, talked about, and treated as if it were a house, and it is altogether interpreted as this. Then, when the same thing is made to stand for something else, a different fabric will be woven around it. [a: cf. *PI* II, xi, p. 206d; b: cf. *PI*, p. 206e.]

536. How will you know whether the child *sees* the thing as that? Well, he might spontaneously say so. He might say something like: "Yes, *now* I see it as . . .". And in *this* situation, with the lively participation in the fiction, it will indeed signify the seeing of the aspect.

537. I want to say: this game is *related* to seeing the aspects of F, for example.

A person's ability, as it were, to play-act things is a prerequisite for his meaning the same thing we do when he says "Now I see it as . . .".

538. How do you teach a child, say in arithmetic: "Now take these things together!", or "Now *these* go together"? Clearly "taking together" and "going together" must originally have had another meaning for him than that of *seeing* in this way or that. – And this was a remark about concepts, not about teaching methods. [*PI* II, xi, p. 208c.]

539. To be sure, one can say "See this shape as a . . . for five minutes", if this means: He is to hold it, to keep it balanced, in this aspect.

540. What do you understand if someone says "I see it (i.e. the regular F) as an ef"? – That he is dealing with aspects; that it is an unstable situation. That he is thinking "It could also be that."

---

[1] Here there is no symbol in the typescript. We have taken it from the manuscript. (*Eds.*)

541. Das Sehen der Aspekte ist auf anderen Spielen aufgebaut.

542. Man redet ja von einem Rechnen in der Vorstellung. Es ist also nichts Überraschendes, daß die Vorstellungskraft der Erkenntnis dienen kann.

543. Ich will aber nicht sagen, daß der Aspekt eine Vorstellung ist. Aber daß 'einen Aspekt sehen' und 'sich etwas vorstellen' verwandte Begriffe sind. [Vgl. PU II, xi, S. 213c.]

544. Vom Sehen des Aspekts möchte man fragen: "Ist es ein Sehen? ist es ein Denken?" Der Aspekt untersteht dem Willen: schon das macht ihn dem Denken verwandt.

545. "Der Aspekt untersteht dem Willen." Er ist nicht Erfahrungs-satz.[1] Es hat Sinn, zu sagen "Sieh diesen Kreis als Loch, nicht als Scheibe"; aber nicht "Sieh ihn als Viereck", oder "Sieh ihn rot".

546. Sehe ich wirklich jedesmal etwas anderes, oder deute ich nur, was ich sehe, auf verschiedene Weise? Ich bin geneigt, das erste zu sagen. Aber warum? – Deuten ist ein Denken, ein Handeln. [PU II, xi, S. 212d.]

547. Die Fälle, in welchen wir *deuten*, was wir sehen, sind leicht zu erkennen. Deuten wir, so machen wir eine Hypothese, die sich als falsch erweisen mag. "Ich sehe diese Figur als ein . . ." kann so wenig (oder nur in dem Sinne) verifiziert werden, wie die Aussage "Ich sehe ein leuchtendes Rot". Hier besteht also eine Ähnlichkeit der Verwendungen des Wortes "sehen" in beiden Zusammenhängen.

548. Denken wir, es fragte jemand: "Sehen wir Alle ein F auf die gleiche Weise?" Was könnte damit gemeint sein? – Wir könnten diesen Versuch machen: wir zeigen verschiedenen Leuten F und stellen die Frage "Wohin schaut ein F, nach rechts, oder links?" Oder: "Wenn du ein F mit einem Gesicht im Profil vergleichst, wohin schaut das Gesicht?"

Mancher aber würde vielleicht diese Frage nicht verstehen. Wie Mancher auch die Frage nicht versteht "Welche Farbe hat für dich der Vokal *a*?" – Wenn Einer sie nicht verstünde, wenn er erklärte, sie sei Unsinn, – könnten wir sagen, er verstehe nicht deutsch, oder nicht die Bedeutungen der Wörter "Farbe", "Vokal", etc.?

Im Gegenteil: Wenn er diese Worte verstehen gelernt hat, dann kann er auf jene Fragen 'mit Verständnis' oder 'ohne Verständnis' reagieren. [b, c: Z 185.]

[1] Im MS: '"Der Aspekt untersteht dem Willen" ist kein Erfahrungssatz.' (*Herausg.*)

541. Seeing aspects is built up on the basis of other games.

542. We certainly speak of calculating in our imagination. So it is not surprising that the power of imagination can contribute to knowledge.

543. But I don't want to say that an aspect is a mental image. Rather that 'seeing an aspect' and 'imaging something' are related concepts. [Cf. *PI* II, xi, p. 213c.]

544. One wants to ask of seeing an aspect: "Is it seeing? Is it thinking?" The aspect is subject to the will: this by itself relates it to thinking.

545. "The aspect is subject to the will." This isn't an empirical proposition. It makes sense to say, "See this circle as a hole, not as a disc", but it doesn't make sense to say "See it as a rectangle", "See it as being red".

546. Do I really see something different each time, or do I only interpret what I see in a different way? I am inclined to say the former. But why? – To interpret is to think, to do something. [*PI* II, xi, p. 212d.]

547. The cases in which we *interpret* what we see are easily recognized. When we interpret we put forth a hypothesis which may turn out to be wrong. "I see this shape as a . . ." can no more be verified than (or can be verified only in the same sense as) the statement "I see a bright red". So here we have a similar use of the word "see" in both contexts.

548. Suppose someone were to ask: "Do we all see an F in the same way?" What could he mean by that? – We could make this test: we show an F to different people and ask them whether the F faces to the right or to the left. Or we could ask: "If you compare an F with the profile of a face, in which direction is the face looking?"

But many people might not understand this question. As many do not understand the question, "What colour is the vowel *a* for you?" – If someone didn't understand the question, if he claimed that it was nonsensical, could we say that he doesn't understand English, or at least the meanings of the words "colour", "vowel", etc.?

On the contrary: When he has learned to understand these words, then he can react to these questions, either "with" or "without understanding". [b, c: Z 185.]

549. Denk, nicht die Frage wäre gestellt worden "In welcher Richtung schaut der Buchstabe . . .?" — sondern die: "Wenn du einem F oder J ein Aug und eine Nase malen solltest, wohin würde es schauen?" Dies wäre doch auch eine psychologische Frage. Und in ihr ist von einem 'so, oder anders *sehen*' nicht die Rede. Statt dessen aber von einer *Neigung*, das eine oder andere zu tun. (Es ist aber zu bedenken, wie er zu seiner Antwort auf diese Frage gelangt.) — Also ist jenes Sehen mit einer Neigung verwandt. Die Neigung kann sich ändern, oder ganz fehlen.

550. "Mit dieser Verteilung der Fenster schaut die Fassade *dorthin*."
"Die Fenster waren früher so verteilt, daß die Fassade *dorthin* sah."
Der erste Satz ist ähnlich einem geometrischen. Im zweiten dient der Begriff der 'Richtung, in welcher sie schaut' der Beschreibung der Fassade. So wie man ein Gesicht mittels der Begriffe 'fröhlich', 'mürrisch', 'mißtrauisch' beschreibt, oder eine Bewegung mit 'furchtsam', 'zögernd', 'sicher'. Und insofern dies Beschreibungen des visuell Wahrgenommenen, des Beobachteten sind, sind es auch Beschreibungen des visuellen Eindrucks. Man kann also sagen: man *sähe* das Zögern. (Wer ein Bild kopiert, dem kann man sagen "Das Gesicht ist noch nicht richtig, es ist nicht traurig genug".)

551. Wer einen Blick für Familienähnlichkeiten hat, kann erkennen, daß zwei Leute mit einander verwandt sind, auch ohne sagen zu können, worin die Ähnlichkeit besteht. (Denke an den Fall des Rechenkünstlers.)

552. Es könnte sprachunrichtig sein, zu sagen "Ich sehe Furcht in diesem Gesicht". Es würde uns gelehrt: ein furchtsames Gesicht könne man *'sehen'*; die Furcht in ihm, die Ähnlichkeit, oder Verschiedenheit zweier Gesichter *'bemerke'* man.

553. Die Verwandtschaft der beiden Begriffe zeigt sich ja in dieser Erklärung; um ihre Verschiedenheit zu erkennen, bedenke man, welchen Sinn es haben könnte zu sagen, Einer habe die Ähnlichkeit zweier Gesichter von diesem Glockenschlage bis zum nächsten gesehen. Oder denk an den Befehl: "Bemerke die Ähnlichkeit von . . . bis . . .!"

554. Die Beschreibung des Gesichtseindrucks kann eine Zeichnung sein. Was in der Zeichnung oben, was unten ist, ist meistens von der größten Wichtigkeit. Es könnte aber auch festgesetzt werden, in

549. Suppose, instead of "in which direction is the letter ... facing?", the question had been: "If you were to paint an eye and a nose onto an F or a J, in which direction would they be facing?" Surely this too would be a psychological question. But it doesn't have to do with '*seeing* something this way or that'. Rather, it deals with an *inclination* to do one or the other. (But we must think about how someone would arrive at his answer to this question.) – Thus this kind of seeing is related to an inclination. The inclination can change, or be absent altogether.

550. "With this arrangement of windows the facade faces *that* way."
   "The windows used to be arranged so that the facade faced *that* way."
   The first sentence is like a proposition of geometry. In the second one, the concept of the 'direction in which the facade faces' serves to describe the facade. Just as we describe a face using the concepts 'happy', 'sullen', 'suspicious', or a movement by the words "fearful", "hesitant", "sure". And to the extent that these are descriptions of what has been visually perceived, or observed, they are also descriptions of the visual impression. So one can say that he *sees* the hesitation. (A person copying a picture can be told, "The face isn't right yet; it isn't sad enough.")

551. Anyone with an eye for family resemblances can recognize that two people are related to each other, even without being able to say wherein the resemblance lies. (Think of the case of the calculating-genius.)

552. It might be an incorrect use of language to say "I see fear in this face". We would be taught: a fearful face can be '*seen*'; but the fear in a face, or the similarity or dissimilarity between two faces, is '*noticed*'.

553. The kinship of these two concepts is shown in this explanation: If you want to see how they differ, think of the sense it could make to say that someone saw the similarity between two faces from one stroke of the hour to the next. Or think of the order: "Notice the similarity from ... to ...!"

554. A drawing can be the description of a visual impression. What is at the top of the drawing, what is at the bottom, is usually of the greatest importance. But someone could also stipulate a distance at

welcher Entfernung vom Auge wir sie halten sollten. Ja auch, auf welchen Punkt der Zeichnung wir zu blicken haben, oder wie unser Blick auf ihr zu wandern habe.

555. Ich fange an, die Ähnlichkeit zu sehen, wenn sie mir 'auffällt'; und sehe ich sie dann, solange ich die ähnlichen Gegenstände sehe? Oder nur solange ich mir der Ähnlichkeit *bewußt* bin? – Fällt mir die Ähnlichkeit auf, so nehme ich etwas wahr; ich brauche mir ihrer aber nicht bewußt zu bleiben, um wahrzunehmen, daß sie sich nicht ändert.

556. Zwei Verwendungen des Berichtes "Ich sehe . . .". Ein Sprachspiel: "Was siehst du dort?" – "Ich sehe . . ." und es folgt eine Beschreibung des Gesehenen mit Worten, durch eine Zeichnung, ein Modell, Gebärden, etc. – Ein anderes Sprachspiel: Wir betrachten zwei Gesichter, und ich sage zum Andern: "Ich sehe eine Ähnlichkeit in ihnen."

Im ersten Sprachspiel hätte die Beschreibung z.B. lauten können: "Ich sehe zwei Gesichter, die einander ähnlich sind wie Vater und Sohn." – Man kann dies eine weit unvollständigere Beschreibung nennen, als die durch eine Zeichnung es wäre. Aber Einer könnte diese vollständigere Beschreibung geben und doch jene Ähnlichkeit nicht bemerken. Ein Anderer könnte die Zeichnung des Ersten sehen und die Familienähnlichkeit in ihr entdecken; und in gleicher Weise auch eine Ähnlichkeit des Gesichtsausdrucks. [a: Vgl. PU II, xi, S. 193a.]

557. "Als ich das Wort jetzt aussprach, bedeutete es für mich . . .". Warum sollte das nicht einfach Wahnsinn sein? Weil *ich* das erlebte? Das ist kein Grund. [Z 182.]

558. Es sind ganz *besondere* Fälle: in denen das Innere mir verborgen erscheint. Und die Unsicherheit, die sich so ausdrückt, ist nicht eine philosophische, sondern eine praktische und primitive.

559. Es ist dann, als ob ich mir erst bewußt würde, daß das Innere eigentlich immer verborgen ist.

560. (Man sagt auch: Der Mensch ist mir vollkommen durchsichtig.) So ist mir also ein Mensch manchmal durchsichtig, manchmal undurchsichtig.

561. "Ich kann nie wissen, was in ihm vorgeht." – Aber muß denn etwas in ihm vorgehen? Und warum soll ich mich darum kümmern?

which we should hold the drawing from our eyes. Indeed, even a spot on the drawing at which we are to look could be stipulated, or how our eyes are to travel over the drawing.

555. I begin seeing the similarity when it "strikes" me; and do I then see it as long as I see the similar objects? Or only as long as I am *conscious* of the similarity? – If the similarity strikes me, I perceive something, but I don't have to remain conscious of it in order to perceive that it doesn't change.

556. Two uses of the statement "I see . . .". One language-game: "What do you see there?" – "I see . . .", and then a description of what was seen follows, either in words, or through a drawing, or a model, or gestures, etc. – Another language-game: We look at two faces and I say to someone: "I see a similarity in them."
  In the first language-game the description could have gone something like this: "I see two faces which are as like as father and son." This can be called a far less complete description than the one that uses a drawing. But someone could give this more complete description and still not notice that similarity. Another might see the drawing of the first one and discover the family resemblance in it; and in the same way he might see a similarity between their facial expressions. [a: cf. *PI* II, xi, p. 193a.]

557. "When I uttered the word just now, it meant . . . to me." Why should that not be mere lunacy? Because *I* experienced that? That is not a reason. [Z 182.]

558. Those cases in which the inner seems hidden from me are very *peculiar*. And the uncertainty which is expressed in this is not a philosophical one; no, it is practical and primitive.

559. It is then as if I realized for the first time that the inner is really always hidden.

560. (We also say that the man is completely transparent.) So sometimes someone is transparent, sometimes not.

561. "I can never know what goes on inside him." – But does something have to go on inside him? And why should I be concerned

– Es ist aber eine wirkliche, nicht erträumte, Unsicherheit, welche uns dieses Bild nahelegt.

562. Was ist die Wichtigkeit davon, daß Einer das und das Geständnis macht? muß er denn seinen Zustand richtig beurteilen können? – Es kommt eben nicht auf einen inneren Zustand an, den er beurteilt, sondern gerade auf sein Geständnis.

(Sein Geständnis kann Gewisses erklären. Es kann z.B. meinen Verdacht von einem Andern abziehen.)

563. Die prinzipielle Unsicherheit: Ich weiß nicht, was er denkt, wenn er es nicht ausdrückt. Aber stell dir vor, er drückte es wohl aus, aber in einer Sprache, die du nicht verstehst. Er könnte es mit dem Finger einer Hand auf den Handrücken der andern klopfen, in Morsezeichen oder ähnlichen. Dann ist es doch auch geheim, und nicht *ebenso* sehr, als wäre es nie ausgedrückt worden? Die Sprache könnte ja auch von einer Art sein, wie ich sie nie lernen könnte, z.B. mit einer außerordentlich komplizierten Regelmäßigkeit.

564. Es kann Einer also seine lauten Gedanken vor mir verbergen, indem er sie in einer mir fremden Sprache ausspricht. Wo ist aber hier das verborgene Seelische?

565. Ich kann die Sprache wählen, in welcher ich denke. Nicht aber als dächte ich, und wählte die Sprache, in welche ich meine wortlosen Gedanken übertragen will.

566. Du kannst der Empfindung des Andern so *sicher* sein, wie *irgend* eines Faktums. Damit sind aber die Sätze "Er ist beglückt" und "2 × 2 = 4" nicht zu ähnlichen Instrumenten geworden. Zu sagen "Die Sicherheit ist eine andere" liegt nahe, behebt aber die Unklarheit nicht. [Vgl. PU II, xi, S. 224c.]

567. "Aber schließt du eben nicht einfach vor dem Zweifel die Augen, wenn du *sicher* bist?" – Sie sind mir geschlossen.

Es ist wohl wahr: Jener Zweifel wird auf einem ganz anderen Weg erreicht, als der an einem arithmetischen Satz. Vor allem ist da die völlige Gewißheit der Grenzfall eines nach Graden verschiedenen *Glaubens*. – Und es ist eben *alles* anders. [a: PU II, xi, S. 224d.]

568. Und nun – möchte ich sagen – gibt es hier allerdings den Fall des hoffnungslosen Zweifels. Wenn ich sage: "Ich habe keine Ahnung, was er wirklich denkt –". Er ist mir ein verschlossenes Buch. Wenn das einzige Mittel, den Andern zu verstehen, wäre, die

with that? – But this picture suggests a real uncertainty, not one we've dreamed up.

562. What is the importance of someone making this or that confession? Does he have to be able to judge his condition correctly? – What matters here is not an inner condition which he judges, but just his confession.

(His confession can explain certain things. For example, it can cause me to stop suspecting someone else.)

563. The principal uncertainty: I don't know what he is thinking if he doesn't express it. Now suppose he does express it, but in a language you don't understand. He could tap it out with the finger of one hand on the back of his other hand in morse code, or some such thing. Then too, after all, it is secret, and isn't it *just as* secret as if it had never been expressed? The language could also be such that I could never learn it, e.g. its rules might be extraordinarily complicated.

564. So someone can hide his thoughts from me by expressing them in a language I don't know. But where is the mental thing which is hidden?

565. I may choose the language in which I think. But not as if I think, and then choose the language into which I want to translate my non-verbal thoughts.

566. You can be as *certain* of someone else's sensations as of *any* fact. But this does not make the propositions "He is happy" and "$2 \times 2 = 4$" into similar instruments. It suggests itself to say, "The certainty is of a different kind", but that doesn't remove the obscurity. [Cf. *PI*, II, xi, p. 224c.]

567. "But, if you are *certain*, isn't it that you are shutting your eyes in face of doubt?" – They are shut.

It is indeed true: this kind of doubt is arrived at in a completely different way from doubt about an arithmetical proposition. Above all, in the former case complete certainty is the limit of a *belief* which differs by degrees. – *Everything* is simply different. [a: *PI* II, xi, p. 224d.]

568. And then there is what I should like to call the case of hopeless doubt. When I say, "I have no idea what he is really thinking –". He's a closed book to me. When the only way to understand someone else would be to go through the same upbringing as his – which is

gleiche Erziehung wie er durchzumachen, – was unmöglich ist. Und hier ist keine Verstellung. Denk dir aber Leute, deren Erziehung dahin geht, den Ausdruck der Gemütsbewegung im Gesicht und in den Gebärden zu unterdrücken, und diese Leute machen sich mir unzugänglich, indem sie laut denken in einer mir unverständlichen Sprache. Nun sage ich "Ich habe keine Ahnung von dem, was in ihnen vorgeht", und doch liegt es als äußere Tatsache vor.

569. "Ich kann nicht wissen, was in ihm vorgeht" ist vor allem ein *Bild*. Es ist der überzeugende Ausdruck einer Überzeugung. Es gibt nicht die Gründe der Überzeugung an. Diese sind nicht etwas, was man unmittelbar *sieht*. [PU II, xi, S. 223g.]

570. "Man *sieht* Gemütsbewegung." – Im Gegensatz wozu? – Man sieht nicht die Gesichtsverziehungen und *schließt* nun, er fühle Freude, Trauer, Langeweile. Man beschreibt sein Gesicht unmittelbar als traurig, glückstrahlend, gelangweilt, auch wenn man nicht im Stande ist, sonst irgend eine Beschreibung der Gesichtszüge zu geben. – Die Trauer ist im Gesicht personifiziert, möchte man sagen. Dies ist dem, was wir 'Gemütsbewegung' nennen, wesentlich. [Vgl. Z 225.]

571. Der, den ich bedeutungsblind nenne, wird wohl den Auftrag verstehen: "Sag ihm, er solle zur Bank gehen, und ich meine die Gartenbank", aber nicht: "Sag das Wort Bank und meine damit Gartenbank."

Er wird auch nicht melden können: es sei ihm beinahe gelungen, das Wort sei aber in die falsche Bedeutung ausgerutscht. Es kommt ihm auch nicht vor, als habe das Wort etwas in sich, was förmlich wie eine Schreibweise die Bedeutung fixiert; und auch nicht, daß die Schreibweise gleichsam ein Bild der Bedeutung sei. – Man ist z.B. stark versucht, zu meinen, daß der andern Schreibweise wenigstens ein geringer Unterschied der Aussprache entspricht, auch wo es gewiß nicht so ist. Es ist hier der für viele andere als Beispiel dienende Fall: daß man sich die beiden Wörter (z.B. "für" und "führ") vorspricht und sie wirklich etwas verschieden ausspricht, obwohl man es natürlich im Fluß der Rede, wenn man nichts solches denkt, nicht tut; schon darum, weil man dann jedes der beiden Wörter bei verschiedenen Anlässen ungleich ausspricht. (a: Vgl. Z 183a.]

572. Verschiedene Menschen empfinden es sehr verschieden stark, wenn die Rechtschreibung eines Worts geändert wird. Und die Empfindung ist nicht nur Pietät für einen alten Gebrauch. Wem die Orthographie nur eine praktische Frage ist, dem geht ein Gefühl ab, ähnlich wie das, welches dem "Bedeutungsblinden" mangeln würde. [Z 184.]

impossible. Here there's no pretence. But imagine people whose upbringing is directed toward suppressing the expression of emotion in their faces and gestures; and suppose these people make themselves inaccessible to me by thinking aloud in a language I don't understand. Now I say "I have no idea what is going on inside them", and there it is – an external fact.

569. "I cannot know what is going on in him" is above all a *picture*. It is the convincing expression of a conviction. It does not give the reasons for the conviction. They are not something that can be *seen* directly. [*PI* II, xi, p. 223g.]

570. "We *see* emotion." – As opposed to what? – We do not see facial contortions and *make the inference* that he is feeling joy, grief, boredom. We describe a face immediately as sad, radiant, bored, even when we are unable to give any other description of the features. – Grief, one would like to say, is personified in the face. This is essential to what we call "emotion". [Cf. Z 225.]

571. The man I call meaning-blind will understand the instruction "Tell him he is to go to the bank – and I mean the river bank," but not "Say the word bank and mean the bank of a river".

He will also not be able to report that he almost succeeded, but that then the word slipped into the wrong meaning. It does not occur to him that the word has something in it which positively fixes the meaning, as a spelling may; nor does its spelling seem to him to be a picture of the meaning, as it were. – For instance, it is very tempting to think that a different spelling will lead to at least a very small difference in pronunciation, even where this is certainly not so. Here we have a case which can serve as an example for many others: You say the two words (e.g. "for" and "four") to yourself and you really do pronounce them a little differently, even though you don't do this in the normal course of speech, when you're not thinking about it. And this is so if for no other reason than that each word is pronounced differently on different occasions. [a: cf. Z 183a.]

572. Different people are very different in their sensitiveness about changes in the orthography of a word. And the feeling is not just piety towards an old use. – If for you spelling is just a practical question, the feeling you are lacking in is not unlike the one that a 'meaning-blind' man would lack. [Z 184.]

573. Wie konnte er das Wort in der Bedeutung hören? Wie war es möglich?! – Gar nicht – in *diesen* Dimensionen. [Z 180.]

574. Aber ist es also nicht wahr, daß das Wort für mich jetzt das bedeutet? Warum nicht? Es kommt ja dieser Sinn mit der übrigen Verwendung des Wortes nicht in Konflikt.

Es sagt Einer: "Gib ihm den Befehl . . . und *meine* damit . . .!" Was kann das heißen?

Aber warum gebrauchst du für dein Erlebnis gerade diesen Ausdruck? einen schlecht sitzenden Anzug! – Das ist der Ausdruck des Erlebnisses, wie "Der Vokal *e* ist gelb" und "Ich wußte im Traume, daß . . ." Ausdrücke anderer Erlebnisse. Ein schlecht sitzender Anzug ist es nur, wenn du ihn falsch auffaßt.

Dieser Ausdruck gehört zum Erlebnisse ebenso, wie die primitive Schmerzäußerung zum Schmerz. [a, b: Z 181.]

575. W. James: der Gedanke sei schon am Anfang des Satzes fertig. Wie kann man das wissen? – Aber die *Absicht*, ihn auszusprechen, kann schon bestehen, ehe das erste Wort gesagt ist. Denn fragt man Einen "Weißt du, was du sagen willst?", so wird er es oft bejahen.

Ich habe die Absicht, dieses Thema zu pfeifen: habe ich es damit in irgendeinem Sinne, etwa in Gedanken, schon gepfiffen? [a: Z 1; b: Z 2b.]

576. Wer die Frage bejaht "Weißt du schon, was du sagen willst?", dem wird vielleicht irgend etwas vorschweben; aber wäre dies auch etwas objektiv Hörbares oder Sichtbares, so könnte man doch meistens das Beabsichtigte nicht mit Sicherheit daraus entnehmen. (Aufzeigen.)

577. Nicht Jeder, der eine Absicht hat, hat darum einen *Plan* gemacht.

578. Welche Formen geistiger Defekte wirklich existieren, kümmert *uns* nicht; aber wohl die Möglichkeiten solcher Formen. Nicht, ob es Menschen gibt, die nicht des Gedankens "Ich wollte damals . . ." fähig sind, wohl aber: wie dieser Begriff sich durchführen läßt. [Vgl. Z 183a.]

579. Wie ließe sich diese Annahme konsequent durchführen? Was würden wir eine konsequente Durchführung nennen? – Wenn du annimmst, daß Einer *das* nicht kann, wie ist es dann mit *dem*? kann er es auch nicht? – Wohin führt uns dieser Begriff? [Von "Wenn du annimmst" an Vgl. Z 183b.]

573. How could he hear the word with that meaning? How was it possible?! — It just wasn't — not in *these* dimensions. [Z 180.]

574. But isn't it true, then, that the word means that to me now? Why not? For this sense doesn't come into conflict with the rest of the use of the word.

Someone says: "Give him the order . . . and *mean* by it . . .!" What can that mean?

But why do you use just this expression for your experience? — such a poor fit! — That is the expression of the experience, just as "The vowel *e* is yellow" and "In my dream I knew that . . ." are expressions of other experiences. It is a poor fit only if you take it the wrong way.

This expression goes with the experience just as the primitive expression of pain goes with pain. [a, b: Z 181.]

575. William James: The thought is already complete at the beginning of the sentence. How can one know that? — But the *intention* of uttering the thought may already exist before the first word has been said. For if you ask someone: "Do you know what you mean to say?" he will often say yes.

It is my intention to whistle this theme: have I then already, in some sense, whistled it in thought? [a: Z 1; b: Z 2b.]

576. Whoever answers "Yes" to the question, "Do you know yet what you want to say?" may have some mental image or other; but if this could be heard or seen objectively, then there would generally not be any way of deriving what he intended from it with certainty. (Raising your hand in class.)

577. Not everyone with an intention has therefore made a *plan*.

578. What forms of mental defects actually exist is of no concern to *us*; but the possibilities of such forms do concern us. It is not whether there are men incapable of thinking "At that time I wanted to . . .", but how this concept can be followed through. [Cf. Z 183a.]

579. How could this assumption be followed through consistently? What would we call a consistent follow-through? — If you assume that someone cannot do *this*, then how about *that*? Is he also unable to do this? — Where does this concept take us? [From "If you assume" cf. Z 183b.]

580. "Du mußt es dir ernstlich versprechen, dann wirst du's auch tun." Zum ernstlichen Versprechen gehört z.B., daß man über die Sache nachdenkt, es gehört eine bestimmte Vorbereitung dazu. Am Schluß erfolgt dann vielleicht wirklich ein förmliches Versprechen, vielleicht auch mit lauter Stimme, aber das ist nur *ein* Stein dieses Gebäudes. (Gelübde.)

581. Das Gelübde könnte man eine Zeremonie nennen. (Taufe, auch wenn sie kein christliches Sakrament ist.) Und eine Zeremonie hat eine eigene Wichtigkeit.

582. "Ich hatte die Absicht . . ." drückt nicht die Erinnerung an ein Erlebnis aus. (So wenig wie "Ich war im Begriffe, . . .".) [Z 44.]

583. "Welcher seltsame und furchtbare Laut. Ich werde ihn nie vergessen." Und warum sollte man das nicht vom Erinnern sagen können ("Welche seltsame . . . Erfahrung . . ."), wenn man zum ersten Mal in die Vergangenheit gesehen hat? – [Z 661.]

584. Könnte er sich nicht nur einbilden, dies gerechnet zu haben? (Damit soll nicht im Widerspruch sein, daß er jetzt das Resultat der Rechnung weiß. Und er könnte sich ja auch verrechnet haben.) Und *gibt* es hier keinen Irrtum, dann nicht darum, weil Gewißheit besteht.

585. Es sagt mir Einer, er habe gerade im Kopfe gerechnet, wieviel . . . × . . . sei. Er gibt ein offenbar falsches Resultat, und auf die Frage, wie er es erhalten habe, sagt er die Rechnung her; sie ist völliger Unsinn, wie er auch jetzt einsieht, kam ihm aber damals, sagt er, ganz richtig vor. (Im Traum geschieht ähnliches.) Kann das nicht vorkommen? Seine Kopfrechnung, will ich sagen, muß sich doch erst bewähren.

586. 'Er versteckt etwas vor mir, kann es so verstecken, daß ich's nicht nur nie finden werde, sondern daß Finden gar nicht denkbar ist.' Das wäre ein metaphysisches Verstecken. – Aber wie, wenn er ohne es zu wissen, Zeichen gäbe, die ihn verrieten? Das wäre doch möglich. – Aber ob ihn jene Zeichen wirklich verraten haben, – kann nicht nur *er* das entscheiden? – Aber könnte ich nicht darauf bestehen, er habe vergessen, was in ihm vorgegangen ist – seine Aussage nicht gelten lassen? (Ohne sie für eine Lüge zu erklären.) Das heißt also: sie für wertlos erklären; oder ihr Wert nur als ein Phänomen zuzugestehen, woraus etwa Schlüsse auf seinen Zustand gezogen werden können.

580. "You must earnestly promise yourself to do it, and then you'll do it." Earnestly promising something requires thinking about it, for instance. It requires a particular preparation. Finally there might actually be a formal promise, perhaps even in a loud voice, but that is just *one* stone in this building. (Vows.)

581. A vow could be called a ceremony. (Baptism, even when it is not a Christian sacrament.) And a ceremony has an importance all its own.

582. "I had the intention of . . ." does not express the memory of an experience. (Any more than "I was on the point of . . .".) [Z 44.]

583. "What a queer and frightful sound. I shall never forget it." And why should one not be able to say that of remembering ("What a queer . . . experience . . .") when one has seen into the past for the first time? – [Z 661.]

584. Couldn't he just be imagining that he calculated this? (That he now knows the solution to the problem is not supposed to be inconsistent with this. And he might indeed have miscalculated.) And if there *is* no mistake here, then this is not because there is certainty.

585. Someone tells me he has just worked out in his head how much . . . × . . . is. He gives an obviously wrong answer, and when asked how he arrived at it, he recites the calculation; it is utter nonsense, as he himself now realizes, but at that time, he says, it seemed completely correct. (Something similar occurs in dreams.) Can't that happen? His mental arithmetic, I want to say, still must prove itself.

586. "In hiding something from me, he can hide it in such a way that not only will I never find it, but finding it will be completely inconceivable." This would be a metaphysical hiding. – But what if, without knowing it, he were to give signs that give him away? That would be possible, after all. – Now wouldn't *he* be the only judge of whether those signs have given him away? – But couldn't I insist that he forgot what happened inside him – and thus not let his statement count? (Without calling it a lie.) That means that I declare it worthless, or give it value only as a phenomenon, from which inferences about his state might be drawn.

587. Wenn etwas versteckt ist, – ist es nicht, als wäre eine Schrift versteckt, oder vielmehr etwas, was einer Schrift ähnlich sieht; dessen Bedeutung nur darin liegt, was er einmal herauslesen, oder hineinlesen, wird?

588. Er kann mich natürlich *irreführen*, zu falschen Schlüssen bringen. Aber daraus folgt es nicht, daß er etwas versteckt hat; obgleich sich seine Handlungsweise mit einem Verstecken vergleichen läßt.

589. Bin ich etwa nicht *mit Recht* überzeugt, daß er sich gegen mich nicht verstellt? – Und kann ich also einen Andern nicht von meinem Recht überzeugen?

590. Erzähle ich ihm, wie sich mein Freund benommen hat, im Großen und Kleinen, – wird er vernünftigerweise an der Echtheit der Gefühle meines Freundes zweifeln?
    Zweifelt Einer an der Echtheit der Gefühle Lears?

591. Ist es Gedankenlosigkeit, nicht doch die *Möglichkeit* der Verstellung im Auge zu behalten?

592. Erinnern: ein Sehen in die Vergangenheit. *Träumen* könnte man so nennen, wenn es uns Vergangenes vorführt. Nicht aber Erinnern; denn auch wenn es uns Szenen mit halluzinatorischer Klarheit zeigte, so lehrt es uns doch erst, daß dies das Vergangene sei. [Z 662.]

593. Aber wenn uns nun das Gedächtnis die Vergangenheit zeigt, wie zeigt es uns, daß es die Vergangenheit ist?
    Es zeigt uns eben *nicht* die Vergangenheit. So wenig, wie unsere Sinne die Gegenwart. [Z 663.]

594. Mann kann auch nicht sagen, sie teile uns die Vergangenheit mit. Denn selbst, wäre das Gedächtnis eine hörbare Stimme, die zu uns spräche, – wie könnten wir sie verstehen? Sagt sie uns z.B. "Gestern war schönes Wetter", wie kann ich lernen, was "gestern" bedeutet? [Z 664.]

595. Ich führe mir selbst nur *so* etwas vor, wie ich es auch dem Andern vorführe. [Z 665.]

596. Ich kann dem Andern mein gutes Gedächtnis vorführen, und auch mir selbst vorführen. Ich kann mich selbst ausfragen. (Vokabeln, Daten.) [Z 666.]

587. If something is hidden — isn't it as if writing were hidden, or rather something which looks like writing, whose meaning only lies in what he reads out of it, or into it, at some point?

588. Of course he can *mislead* me, make me arrive at false conclusions. But it doesn't follow from this that he has hidden anything; even though the way he behaves can be compared to hiding.

589. Haven't I the *right* to be convinced that he is not pretending to me? — And can't I convince someone else of my right?

590. If I tell him in full detail how my friend behaved, will he have any reasonable doubt as to the genuineness of my friend's feelings?
   Does anyone doubt the genuineness of Lear's feelings?

591. Is it thoughtlessness not to keep the *possibility* of pretence in mind?

592. Remembering: a seeing into the past. *Dreaming* might be called that, when it presents the past to us. But not remembering; for, even if it showed scenes with hallucinatory clarity, still it takes remembering to tell us that this is past. [Z 662.]

593. But if memory shows us the past, how does it show us that it is the past?
   It does *not* show us the past. Any more than our senses show us the present. [Z 663.]

594. Nor can it be said to communicate the past to us. For even supposing that memory were an audible voice that spoke to us — how could we understand it? If it tells us, e.g. "Yesterday the weather was fine", how can I learn what "yesterday" means? [Z 664.]

595. I give myself an exhibition of something only *in the same way* as I give one to other people. [Z 665.]

596. I can display my good memory to someone else and also to myself. I can subject myself to an examination. (Vocabulary, dates.) [Z 666.]

597. Aber wie führe ich mir das Erinnern vor? Nun, ich frage mich "Wie verbrachte ich den heutigen Morgen?" und antworte mir darauf. – Aber was habe ich mir nun eigentlich vorgeführt? War es das Erinnern? nämlich, wie das ist, sich an etwas erinnern? Hätte ich denn damit einem *Andern* das Erinnern vorgeführt? [Z 667.]

598. "Sich etwas vornehmen ist ein besonderer innerer Vorgang." – Aber was für ein Vorgang – auch wenn du ihn erdichten dürftest – könnte denn das leisten, was wir vom Vorsatz verlangen? [Z 192.]

599. Denk dir Menschen, die nur dann Mitgefühl zeigen, wenn sie den Andern bluten sehen; sonst lachen sie über seine Schmerzäußerungen. So ist es bei ihnen. Manche nun beschmieren sich mit Tierblut, um bemitleidet zu werden. Kommt man ihnen darauf, so werden sie schwer bestraft.

600. Die Frage "Könnte er aber nicht dennoch Schmerzen haben?" stellen sie nicht.

601. Diese Leute dürfen gewisse Skrupel nicht haben.

602. Kümmere ich mich um sein Inneres, wenn ich ihm *traue*? Wenn ich's nicht tue, sage ich "ich weiß nicht, was in ihm vorgeht"; vertraue ich ihm aber, so nicht: ich wisse, was in ihm vorgeht.

603. Mißtraue ich ihm nicht, so kümmere ich mich nicht um das, was in ihm vorgeht. (Worte und ihre Bedeutung. Die Bedeutung der Worte, was hinter ihnen steht, bekümmert mich im normalen sprachlichen Verkehr nicht. Sie fließen dahin und es werden die Übergänge gemacht von Worten zu Handlungen und von Handlungen zu Worten. Niemand denkt, wenn er rechnet, daran, ob er 'gedankenvoll' oder 'papageihaft' rechne. (Frege.))

604. Es mag Menschen geben, die viel mit sich selbst sprechen, ehe und während sie handeln, und solche, die nur sehr wenig zu sich selbst sagen, die gleichsam auch mit sich selbst sehr schweigsam sind. Wenn man ihn fragt "Was hast du gedacht, als du das tatest?", gesteht er vielleicht ganz ehrlich "Gar nichts", obgleich seine Handlung uns wohlüberlegt, ja vielleicht listig scheint. Ich sage, ich wisse nicht, was in ihm vorgeht, und es geht in einem wichtigen Sinne nichts in ihm vor. Ich kenne mich bei ihm nicht aus: Ich mache z.B. leicht falsche Vermutungen und werde von Zeit zu Zeit hart in meinen Erwartungen getäuscht.

597. But how do I give myself an exhibition of remembering? Well, I ask myself "How did I spend this morning?" and give myself an answer. – But what have I really exhibited to myself? Remembering? That is, what it's like to remember something? – Should I have exhibited remembering to *someone else* by doing that? [Z 667.]

598. "To purpose to do something is a special inner process." – But what sort of process – even if you could dream one up – could satisfy our requirements about purpose? [Z 192.]

599. Imagine men who show pity only when they see someone else bleeding; otherwise they laugh at his expressions of pain. That's the way it is with them. Some smear themselves with animal blood to be pitied. If they're found out they're severely punished.

600. They don't ask the question: "Couldn't he be feeling pain anyway?"

601. These people need not have certain scruples.

602. Do I pay any mind to his inner processes if I *trust* him? If I don't trust him I say, "I don't know what's going on inside him". But if I trust him, I don't say that I know what's going on inside him.

603. If I don't distrust him, I don't pay any mind to what is going on inside him. (Words and their meaning. The meaning of words, what stands behind them, doesn't concern me in normal conversation. Words flow along and transitions are made from words to actions and from actions to words. When someone's performing mathematical calculations he doesn't stop to think whether he is doing it 'thoughtfully' or 'parrot-like'. (Frege.))

604. There might be people who speak to themselves quite a bit before and while they are doing something, and then again there might be people who only say very little to themselves. When he is asked: "What were you thinking when you did that?" he confesses, perhaps quite honestly, "Nothing at all", even though what he did seems to us to have been well thought out, possibly even shrewd. I say that I don't know what is going on inside him, and in an important sense nothing is going on inside him. I don't know my way about with him: for example, I make erroneous suppositions quite easily, and from time to time I am very disappointed in my expectations.

Ich könnte mir von diesem Menschen ein Bild machen, indem ich mir vorstellte, er spreche zu allen seinen Handlungen Monologe, die seine Gesinnung zum Ausdruck brächten. Die Monologe wären eine Konstruktion, eine Arbeitshypothese, mittels derer ich mir seine Handlungen verständlich zu machen suche. Muß ich nun annehmen, daß in ihm *außer* jenen Monologen noch ein Denken vor sich geht? Sind die Monologe nicht ganz genug? Können sie nicht alles leisten, was das Innenleben leisten soll?

605. Man kann sich leicht Ereignisse vorstellen und in alle Einzelheiten ausmalen, die, wenn wir sie eintreten sähen, uns an allem Urteilen irrewerden ließen.

Sähe ich vor meinen Fenstern statt der altgewohnten eine ganz neue Umgebung, benähmen sich die Dinge darin, wie sie sich nie benommen haben, so würde ich etwa die Worte äußern "Ich bin wahnsinnig geworden"; aber das wäre nur ein Ausdruck dafür, daß ich es aufgebe, mich auszukennen. Und das Gleiche könnte mir auch in der Mathematik zustoßen. Es könnte mir *z.B. scheinen*, als machte ich immer wieder Rechenfehler, so daß keine Lösung mir verläßlich erschiene.

Das Wichtige aber für mich daran ist, daß es zwischen einem solchen Zustand und dem normalen keine scharfe Grenze gibt. [Z 393.]

606. Worin liegt die Wichtigkeit des genauen Ausmalens von Anomalien? Kann man es nicht, so zeigt das, daß man sich in den Begriffen noch nicht auskennt. [*Vermischte Bemerkungen*, S. 139.]

607. Es gibt wohl dies: sich Menschenkenntnis zu erwerben; man kann Einem auch dabei helfen, also quasi einen Unterricht erteilen, aber man deutet nur auf Fälle, weist auf gewisse Züge hin, gibt nicht feste Regeln.

608. Ich kann vielleicht sagen "Laß mich mit diesem Menschen reden, die und die Zeit mit ihm verbringen, und ich werde wissen, ob ihm zu trauen ist" und später: "Ich habe den *Eindruck* . . .". Aber hier handelt sich's um eine Prognose. Die Zukunft mag lehren, ob mein Eindruck richtig war. Menschenkenntnis kann uns davon überzeugen, daß dieser Mensch wirklich fühlt, was er zu fühlen vorgibt; aber überzeugt *sie* uns davon, daß andere Menschen etwas fühlen?

609. "So *kann* man sich nicht verstellen." – Und das kann eine Erfahrung sein, – daß nämlich niemand, der sich *so* benimmt, sich

I could visualize this person by imagining that he accompanies all of his actions with monologues, which express his sentiments. The monologues would be a construction, a working hypothesis, by which I try to comprehend his actions. Must I now assume thinking to be going on inside him *apart* from those monologues? Are the monologues not quite enough? Can't they do everything the inner life is supposed to do?

605. It is easy to imagine and work out in full detail events which, if they actually came about, would throw us out in all our judgments.

If I were to see quite new surroundings from my window instead of the long familiar ones, if things were to behave as they never did before, then I should say something like "I have gone mad"; but that would merely be an expression of giving up the attempt to know my way about. And the same thing might befall me in mathematics. It might, *e.g.*, *seem* as if I kept on making mistakes in calculating, so that no answer seemed reliable to me.

But the important thing about this for me is that there isn't any sharp line between such a condition and the normal one. [Z 393.]

606. Why is it important to depict anomalies accurately? If someone can't do this, that shows that he isn't quite at home yet among the concepts. [*Culture and Value*, p. 72.]

607. To be sure, there is this: acquiring a knowledge of human nature; it is also possible to help someone with this, to give lessons, as it were, but one only points to cases, refers to certain traits, gives no hard and fast rules.

608. Perhaps I can say "Just let me talk to this man, let me spend some time with him, and I shall know whether he can be trusted". And later: "I have the *impression* . . .". But here it's a matter of prognosis. Let the future show whether my impression was correct. Knowledge of human nature can convince us that this man is really feeling what he claims he's feeling; but does *it* convince us that other humans feel anything?

609. "One *can't* pretend like that." – This may be a matter of experience – namely that no one who behaves like *that* will later

später so und so benehmen werde; aber auch eine begriffliche Feststellung; und die beiden können zusammenhängen.

(Denn man hätte nicht gesagt, die Planeten *müssen* sich in Kreisen bewegen, wenn es nie geschienen hätte, *daß* sie sich in Kreisen bewegen.) [a: Z 570a; b: Z 570c.]

610. Ich kann beim Unterricht auf Einen zeigen und sagen "Siehst du, *der* verstellt sich nicht". Und der Schüler kann daraus lernen. Aber wenn er mich fragte "Woraus wird es eigentlich erkannt?" – so wüßte ich nichts anderes zu antworten, als etwa: "Schau, wie er daliegt, schau auf seine Züge" und dergleichen.

611. Könnte das nun bei andern Wesen anders sein? – Wenn sie z.B. alle dieselbe Gestalt und dieselben Gesichtszüge hätten, wäre schon *vieles* anders.

612. Und Verstellung ist natürlich nur ein besonderer Fall davon, daß Einer eine Schmerzäußerung von sich gibt, und nicht Schmerzen hat. Wenn dies überhaupt möglich ist, warum sollte denn dabei immer Verstellung statthaben, – dieser sehr spezielle psychologische Vorgang? (Und mit einem "psychologischen" meine ich nicht einen "innern".) [Vgl. PU II, xi, S. 228(f)–229.]

613. Ja, es könnte ein Fall eintreten, in welchem wir sagen würden: "Er *glaubt* sich zu verstellen."

(Pilgrim's Progress: Er *glaubt*, die Flüche zu äußern, die der Böse äußert.) [a: PU II, xi, S. 229c.]

614. Die zureichende Evidenz geht ohne eine Grenze in die unzureichende über. Eine natürliche Grundlage dieser Begriffsbildung ist das komplizierte Wesen und die Mannigfaltigkeit der menschlichen Fälle.

So müßte also bei einer geringeren Mannigfaltigkeit eine scharf begrenzte Begriffsbildung natürlich erscheinen. Warum aber scheint es so schwer, sich den vereinfachten Fall vorzustellen?

Ist es so, als wollte man sich einen Gesichtsausdruck vorstellen, der nicht allmählicher, zarter Veränderungen fähig wäre; sondern, sagen wir, nur fünf Stellungen hätte; bei einer Veränderung ginge die eine mit einem Ruck in die andere über. Wäre nun dies starre Lächeln wirklich ein Lächeln? Und warum nicht? – Ich könnte mich vielleicht nicht so dazu verhalten, wie zu einem Lächeln. Es würde mich vielleicht nicht selber zum Lächeln bringen. [a, b: Z 439; c: Vgl. Z 527.]

behave in such-and-such a way; but it also may be a conceptual stipulation; and the two may be connected.

(For it wouldn't have been said that the planets *had* to move in circles, if it had never appeared *that* they move in circles). [a: Z 570a; b: Z 570c.]

610. As I'm teaching, I can point to someone and say, "You see, *that* person isn't pretending." And a student can learn from this. But if he were to ask me "How does one really tell that?" – then I might not have anything to answer, except, perhaps, something like this: "Look how he's lying there, look at his face", and things like this.

611. Could this be different with other beings? – If they all had the same bodies and the same facial features, for example, then there would already be a great deal of difference.

612. And pretending is, of course, only a special case of someone's producing expressions of pain when he is not in pain. For if this is possible at all, why should it always be pretending that is taking place – which is a very specific psychological process? (And by "psychological" I don't mean "inner".) [Cf. *PI* II, xi, p. 228(f)–229.]

613. There might actually occur a case where we should say "He *believes* he is pretending."

(*Pilgrim's Progress*: He *thinks* he is uttering the curses which the devil is uttering.) [a: *PI* II, xi, p. 229c.]

614. Sufficient evidence passes over into insufficient without a borderline. A natural foundation for the way this concept is formed is the complex nature and the variety of human contingencies.

Then given much less variety, a sharply bounded conceptual structure would have to seem natural. But why does it seem so difficult to imagine the simplified case?

Is it as if one were trying to imagine a facial expression not susceptible of gradual and subtle alterations; but which had, say, just five positions; when it changed it would snap straight from one to another. Would this fixed smile really be a smile? And why not? – I might not be able to react as I do to a smile. Maybe it would not make me smile myself. [a, b: Z 439; c: cf. Z 527.]

615. Ein vollkommen starrer Gesichtsausdruck könnte kein freundlicher sein. Zum freundlichen Ausdruck gehört die Veränderlichkeit und die Unregelmäßigkeit. Die Unregelmäßigkeit gehört zur Physiognomie.

616. Die Wichtigkeit für uns der feinen Abschattungen des Benehmens.

617. Zu meinem Begriff gehört hier mein Verhältnis zur Erscheinung. [Z 543.]

618. Denk dir *dies* Argument: Schmerzen haben doch einen Grad. Nun wird aber niemand behaupten, ich wisse je den genauen Grad der Schmerzen des Andern; also könnten sie auch den Grad o haben.
   Aber kennt denn er den 'genauen Grad' seiner Schmerzen? Und was heißt es: ihn kennen?

619. "Nun, weiß er denn nicht, wie stark seine Schmerzen sind?" Er hat darüber keinen Zweifel.

620. Aber ich weiß doch z.B. nicht, daß sein Schmerz jetzt ein klein wenig abgenommen hat. — Doch, ich weiß es, wenn er mir's sagt. Was er sagt, ist ja auch eine Äußerung.

621. Die Unsicherheit hat ihren Grund nicht darin, daß er seine Schmerzen nicht außen am Rock trägt. Und es ist auch gar keine Unsicherheit *im besondern Fall*. Wenn die Grenze zwischen zwei Ländern strittig wäre, würde daraus folgen, daß die Landesangehörigkeit jedes einzelnen Bewohners fraglich wäre? [Z 556.]

622. 'Sandhaufen' ist ein unscharf begrenzter Begriff—aber warum verwendet man statt seiner nicht einen scharf begrenzten? Liegt der Grund in der Natur der Haufen? Welches Phänomens Natur bestimmt unsern Begriff? [Z 392.]

623. "Ein Hund ist einem Menschen ähnlicher, als ihm ein Wesen von menschlicher Gestalt wäre, das sich 'mechanisch' benähme." Nach einfachen Regeln benähme?

624. Wir beurteilen eine Handlung nach ihrem Hintergrund im menschlichen Leben, und dieser Hintergrund ist nicht einfärbig, sondern wir könnten ihn uns als ein sehr kompliziertes filigranes Muster vorstellen, das wir zwar nicht nachzeichnen könnten, aber nach seinem allgemeinen Eindruck wiedererkennen.

615. A facial expression that was completely fixed couldn't be a friendly one. Variability and irregularity are essential to a friendly expression. Irregularity is part of its physiognomy.

616. The importance we attach to the subtle shades of behaviour.

617. My relation to the appearance here is part of my concept. [Z 543.]

618. Imagine *this* argument: Pain comes in degrees. But no one will claim that I ever know the exact degree of someone else's pain; therefore it could be of the degree 0.

But does he himself know the 'exact degree' of his own pains? And what does 'knowing' this mean?

619. "Then does he not know how intense his pains are?" He doesn't have the slightest doubt about that.

620. But after all, I don't know, e.g., that his pain has now eased off a little. – Oh yes I do, if he tells me. What he says is also an utterance of his pain.

621. The uncertainty is not founded on the fact that he does not wear his pain on his sleeve. And there is not an uncertainty *in a particular case*. If the frontier between two countries were in dispute, would it follow that the country to which any individual resident belonged was dubious? [Z 556.]

622. 'Heap of sand' is a concept without sharp boundaries—but why isn't one with sharp boundaries used instead of it? – Is the reason to be found in the nature of the heaps? What phenomenon is it whose nature determines our concept? [Cf. Z 392.]

623. "A dog is more like a human being than a being endowed with a human form, but which behaved 'mechanically'." Behaved according to simple rules?

624. We judge an action according to its background within human life, and this background is not monochrome, but we might picture it as a very complicated filigree pattern, which, to be sure, we can't copy, but which we can recognize from the general impression it makes.

625. Der Hintergrund ist das Getriebe des Lebens. Und unser Begriff bezeichnet etwas in *diesem* Getriebe.

626. Und schon der Begriff 'Getriebe' bedingt die Unbestimmtheit. Denn nur durch ständige Wiederholung ergibt sich ein Getriebe. Und für 'ständige Wiederholung' gibt es keinen bestimmten Anfang.

627. Die Variabilität selbst ist ein Charakter des Benehmens, der ihm nicht fehlen kann, ohne es für uns zu etwas ganz anderem zu machen. (Die charakteristischen Gesichtszüge der Trauer, z.B., sind nicht bedeutsamer als es ihre Beweglichkeit ist.)[1]

628. Es ist dort unnatürlich, eine Begriffsgrenze zu ziehen, wo für sie nicht eine besondere Rechtfertigung besteht, wo Ähnlichkeiten uns über die willkürlich gezogene Linie immer hinüberzögen.

629. Wie könnte man die menschliche Handlungsweise beschreiben? Doch nur, indem man die Handlungen der verschiedenen Menschen, wie sie durcheinanderwimmeln, zeigte. Nicht, was *Einer jetzt* tut, sondern das ganze Gewimmel ist der Hintergrund, worauf wir eine Handlung sehen, und bestimmt unser Urteil, unsere Begriffe und Reaktionen. [Z 567.]

630. Wie könntest du erklären, was es heißt 'Schmerzen heucheln', 'sich stellen, als habe man Schmerzen'. (Natürlich fragt es sich: *Wem?*) *Sollst du's vormachen?* Und warum ließe sich so eine Demonstration so leicht mißverstehen? Man möchte sagen: "Leb einige Zeit unter uns und du wirst es verstehen lernen."

631. Man könnte ihn doch einfach lehren, den Schmerz (z.B.) zu mimen (nicht in der Absicht zu betrügen). Aber wäre es Jedem beizubringen? Ich meine: Er könnte ja wohl erlernen, gewisse rohe Schmerzzeichen von sich zu geben, ohne aber je aus eigenem, aus seiner eigenen Einsicht eine feinere Nachahmung zu geben. (Sprachtalent.) (Man könnte vielleicht sogar einen gescheiten Hund eine Art Schmerzgeheul lehren; aber es käme doch nie seinerseits zu einer bewußten Nachahmung.) [Z 389.]

632. Ich will eigentlich sagen, daß die gedanklichen Skrupel im Instinkt anfangen (ihre Wurzeln haben). Oder auch so: Das

---

[1] Var. "sind für unsere Reaktion nicht wichtiger, als . . .".

625. The background is the bustle of life. And our concept points to something within *this* bustle.

626. And it is the very concept 'bustle' that brings about this indefiniteness. For a bustle comes about only through constant repetition. And there is no definite starting point for 'constant repetition'.

627. Variability itself is a characteristic of behaviour without which behaviour would be to us as something completely different. (The facial features characteristic of grief, for instance, are not more meaningful than their mobility.)[1]

628. It is unnatural to draw a conceptual boundary line where there is not some special justification for it, where similarities would constantly draw us across the arbitrarily drawn line.

629. How could human behaviour be described? Surely only by showing the actions of a variety of humans, as they are all mixed up together. Not what *one* man is doing *now*, but the whole hurly-burly, is the background against which we see an action, and it determines our judgment, our concepts, and our reactions. [Z 567.]

630. How could you explain the meaning of 'simulating pain', 'acting as if in pain'? (Of course the question is: *To whom?*) *Should you act it out?* And why could such an exhibition be so easily misunderstood? One is inclined to say: "Just live among us for a while and then you'll come to understand."

631. One might surely be taught (e.g.) to mime pain (not with the intention of deceiving). But could this be taught to just anyone? I mean: someone might well learn to give certain crude tokens of pain, but without ever spontaneously giving a finer imitation out of his own insight. (Talent for languages.) (A clever dog might perhaps be taught to give a kind of whine of pain but it would never get as far as conscious imitation.) [Z 389.]

632. I really want to say that scruples in thinking begin with (have their roots in) instinct. Or again: a language-game does not have its

---

[1] Var. "are not more important for our reaction than . . .".

Sprachspiel hat seinen Ursprung nicht in der *Überlegung*. Die Überlegung ist ein Teil des Sprachspiels.

Und der Begriff ist daher im Sprachspiel zu Hause. [Z 391.]

633. "Könntest du dir keine weitere Umgebung denken, in der auch das noch als Verstellung zu deuten wäre?"

Aber was heißt es: daß es noch immer Verstellung sein könnte? Hat denn Erfahrung uns das gelehrt? Und wie können wir anders über Verstellung unterrichtet sein? [Vgl. Z 571.]

634. Liegt hier nicht etwas Ähnliches vor, wie das Verhältnis der euklidischen Geometrie zur Gesichtserfahrung? (Ich meine: es sei eine tiefgehende Ähnlichkeit vorhanden.) Denn auch die euklidische Geometrie entspricht ja der Erfahrung nur in sehr eigentümlicher Weise, und nicht etwa nur 'bloß annähernd'. Man könnte vielleicht sagen, sie entspreche ebensosehr unserer Methode des Zeichnens, wie andern Dingen, oder auch, sie entspreche gewissen Bedürfnissen des *Denkens*. Ihre Begriffe haben ihre Wurzeln in weit verstreuten und entlegenen Gebieten. [Bis "Man könnte vielleicht sagen" Vgl. Z 572.]

635. Denn, so wie das Verbum "glauben" konjugiert wird wie das Verbum "schlagen", so werden Begriffe für das eine Gebiet nach Analogie weit entfernter Begriffe gebildet. (Die Geschlechter der Hauptworte.)

636. Die Begriffsbildung hat z.B. Grenzenlosigkeit, wo in der Erfahrung keine scharfen Grenzen zu finden sind. (Grenzenlose Approximation.)

637. Man könnte manchmal sagen, die Begriffe seien einer Denkbequemlichkeit gemäß gebildet. (Wie ja auch der Meterstab nicht nur den zu messenden Dingen, sondern auch dem Menschen gemäß ist.) Aber zum Teufel: es weiß doch Jeder, ob er Schmerzen hat! – Wie könnt's denn *Jeder* wissen? Dazu müßte er doch vor allem wissen, daß sie Alle das Gleiche haben.

638. Ein Stamm hat zwei Begriffe, verwandt unserm 'Schmerz'. Der eine wird bei sichtbaren Verletzungen angewandt und ist mit Pflege, Mitleid, etc. verknüpft. Den andern wenden sie bei Magenschmerzen, z.B., an und er verbindet sich mit Belustigung über den Klagenden. "Aber merken sie denn wirklich nicht die Ähnlichkeit?" – Haben wir denn überall einen Begriff, wo eine Ähnlichkeit besteht? Die Frage ist: Ist ihnen die Ähnlichkeit *wichtig*? Und muß sie's ihnen sein? [Z 380.]

origin in *consideration*. Consideration is part of a language-game. And that is why a concept is in its element within the language-game. [Z 391.]

633. "Couldn't you imagine a further surrounding in which this too could be interpreted as pretence?"

But what does it mean to say that it might always be pretence? Has experience taught us this? How else can we be instructed about pretence? [Cf. Z 571.]

634. Isn't there something here like the relation between Euclidean geometry and visual experience? (I mean that there is a deep-seated resemblance here.) For Euclidean geometry too corresponds to experience, only in a very peculiar way and not, say, 'merely approximately'. One might perhaps say that it corresponds as much to our method of drawing as to other things; or that it corresponds to certain requirements of *thinking*. Its concepts have their roots in widely scattered and remote areas. [To "one might perhaps say" cf. Z 572.]

635. For just as the verb "believe" is conjugated like the verb "beat", concepts for one area are formed along the lines of very widely scattered concepts. (The genders of nouns.)

636. The formation of a concept has, for example, the character of limitlessness, where experience provides no sharp boundary lines. (Approximation without a limit.)

637. Sometimes it seems that concepts are formed along the lines of comfortable thinking. (Just as even the yardstick is suitable not only to the things that are to be measured, but also to man.) But what the devil! Surely everyone knows whether he's in pain! – How could *everyone* know it? To do this each would have to know that all have the same.

638. A tribe has two concepts, akin to our 'pain'. One is applied where there is visible damage and is linked with tending, pity etc. The other is used for stomach-ache, for example, and is tied up with mockery of anyone who complains. "But then do they really not notice the similarity?" – Do we have a single concept everywhere where there is a similarity? The question is: Is the similarity *important* to them? And need it be so? [Z 380.]

639. Wenn du dir überlegst, aus welchen Gründen Einer Schmerzen verbeißen, oder simulieren könnte, werden dir unzählige einfallen. Warum gibt es nun diese Vielheit? Das Leben ist sehr kompliziert. Es gibt sehr viele Möglichkeiten.

Aber könnten nicht andere Menschen viele dieser *Möglichkeiten* beiseite lassen, gleichsam die Achsel über sie zucken?

640. Aber übersieht dieser dann nicht etwas, was da ist? – Er nimmt davon keine Notiz; und warum sollte er? – Aber dann ist ja eben sein Begriff grundverschieden von dem unsern. – *Grund*verschieden? Verschieden. – Aber es ist dann doch, als ob sein Wort nicht *dasselbe bezeichnen* könnte wie unseres. Oder nur einen Teil davon. – Aber so m¹ß es ja auch ausschauen, wenn sein Begriff verschieden ist. Denn die Unbestimmtheit unseres Begriffs kann sich ja für uns in den *Gegenstand* projizieren, den das Wort bezeichnet. So daß, fehlte die Unbestimmtheit, auch nicht 'dasselbe gemeint' wäre. Das Bild, das wir verwenden, versinnbildlicht die Unbestimmtheit. [Z 381.]

641. In der Philosophie darf man keine Denkkrankheit *abschneiden*. Sie muß ihren natürlichen Lauf gehen, und die *langsame* Heilung ist das Wichtigste. [Z 382.]

642. "Man kann nie wissen, was in seiner Seele vorgeht" – das scheint eine Selbstverständlichkeit zu sein. Und ist es auch in dem Sinne, daß hier eben das gebrauchte Bild den Satz schon enthält. Aber man muß ihn eben zugleich mit dem Bild in Frage ziehen.

643. Das "Wer weiß, was in ihm vorgeht!" Das Interpretieren der äußern Ereignisse als Folgen von unbekannten, oder nur geahnten, innern. Das Interesse, das sich auf dies Innere richtet, wie auf die chemische Struktur, aus der das Verhalten hervorgeht.

Denn man braucht ja bloß sagen "Was gehen mich die inneren Vorgänge, was immer sie sind, an?!" um zu sehen, daß sich eine andere Einstellung denken läßt. – "Aber jeden wird doch immer *sein* Inneres interessieren!" Unsinn. Wüßte ich denn, daß der Schmerz, etc. etc. etwas Inneres ist, wenn's mir nicht gesagt würde?

644. Der Zweifel am inneren Vorgang ist ein *Ausdruck*. Der *Zweifel* aber ist ein instinktives Verhalten. Ein Verhalten gegen den Andern. Und es rührt nicht daher, daß ich von mir selbst her weiß, *was* Schmerz, etc., ist: weiß, daß es etwas Inneres ist und daß es mit irgend einem Äußern zusammengehen kann. Ich weiß alles eher!

639. If you consider the reasons someone might have for stifling pain, or simulating it, you will come up with countless ones. Now why is there this multiplicity? Life is very complicated. There are a great many possibilities.

But couldn't other men disregard many of these *possibilities*, shrug them off, as it were?

640. But in that case isn't this man overlooking something that is there? — He takes no notice of it, and why should he? — But in that case his concept just is fundamentally different from ours. — *Fundamentally* different? Different. — But in that case it surely is as if his word could not *designate* the *same* as ours. Or only part of that. — But of course it must look like that, if his concept is different. For the indefiniteness of our concept may be projected for us into the *object* that the word designates. So that if the indefiniteness were missing we should also not have 'the same thing meant'. The picture that we employ symbolizes the indefiniteness. [Z 381.]

641. In philosophizing we may not *terminate* a disease of thought. It must run its natural course, and *slow* cure is all important.[Z 382.]

642. "You can never know what's going on in his soul." — That seems to be a truism. And it is, in the sense that the picture we just used already contains the sentence. But of course we have to call the sentence into question just as much as the picture.

643. The expression "Who knows what is going on inside him!" The interpretation of outer events as consequences of unknown ones, or merely surmised, inner ones. The interest that is focused on the inner, as if on the chemical structure, from which behaviour issues.

For one needs only to ask, "What do I care about inner events, whatever they are?!", to see that a different attitude is conceivable. — "But surely everyone will always be interested in *his* inner life!" Nonsense. Would I know that pain, etc., etc. is something inner if I weren't told so?

644. Doubt about an inner process is an *expression*. *Doubt*, however, is an instinctive form of behaviour. A form of behaviour toward someone else. And it does not follow from this that I know from my own experience *what* pain, etc. is; or that I know that it is something inward, and can go along with something outward. That's the last thing I know!

645. Erinnere dich: Die meisten sagen, man spüre in der Narkose nichts. Manche aber sagen doch: Man *könnte* ja doch etwas fühlen und es nur völlig vergessen.

Wenn es also hier solche gibt, die zweifeln und solche, denen kein Zweifel kommt, so könnte die Zweifellosigkeit doch auch viel allgemeiner bestehen. [Z 403.]

646. Oder der Zweifel könnte doch eine andere, und viel weniger unbestimmte Form haben, als in unserer Gedankenwelt. [Z 404.]

647. Bedenke: Wir gebrauchen das Wort "Ich weiß nicht" oft in seltsamer Weise; wenn wir z.B. sagen: wir wissen nicht, ob Dieser wirklich mehr fühlt als der Andere, oder es nur stärker zum Ausdruck bringt. Es ist dann nicht klar, welche Art der Untersuchung die Frage entscheiden würde. Natürlich ist die Äußerung nicht ganz müßig: Wir wollen sagen, daß wir wohl die Gefühle des A und des B miteinander vergleichen können, aber uns die Umstände an einem Vergleich des A mit dem C irrewerden lassen. [Z 553.]

648. Nur Gott sieht die geheimsten Gedanken. Aber warum sollen diese so wichtig sein? Und müssen alle Menschen sie für wichtig halten? [Z 560.]

649. 'Denk dir Menschen, die nur laut denken.' Es ist ja doch nicht selbstverständlich, daß Wesen von der körperlichen Natur[1] denken; so sollen sie also bloß redend denken, d.h., nichts anderes, was wir auch denken nennen würden, tun. (Ihre geheimen Gedanken sind Monologe.)

650. Die Stufen zwischen instinktiver Schlauheit und durchdachter. Ein Idiot könnte schlau handeln, so würden wir's bezeichnen, und wir würden nicht glauben, daß er fähig sei, etwas zu *planen*.

Gefragt "Was wohl in ihm vorgeht?" sagen wir "Es geht gewiß sehr wenig in ihm vor". Aber was wissen wir davon?! Wir machen uns nach seinem Benehmen, seinen Äußerungen, seiner Denkfähigkeit, ein Bild.

651. Wir stellen Verschiedenes zu einer 'Gestalt' (Muster) zusammen, zu der des Betruges z.B.

Das Bild des Innern vervollständigt die Gestalt.

652. Wenn ein Begriff von einem Lebensmuster abhängig ist, so muß in ihm eine Unbestimmtheit liegen. Denn weicht dann ein Muster vom Normalen ab, so wird fraglich, was wir hier sagen wollen.

[1] Im MS: "Wesen von der körperlichen Natur des Menschen". (*Herausg.*)

645. Remember: most people say one feels nothing under anaesthetic. But some say: It *could* be that one feels, and simply forgets it completely.

If then there are here some who doubt and some whom no doubt assails, still the lack of doubt might after all be far more general. [Z 403.]

646. Or doubt might after all have a different and much less indefinite form than in our world of thought. [Z 404.]

647. Remember: we often use the phrase "I don't know" in a queer way; when, for example, we say that we don't know whether this man really feels more than that other, or merely gives stronger expression to his feeling. In that case it is not clear what sort of investigation would settle the question. Of course the expression is not quite idle: we want to say that we certainly can compare the feelings of A and B with one another, but that the circumstances of a comparison of A with C throw us out. [Z 553.]

648. Only God sees the most secret thoughts. But why should these be all that important? And need all human beings count them as important? [Z 560.]

649. "Imagine humans who only think aloud." After all, it is not a matter of course that beings of bodily nature think; so let them think only talking, that is, let them do nothing else that we would call thinking. (Their secret thoughts are monologues.)

650. The steps that lie between instinctive cunning and cunning that is carefully thought out. An idiot could behave slyly, for that's what we'd call it, but we wouldn't think him capable of *planning* anything.

If we're asked "What's going on inside him?" we say, "Surely very little goes on inside him." But what do we know about it?! We construct a picture of it according to his behaviour, his utterances, his ability to think.

651. We combine diverse elements into a 'Gestalt' (pattern), for example, into one of deceit.

The picture of the inner completes the Gestalt.

652. If a concept depends on a pattern of life, then there must be some indefiniteness in it. For if a pattern deviates from the norm, what we want to say here would become quite dubious.

653. Könnte also Bestimmtheit nur dort sein, wo regelmäßige Lebensläufe sind? Was tun sie aber, wenn ihnen ein unregelmäßiger Fall unterläuft? Vielleicht zucken sie nur die Achseln.

654. "Er sagte mir – und es war nicht der geringste Zweifel an seiner Glaubwürdigkeit möglich – daß ..." Unter welchen Umständen ist kein Zweifel an seiner Glaubwürdigkeit möglich? Kann ich sie angeben? Nein.

655. Du mußt an den Zweck der Worte denken.
Was hat die Sprache mit Schmerzen zu tun?

656. Im Falle, den ich mir vorstelle, haben die Leute ein Wort, das einen ähnlichen Zweck erfüllt (eine ähnliche Funktion hat) wie das Wort "Schmerz". Man kann nicht sagen, es "bezeichne" etwas Ähnliches. Es greift anders, und doch ähnlich, in ihr Leben ein.

657. "Man kann aber doch den Schmerz nicht mit *Sicherheit* nach dem Äußern erkennen." – Man kann ihn *nur* nach dem Äußern erkennen und die Unsicherheit ist eine konstitutionelle. Sie ist kein Mangel.
Es liegt in unserm Begriff, daß diese Unsicherheit besteht; in unserm Instrument. Ob dieser Begriff praktisch, oder unpraktisch ist, darum handelt's sich eigentlich nicht.

658. Die Farben könnten in einer andern Welt eine andere Rolle spielen als in der unsern. Denk an verschiedene Fälle.
(1) Bestimmte Farben an bestimmte Formen gebunden. Kreisförmiges Rot, viereckiges Grün, etc.
(2) Farbstoffe nicht herstellbar. Man kann Dinge nicht färben.
(3) *Eine* Farbe immer an einen üblen Geruch oder an Giftigkeit gebunden.
(4) Farbenblindheit weit häufiger als bei uns.
(5) Verschiedene Töne von Grau sind häufig; alle andern Farben äußerst selten.
(6) Wir können aus dem Gedächtnis eine große Anzahl von Farbtönen reproduzieren.
Wenn unser Zahlensystem mit der Zahl unserer Finger zusammenhängt, warum dann nicht unser System der Farben mit der besondern Art des Auftretens der Farben.
(7) Eine Farbe tritt immer nur in graduellem Übergang in eine andere auf.
(8) Farben treten immer im Farbverlauf des Regenbogens auf.

653. Thus can there be definiteness only where life flows quite regularly? But what do they do when they come across an irregular case? Maybe they just shrug their shoulders.

654. "He told me – and there was not the slightest possibility of doubting his credibility – that . . ." Under what circumstances is there no possibility of doubting his credibility? Can I specify them? No.

655. You must think about the purpose of words.
What does language have to do with pain?

656. In the case that I have in mind, the people have a word which has a similar purpose (with a similar function) to that of the word "pain". It would be wrong to say that it "designates" something similar. It enters into their life in a different, and yet similar, way.

657. "But you can't recongize pain with *certainty* just from externals." – The *only* way of recognizing it is by externals, and the uncertainty is constitutional. It is not a shortcoming.
It resides in our concept that this uncertainty exists, in our instrument. Whether this concept is practical or impractical is really not the question.

658. In a world different from ours colours might play a different role. Think of various cases.
(1) Certain colours are tied to certain forms. Circular shapes, red, rectangular ones, green, etc.
(2) Dyes can't be produced. You can't colour things.
(3) *One* colour always linked together with a foul smell, or poisonousness.
(4) A far greater incidence of colour-blindness than now exists.
(5) Different shades of grey abound; all other colours are extremely rare.
(6) We can reproduce a great many shades of colour from memory. If our number system is connected with the number of our fingers, then why shouldn't our system of colours be connected with the specific ways in which they occur.
(7) A colour occurs only in gradual transition into another one.
(8) Colours always occur in the sequence of colours in the rainbow.

659. Denke an die Unsicherheit, ob Tiere, besonders niedere Tiere, Fliegen z.B., Schmerzen fühlen.

Die Unsicherheit, ob eine Fliege Schmerz fühlt, ist eine philosophische; aber könnte sie nicht auch eine instinktive sein? Und wie würde sich das zeigen?

Ja, gibt es eben nicht eine Unsicherheit im Benehmen gegen die Tiere? Einer weiß nicht: Ist er grausam oder nicht.

660. Denn es gibt ja Unsicherheit des Benehmens, die nicht auf einer Unsicherheit in den Gedanken beruht.

661. Sieh die Frage der Unsicherheit, ob der Andere Schmerz empfindet, in der Beleuchtung durch die Frage, ob ein Insekt Schmerz empfindet.

662. Es gibt doch im Benehmen Vertrauen und Mißtrauen!

Klagt Einer z.B., so kann ich mit völliger Sicherheit, vertrauensvoll, reagieren, oder unsicher und wie Einer, der Verdacht hat. Es braucht dazu keine Worte, noch Gedanken. [Z 573.]

663. Die Unvorhersehbarkeit des menschlichen Benehmens. Wäre sie nicht vorhanden, – würde man dann auch sagen, man könne nie wissen, was im Andern vorgeht? [Z 603.]

664. Aber wie wär's, wenn das menschliche Benehmen nicht unvorhersehbar wäre? Wie hat man sich das vorzustellen? (D.h.: wie auszumalen, welche Verbindungen anzunehmen?) [Z 604.]

665. "Ich weiß nicht, was jetzt in ihm vorgeht!" das könnte man von einem komplizierten Mechanismus sagen; etwa einer Kunstuhr, die nach sehr komplizierten Gesetzen verschiedene äußere Bewegungen auslöst. Man denkt sich dann bei ihrer Betrachtung vielleicht: Wenn ich wüßte, wie es in ihr ausschaut, was jetzt vorgeht, wüßte ich, was zu erwarten ist.

666. Beim Menschen aber ist angenommen, daß man in den Mechanismus keinen Einblick gewinnen *kann*. Es ist also die Unbestimmtheit postuliert.

667. Wenn ich aber zweifle, ob eine Spinne wohl Schmerz empfindet, dann ist es nicht, weil ich nicht weiß, was ich mir zu erwarten habe. [Z 564.]

659. Think of the uncertainty about whether animals, particularly lower animals, such as flies, feel pain.

The uncertainty whether a fly feels pain is philosophical; but couldn't it also be instinctive? And how would that come out?

Indeed, aren't we really uncertain in our behaviour towards animals? One doesn't know: Is he being cruel or not.

660. For there *is* uncertainty of behaviour which doesn't stem from uncertainty in thought.

661. Look at the problem of uncertainty as to whether someone else is feeling pain in light of the question whether an insect feels pain.

662. There is such a thing as trust and mistrust in behaviour!

If anyone complains, e.g., I may be trustful and react with perfect confidence, or I may be uncertain, like someone who has his suspicions. Neither words nor thoughts are needed for this. [Z 573.]

663. The unpredictability of human behaviour. But for this – would one still say that one can never know what is going on in anyone else? [Z 603.]

664. But what would it be like if human behaviour were not unpredictable? How are we to imagine this? (That is to say: how should we depict it in detail, what are the connections we should assume?) [Z 604.]

665. "I don't know what's going on inside it right now!" That could be said of the complicated mechanism say of a fine clock, which triggers various external movements according to very complicated laws. Looking at it one might think: if I knew what it looked like inside, what was going on right now, I would know what to expect.

666. But with a human being, the assumption is that *it is impossible* to gain an insight into the mechanism. Thus indeterminacy is postulated.

667. If, however, I doubt whether a spider feels pain, it is not because I don't know what to expect. [Z 564.]

668. Wir können aber nicht umhin, uns das Bild vom seelischen Vorgang zu machen. Und *nicht*, weil wir ihn von uns her kennen! [Z 565.]

669. *Eine* Art der Unsicherheit wäre die, die wir auch einem uns unbekannten Mechanismus entgegenbringen könnten. Bei der andern würden wir uns möglicherweise an eine Begebenheit in unserm Leben erinnern. Es könnte z.B. sein, daß Einer, der gerade der Todesangst entronnen ist, sich davor scheuen würde, eine Fliege zu erschlagen und es sonst ohne Bedenken täte. Oder, anderseits, daß er mit diesem Erlebnis vor Augen, das zögernd tut, was er sonst ohne Zögern täte. [Z 561.]

670. Auch wenn ich 'nicht sicher in meinem Mitleid ruhe', muß ich nicht an die Ungewißheit seines spätern Benehmens denken. [Z 562.]

671. Die eine Unsicherheit geht sozusagen von dir aus, die andere von ihm.
Von der einen könnte man also doch sagen, sie hinge mit einer Analogie zusammen; von der andern nicht. Aber nicht, als ob ich aus der Analogie einen Schluß zöge! [Z 563.]

672. Wenn das Leben ein Teppich wäre, so ist dies Muster (der Verstellung z.B.) nicht immer vollständig und vielfach variiert. Aber wir, in unserer Begriffswelt, sehen immer wieder das Gleiche mit Variationen wiederkehren. So fassen's unsere Begriffe auf. Die Begriffe sind ja nicht für *ein*maligen Gebrauch. [Z 568.]

673. Und das Muster ist im Teppich mit vielen andern Mustern verwoben. [Z 569.]

674. Ich *sage* z.B. "Er könnte sich ja doch verstellen" – was *denke* ich mir dabei? – d.h. welche Erklärung gäbe ich von dem Wort "verstellen"; was für Exempel kämen mir in den Sinn?

675. Wie *verwende* ich den Satz?
(Denn es ist hier wie in gewissen Gebieten der Mathematik, wo es eine 'phantastische Anwendung' gibt.)

676. Ich rufe ein Bild herauf, das dann zu einem Zweck dienen kann. (Ich könnte geradezu auf ein gemaltes Bild schauen.)

677. Manchmal behandle ich ihn so, wie ich mich behandle und behandelt werden möchte, wenn ich Schmerzen habe, und manchmal nicht.

668. But we cannot get away from forming the picture of a mental process. And *not* because we are acquainted with it in our own case! [Z 565.]

669. *One* kind of uncertainty is that with which we might face an unfamiliar mechanism. In another we should possibly be recalling an occasion in our life. It might be, e.g., that someone who has just escaped the fear of death would shrink from swatting a fly, though he would otherwise do it without thinking twice about it. Or on the other hand that, having this experience in his mind's eye, he does with hesitancy what otherwise he does unhesitatingly. [Z 561.]

670. Even when I 'do not rest secure in my sympathy' I need not think of uncertainty about his later behaviour. [Z 562.]

671. The one uncertainty stems from you, so to speak, the other from him.

The one could surely be said to connect up with an analogy, then, but not the other. Not, however, as if I were drawing a conclusion from the analogy! [Z 563.]

672. Seeing life as a weave, this pattern (pretence, say) is not always complete and is varied in a multiplicity of ways. But we, in our conceptual world, keep on seeing the same, recurring with variations. That is how our concepts take it. For concepts are not for use on a *single* occasion. [Z 568.]

673. And the pattern in the weave is interwoven with many others. [Z 569.]

674. I *say* for instance: "He might after all be pretending." – What am I *imagining* when I say it? – That is, what explanation of the word "pretend" would I give? What kind of examples would come to mind?

675. How do I *employ* the sentence?

(For the situation here is like certain areas of mathematics, where there is a 'fantastic application'.)

676. I evoke a picture which can then serve a purpose. (I could almost be looking at a painted picture.)

677. Sometimes I treat him as I treat myself and as I would like to be treated when I'm in pain; sometimes I don't.

678. Wir sind an eine bestimmte Einteilung der Sachen gewöhnt.

Sie ist uns mit der Sprache, oder den Sprachen, zur Natur geworden.

679. Dies sind die festen Schienen, auf denen all unser Denken verläuft, und also nach ihnen auch unser Urteilen und Handeln. [Z 375.]

680. Muß der Begriff der Bescheidenheit, oder der Prahlerei überall bekannt sein, wo es bescheidene und prahlerische Menschen gibt? Es liegt ihnen vielleicht dort nichts an dieser Unterscheidung.

Uns sind ja auch manche Unterschiede unwichtig, und könnten uns wichtig sein. [Z 378.]

681. Und Andere haben Begriffe, die unsere Begriffe durchschneiden. Und warum sollte nicht ihr Begriff unsern Begriff 'Schmerz' schneiden? [Der erste Satz: Z 379. Der zweite Satz: Z 380, der letzte Satz.]

682. Die 'Unsicherheit' bezieht sich eben nicht auf den besondern Fall, sondern auf die Methode, auf die Regeln der Evidenz. [Z 555.]

683. Festbegrenzte Begriffe würden eine Gleichförmigkeit des Verhaltens fordern. Es ist aber so, daß wo ich *sicher* bin, der Andere unsicher ist. Und das ist eine Naturtatsache. [Z 374.]

684. Wenn man sagt "Die Evidenz kann die Echtheit des Gefühlsausdrucks nur wahrscheinlich machen", so heißt das *nicht*, daß statt völliger Sicherheit immer nur eine mehr oder weniger zuversichtliche Vermutung da ist. "Nur wahrscheinlich" kann sich nicht auf den Grad unsrer Zuversicht beziehen, sondern nur auf die Art ihrer Begründung, auf den Charakter des Sprachspiels: Das muß doch die Konstitution unsres Begriffs bestimmen helfen: daß unter den Menschen in Bezug auf die Sicherheit ihrer Überzeugung nicht Übereinstimmung besteht. (Vergleiche die Bemerkung über die Übereinstimmung in den Farburteilen und in der Mathematik.)

685. Es kann der Eine vollkommen überzeugt sein und der Andere, bei gleicher Evidenz, nicht. Und wir schließen darum weder diesen noch jenen als urteilsunfähig, oder als unzurechnungsfähig, aus der Gesellschaft aus.

686. Aber könnte eine Gesellschaft nicht eben dies tun?

678. We're used to a particular classification of things.
   With language, or languages, it has become second nature to us.

679. These are the fixed rails along which all our thinking runs, and so our judgement and action goes according to them too. [Z 375.]

680. Must people be acquainted with the concept of modesty or of swaggering, wherever there are modest and swaggering men? Perhaps nothing hangs on this difference for them.
   For us, too, many differences are unimportant, which we might find important. [Z 378.]

681. And others have concepts that cut across ours. And why should their concept 'pain' not split ours up? [First sentence: Z 379. Second sentence: Z 380, the last sentence.]

682. The 'uncertainty' relates not to the particular case, but to the method, to the rules of evidence. [Z 555.]

683. Concepts with fixed limits would demand a uniformity of behaviour. But what happens is that where I am *certain*, someone else is uncertain. And that is a fact of nature. [Z 374.]

684. If it is said, "Evidence can only make it probable that expressions of emotions are genuine", this does *not* mean that instead of complete certainty we have just a more or less confident conjecture. "Only probable" cannot refer to the degree of our confidence, but only to the nature of its justification, to the character of the language-game. Surely this must help determine the constitution of our concepts: that there is no agreement among men as to the certainty of their convictions. (Compare the remark about agreement in colour-judgments and agreement in mathematics.)

685. Given the same evidence, one person can be completely convinced and another not be. We don't on account of this exclude either one from society, as being unaccountable and incapable of judgment.

686. But mightn't a society do precisely this?

687. Denn die Wörter haben eben nur im Fluß des Lebens Bedeutung. [Vgl. Z 173, der letzte Satz.]

688. Ich bin sicher, *sicher*, daß er sich nicht verstellt; aber der Andere ist's nicht. Kann ich ihn überzeugen? Und wenn nicht, – sag ich, er kann nicht denken? (Die Überzeugung davon könnte man 'intuitiv' nennen.) [Vgl. PU II, xi, S. 227f.]

689. Der Instinkt ist das Erste, das Raisonnement das Zweite. Gründe gibt es erst in einem Sprachspiel.

690. Sage ich etwa "und die Seele ist auch nur etwas am Leibe"? Nein. (Ich bin nicht so arm an Kategorien.)

691. Du kannst den Begriff variieren, aber dann veränderst du ihn vielleicht bis zur Unkenntlichkeit.

692. Wenn wir den Begriff der Verstellung variieren, müssen wir seine Innerlichkeit, d.h. die Möglichkeit des Geständnisses beibehalten. Wir müssen aber dem Geständnis nicht immer Glauben schenken, und das falsche Geständnis muß nicht Betrug sein.

693. Andere, obgleich den unsern verwandte Begriffe könnten uns *sehr* seltsam erscheinen: nämlich eine Abweichung vom Gewohnten in ungewohnter *Richtung*. [Z 373.]

694. "Du verstehst ja nichts!" so sagt man, wenn Einer bezweifelt, daß das echt sei, was wir klar als echt erkennen.
"Du verstehst ja nichts" – aber wir können nichts beweisen. [Vgl. PU II, xi, S. 227g.]

695. Der seelenvolle Ausdruck in der Musik, – er ist doch nicht nach Regeln zu erkennen. Und warum können wir uns nicht vorstellen, daß er's für andere Wesen wäre? [Z 157.]

696. Schon das würde uns einen fremden und tiefen Eindruck machen, wenn wir zu Menschen kämen, die nur Spieluhrmusik kennten. Wir würden uns vielleicht eine Art Gebärden erwarten, die wir nicht verstünden, auf die wir nicht zu reagieren wüßten.

697. 'Die Echtheit des Ausdrucks läßt sich nicht beweisen.' 'Man muß sie fühlen.' Aber was geschieht nun weiter damit? Wenn Einer sagt "Voilà, comment s'exprime un coeur vraiment épris", und wenn

687. For words have meaning only in the stream of life. [Cf. Z 173, the last sentence.]

688. I am sure, *sure*, that he isn't pretending; but someone else isn't. Can I convince him? And if not – do I say that he can't think? (The conviction could be called "intuitive".) [Cf. *PI* II, xi, p. 227f.]

689. Instinct comes first, reasoning second. Not until there is a language-game are there reasons.

690. Am I saying something like, "and the soul itself is merely something about the body"? No. (I am not that hard up for categories.)

691. You can vary the concept, but then you might change it beyond recognition.

692. Even if we vary the concept of pretence, its inwardness must still be kept, i.e. the possibility of a confession. But we don't always have to believe a confession, and a false confession is not necessarily deception.

693. Concepts other than though akin to ours might seem *very* queer to us; namely, a deviation from the usual in an unusual *direction*. [Z 373.]

694. "You're all at sea!" we say, when someone doubts the genuineness of something we recognize as clearly genuine.
      "You're all at sea" – but we cannot prove anything. [Cf. *PI* II, xi, p. 227g.]

695. Soulful expression in music – this cannot be recognized by rules. Why can't we imagine that it might be, by other beings? [Z 157.]

696. It would make a strange and strong impression on us were we to discover people who knew only the music of music boxes. We would perhaps expect gestures of an incomprehensible kind, to which we wouldn't know how to react.

697. "The genuineness of an expression cannot be proved." "One has to feel it." But what does one go on to do with this now? If someone says "Voilà, comment s'exprime un coeur vraiment épris", and if he

er auch einen Andern zu seiner Ansicht bekehrt, – welche weitere Folgen hat es?

Es lassen sich in vager Weise Folgen vorstellen. Die Aufmerksamkeit des Andern wird anders gelenkt. [Vgl. PU II, xi, S. 228a.]

698. Könnte man sich nun vorstellen, daß bei andern Wesen, was bei uns sich nicht beweisen läßt, sich beweisen ließe?

Oder würde es eben dadurch sein Wesen bis zur Unkenntlichkeit ändern?

699. Was für uns wesentlich ist, ist doch die spontane Zustimmung, die spontane Sympathie.

700. 'Diese Menschen hätten nichts Menschenähnliches.' Warum? – Wir könnten uns unmöglich mit ihnen verständigen. Nicht einmal so, wie wir's mit einem Hund können. Wir könnten uns nicht in sie finden.

Und doch könnte es ja solche, im übrigen menschliche, Wesen geben. [Z 390.]

701. "*Wissen* kann man es doch nicht. Man kann es *glauben*. Mit ganzer Seele glauben, aber nicht wissen." Dann liegt der Unterschied *nicht* in der Sicherheit des Überzeugten.

Er muß wo anders liegen; in der *Logik* der Frage.

702. Denke, Leute könnten das Funktionieren des Nervensystems im Andern beobachten. Sie unterschieden dann echte und geheuchelte Empfindung in sicherer Weise. Oder könnten sie doch wieder daran zweifeln, daß der Andere bei diesen Zeichen etwas spürt? – Man könnte sich jedenfalls vorstellen, daß, was sie da sehen, ihr Verhalten ohne alle Skrupel bestimmt.

Und nun kann man dies doch auf das äußere Benehmen übertragen. [Z 557a, b.]

703. Es gibt wohl den Fall, daß Einer mir später sein Innerstes durch ein Geständnis aufschließt: aber, daß es so ist, kann mir nicht das Wesen von Außen und Innen erklären, denn ich muß ja dem Geständnis doch Glauben schenken.

Das Geständnis ist ja auch etwas Äußeres. [Z 558.]

704. Die Menschen, die das Funktionieren der Nerven sehen können: *Muß* ich mir denken, das Innere könne sie doch zum besten haben? Das heißt aber: Kann ich mir nicht doch äußere Zeichen denken, die mir zum *sicheren* Urteil über das Innere ausreichend schienen?

also converts someone to his viewpoint, – what are the further consequences?

In a vague way consequences can be imagined. The other one's attention gets a new direction. [Cf. *PI* II, xi, p. 228a.]

698. Can we imagine that something unprovable to us could be proved to other beings?

Or would that change its nature to the point of its being unrecognizable?

699. What is essential for us is, after all, spontaneous agreement, spontaneous sympathy.

700. 'These men would have nothing human about them.' Why? – We could not possibly make ourselves understood to them. Not even as we can to a dog. We could not find our feet with them.

And yet there surely could be such beings, who in other respects were human. [Z 390.]

701. "But no one can *know* it. One can *believe* it. Believe it with all his heart, but not know it." Then the difference is *not* to be found in the certainty of the one who is convinced.

It must be found elsewhere; in the *logic* of the question.

702. Imagine that people could observe the functioning of the nervous system in others. In that case they would have a sure way of distinguishing genuine and simulated feeling. – Or might they after all doubt in turn whether someone feels anything when these signs are present? – What they see there could at any rate readily be imagined to determine their reaction without their having any qualms about it.

And now this can be transferred to outward behaviour. [Z 557a, b.]

703. There is indeed the case where someone later reveals his inmost heart to me by a confession: but that this is so cannot offer me any explanation of outer and inner, for I have to give credence to the confession.

For confession is of course something exterior. [Z 558.]

704. Men who could see the functioning of the nerves: Do I *have* to suppose that even they could be outwitted by the 'inner'? But that means: Can't I imagine outward signs which would seem to be sufficient for making a *sure* judgment about 'the inner'?

705. Aber nun sag: "Es könnte ja doch Einer etwas fühlen, auch wenn die physiologischen Zeichen ganz dagegen sprächen." Nun, dann haben eben die einen andern Begriff, die *diese* Skrupel nicht kennen.

706. Denk dir, es würden die Leute eines Stammes von früher Jugend dazu erzogen, *keinerlei* Gemütsausdruck zu zeigen. Er ist für sie etwas Kindisches, das abzutun sei. Die Abrichtung sei streng. Man redet von 'Schmerzen' nicht; schon erst recht nicht in der Form einer Vermutung "Vielleicht hat er doch . . .". Klagt jemand, so wird er verlacht oder gestraft. Den Verdacht der Verstellung gibt es gar nicht. Abrichtung zum ausdruckslosen, monotonen Reden, zu regelmäßigen Bewegungen. [Außer dem letzten Satz: Z 383.]

707. Ich will sagen: eine ganz andere Erziehung, als die unsere, könnte auch die Grundlage ganz anderer Begriffe sein. [Z 387.]

708. Denn es würde hier das Leben anders verlaufen. – Was uns interessiert, würde *sie* nicht interessieren. Andere Begriffe wären da nicht mehr unvorstellbar. Ja, wesentlich andere Begriffe sind nur so vorstellbar. [Z 388.]

709. Nicht darauf sehen wir, daß die Evidenz das Gefühl des Andern nur wahrscheinlich macht, sondern darauf, daß wir *dies* als Evidenz für irgend etwas betrachten, daß wir auf *diese* verwickelte Art der Evidenz eine Aussage bauen, daß *sie* also in unserm Leben eine besondere Wichtigkeit hat und durch einen Begriff herausgehoben wird. [Vgl. Z 554.]

710. "Verstellen", könnten jene Leute sagen, "was für ein lächerlicher Begriff!" [Z 384, der erste Satz.]

711. Der feste Glaube (an eine Verheißung z.B.) – ist er weniger sicher als die Überzeugung von einer mathematischen Wahrheit? – (Aber werden dadurch die Sprachspiele ähnlicher!) [*Vermischte Bemerkungen*, S. 142.]

712. Könnte nicht das Verhalten, Benehmen, des Vertrauens ganz allgemein unter einer Gruppe von Menschen bestehen? So daß ihnen ein Zweifel an Gefühlsäußerungen ganz fremd ist? [Z 566.]

713. Aber überlege: Warum soll sich Einer verstellen müssen, gibt es nicht andere Möglichkeiten? Kann er nicht träumen? Kann sich die Sache nicht anders verwirren? (*Couvade*.)

705. But now say: "Someone could still be feeling something even if the physiological signs ran completely to the contrary." Well then anyone who is unfamiliar with *these* scruples simply has a different concept.

706. Imagine that the people of a tribe were brought up from early youth to give no expression of feeling *of any kind*. They find it childish, something to be got rid of. Let the training be severe. 'Pain' is not spoken of; especially not in the form of a conjecture "Perhaps he has got . . .". If anyone complains, he is ridiculed or punished. There is no such thing as the suspicion of shamming. Drilling someone to speak expressionlessly, in a monotone, to move mechanically. [Except for the last sentence: Z 383.]

707. I want to say: an education quite different from ours might also be the foundation for quite different concepts. [Z 387.]

708. For here life would run on differently.—What interests us would not interest *them*. Here different concepts would no longer be unimaginable. In fact, this is the only way in which essentially different concepts are imaginable. [Z 388.]

709. That the evidence makes someone else's feelings merely probable is not what matters to us; what we are looking at is the fact that *this* is taken as evidence for something; that we construct a statement on *this* involved sort of evidence, and hence that *such* evidence has a special importance in our lives and is made prominent by a concept. [Cf. Z 554.]

710. "Shamming," these people might say, "What a ridiculous concept!" [Z 384, first sentence.]

711. Steadfast faith (in an annunciation, for instance) – is it less certain than being convinced of a mathematical truth? – (But this makes the language-games more alike!) [*Culture and Value*, p. 73.]

712. Might not the attitude, the behaviour, of trusting, be quite universal among a group of humans? So that a doubt about manifestations of feeling is quite foreign to them? [Z 566.]

713. But consider: Why should a person have to be dissimulating, aren't there other possibilities? Can't he be dreaming? Can't the matter get confused along different lines? (*Couvade*.)

Denk daran, wie oft es unmöglich ist, zu sagen: Einer sei ehrlich, oder unehrlich; aufrichtig, oder unaufrichtig. (Ein Politiker z.B.) Wohlmeinend, oder das Gegenteil. Wieviel dumme Fragen werden darüber gestellt! Wie oft *passen die Begriffe nicht*!

714. Es ist für unsere Betrachtung wichtig, daß es Menschen gibt, von denen jemand fühlt, er werde nie wissen, was in ihnen vorgeht. Er werde sie nie verstehen. [*Vermischte Bemerkungen*, S. 142.]

715. Wir sind gewiß *geneigt*, zu sagen, die Klage sei nur ein Zeichen, ein Symptom des wichtigen Phänomens, welches nur erfahrungs-mäßig mit jenem verbunden sei. Und wenn wir hier auch einen Fehler machen: so muß diese starke Versuchung doch ihre Begründung haben und zwar im Gesetz der Evidenz, welche wir zulassen.[1]

716. Man könnte die Frage stellen: Welcher Art muß das Gesetz der zugelassenen Evidenz sein, damit diese Auffassung uns naheliegt?

717. Man möchte die Antwort geben: die Evidenz müsse schwankend sein. Vielgestaltig?

718. Es gibt verstellten Ausdruck; aber auch für die Verstellung muß es ja Evidenz geben.

Wenn wir auch oft einfach nicht wissen, was wir sagen sollen, so müssen wir doch manchmal einer Meinung zuneigen, manchmal Gewißheit haben.

Es muß also doch das Äußere evident[2] sein.

719. Du sagst, du pflegst den Stöhnenden, weil Erfahrung dich gelehrt hat, daß du selbst stöhnst, wenn du das und das fühlst. Aber da du ja doch keinen solchen Schluß ziehst, so können wir die Begründung durch Analogie weglassen. [Z 537.]

720. Daß der und der Satz keinen Sinn hat, ist in der Philosophie von Bedeutung, aber auch, daß er komisch klingt. [Z 328.]

721. Kann man das 'sich auskennen' ein Erlebnis nennen? Nicht doch. Aber es gibt Erlebnisse charakteristisch für den Zustand des Sich-auskennens und des Sich-nicht-auskennens. (Sich nicht auskennen und lügen.) [Z 516.]

---

[1] Var. "so muß doch dieser Fehler begründet sein im Gesetz der Evidenz, das wir zulassen." / "so muß eben doch der Fehler begründet sein, und zwar durch die Natur der Evidenz, welche wir zulassen."
[2] Im MS "Evidenz". (*Herausg.*)

Just think of how often we can't say: someone is honest or dishonest, sincere or insincere. (A politician, for example.) Well-meaning or the opposite. How many foolish questions get asked here! How often *the concepts don't fit*!

714. It is important for our considerations that there are people of whom someone feels that he will never know what's going on inside them. That he'll never understand them. [*Culture and Value*, p. 74.]

715. We are certainly *inclined* to say that a complaint is merely a sign, a symptom of a different phenomenon, the important one, which is only empirically related to it. And even if we are mistaken here, still there must be a reason for this strong temptation, a reason within the law of the evidence we admit.[1]

716. One might raise the question: What does the law of admissible evidence have to be like for this conception to suggest itself to us?

717. One would like to answer: the evidence would have to be fluctuating. Multiform?

718. There is such a thing as feigned expression; but there must also be such a thing as evidence for the pretence.
    Even though we often simply don't know what to say, all the same we do sometimes have to lean towards one opinion, and sometimes be quite certain.
    So the outward has to be evident.[2]

719. You say you attend to a man who groans because experience has taught you that you yourself groan when you feel such-and-such. But as you don't in fact make any such inference, we can abandon the justification by analogy. [Z 537.]

720. In philosophy it is significant that such-and-such a sentence makes no sense; but also that it sounds funny. [Z 328.]

721. Can 'knowing one's way about' be called an experience? Surely not. But there are experiences characteristic of the condition of knowing one's way about and not knowing one's way about. (Not knowing one's way about and lying.) [Z 516.]

[1] Var. "still the reason for this mistake must be within the law of evidence that we admit."/"still the mistake must have a reason, and that in the nature of the evidence which we admit."
[2] In the MS: "evidence". (*Eds.*)

722. Ist "Ich hoffe . . ." eine Beschreibung eines Seelenzustandes? Ein Seelenzustand hat eine Dauer. Sage ich also "Ich habe den ganzen Tag gehofft . . .", so ist das eine solche Beschreibung. Sage ich aber Einem "Ich hoffe, du kommst" — wie, wenn er mich fragte "Wie lange hoffst du es?"? Ist die Antwort: "Ich hoffe, während ich's sage"? Angenommen, ich hätte auf diese Frage irgendeine Antwort, wäre sie nicht für den Zweck der Worte "Ich hoffe, du wirst kommen" ganz irrelevant? [Z 78.]

723. Ein Schrei ist nicht die Beschreibung eines Seelenzustandes, obwohl man aus ihm auf einen Seelenzustand schließen kann. [Vgl. PU II, ix, S. 189b, c.]

724. Man schreit nicht Hilfe, weil man auf den eigenen Angstzustand aufmerksam ist.

725. Zum 'Beschreiben' gehört das 'Aufmerken'.

726. Beschreibungen sind die Sätze: "Ich fürchte ihn jetzt weniger als früher", "Ich wünsche schon seit langem . . .", "Ich hoffe immer wieder . . .". (Man beschreibt einen Verlauf.)

727. Will ich also sagen, gewisse Tatsachen seien gewissen Begriffsbildungen günstig; oder ungünstig? Und lehrt das die Erfahrung? Es ist Erfahrungstatsache, daß Menschen ihre Begriffe ändern, wechseln, wenn sie neue Tatsachen kennenlernen; wenn dadurch, was ihnen früher wichtig war, unwichtig wird, und umgekehrt. (Man findet z.B.: was früher als Artunterschied galt, sei eigentlich *nur* ein Gradunterschied.)
   ((Zur Betrachtung über den Farbbegriff und anderes.)) [a: Z 352.]

728. Ist der Schrei keine Beschreibung, dann ist es auch nicht der Wortausdruck, der ihn ersetzt. Die Äußerungen von Furcht, Hoffnung, Wunsch, sind keine Beschreibungen. Wohl aber sind das die Sätze: "Ich fürchte ihn jetzt weniger als früher", "Ich wünsche schon seit langem . . .", . . .

729. Was ist die Vergangenheitsform von "Nicht wahr, du kommst!"?[1] [Z 80.]

---

[1] Var. "Nicht wahr, du wirst kommen!"

722. Is "I hope . . ." a description of a state of mind? A state of mind has duration. So if I say "I have been hoping for the whole day . . .", that is such a description. But suppose I say to someone: "I hope you come" – what if he asks me "For how long have you been hoping that?" Is the answer "For as long as I've been saying so"? Supposing I had some answer or other to that question, would it not be quite irrelevant to the purpose of the words "I hope you'll come"? [Z 78.]

723. A cry is not the description of a state of mind, even though a state of mind can be inferred from it. [Cf. *PI* II, ix, p. 189b, c.]

724. One doesn't shout "Help" because he observes his own state of fear.

725. 'Describing' includes 'attending'.

726. These sentences are descriptions: "I'm less afraid of him now than before", "For a long time I've been wishing . . .", "I keep on hoping . . .". (One is describing a way something has been running on.)

727. Do I want to say, then, that certain facts are favourable to the formation of certain concepts; or again unfavourable? And does experience teach us this? It is a fact of experience that human beings alter their concepts, exchange them for others when they learn new facts; when in this way what was formerly important to them becomes unimportant, and *vice versa*. (It is discovered, e.g., that what formerly counted as a difference in kind, is really *only* a difference in degree.)
   ((Re: discussion of the concept of colour and other things.)) [a: Z 352.]

728. If a cry is not a description, then neither is the verbal expression that replaces it. The utterances of fear, hope, wish, are not descriptions; but the sentences "I'm less afraid of him now than before", "For a long time I've been wishing . . .", . . . are descriptions.

729. What is the past tense of "You are coming, aren't you!"?[1] [Z 80.]

---

[1] Var. "You will come, won't you!"

730. Der verworrene Gebrauch der psychologischen Begriffswörter ("denken" z.B.). Wenn das Wort "Violine" nicht bloß das Instrument, sondern manchmal auch den Geiger, die Geigenstimme, den Geigenklang, das Geigenspiel bezeichnete.

731. "Wenn p eintrifft, so trifft q ein" könnte man eine bedingte Vorhersage nennen. D.h.: für den Fall nicht-p mache ich *keine* Vorhersage. Aber darum wird, was ich sage, durch "nicht-p & nicht-q" auch nicht wahrgemacht.

Oder auch *so*: Es gibt bedingte Vorhersagen, und "p impliziert q" ist *keine* solche. [Z 681.]

732. Den Satz "Wenn p eintrifft, so trifft q ein" will ich "S" nennen. – "S oder nicht-S" ist eine Tautologie: aber ist es auch der Satz vom ausgeschlossenen Dritten? – Oder auch so: Wenn ich sagen will, daß die Vorhersage "S" richtig, falsch, oder unentschieden sein kann, wird das durch den Satz ausgedrückt "nicht (S oder nicht-S)"? [Z 682.]

733. Die Verwendung des Wortes "betrachten", "beobachten". Und nun des Ausdrucks "sich selbst betrachten"!

734. "Ich fürchte mich vor ihm" und "Ich pflege mich vor ihm zu fürchten". Aber auch der Ausdruck "Ich pflege . . ." könnte hier *mancherlei* bedeuten. Es könnte aber eine Sprache geben, in deren Konjugationen *viel* mehr Unterschiede als in den uns bekannten Sprachen berücksichtigt werden.

735. Unterschied des *Zwecks* zwischen der Furchtäußerung "Ich fürchte mich!" und dem Furchtbericht "Ich fürchte mich".

736. "Wissen" kann etwas Ähnliches bedeuten, wie "können" (auswendig wissen z.B.), oder aber wie "sicher sein".

737. Niemand außer ein Philosoph würde sagen "Ich weiß, daß ich zwei Hände habe"; wohl aber kann man sagen: "Ich bin nicht im Stande, zu bezweifeln, daß ich zwei Hände habe."

"Wissen" aber wird gewöhnlich nicht in diesem Sinn gebraucht. [a: Z 405; b: Z 406, der erste Satz.]

730. The tangled use of psychological words ("think", for example). As if the word "violin" referred not only to the instrument, but sometimes to the violinist, the violin part, the sound, or even the playing of the violin.

731. "If p occurs, then q occurs" might be called a conditional prediction. That is, I make *no* prediction for case not-p. But for that reason what I say also remains unverified by "not-p and not-q".
   Or even: there are conditional predictions and "p implies q" is *not* one. [Z 681.]

732. I will call the sentence "If p occurs then q occurs" "S". – "S or not S" is a tautology; but is it (also) the law of excluded middle? – Or again: If I want to say that the prediction "S" may be right, wrong, or undecided, is that expressed by the sentence "not (S or not-S)"? [Z 682.]

733. The use of the words "look at", "observe". And then the use of the expression "to look at oneself"!

734. "I'm afraid of him" and "I tend to fear him". But the expression "I tend to . . ." could mean *several things* here. There could be a language in whose conjugations *many* more differences are taken care of than in the languages we know.

735. Difference in *purpose* between the utterance of fear "I'm afraid!", and the report of fear "I'm afraid".

736. "To know" can mean something like "to be able to" (to know by heart, e.g.), or it can mean something like "to be sure".

737. No one but a philosopher would say "I know that I have two hands"; but one may well say: "I am unable to doubt that I have two hands."
   "Know", however, is not ordinarily used in this sense. [a: Z 405; b: Z 406, first sentence.]

ANHANG/APPENDIX

Entsprechungen zwischen Bemerkungen im TS 232 und in *Zettel*, *Philosophische Untersuchungen*, und *Vermischte Bemerkungen*.

Correspondences between Remarks in TS 232 and in *Zettel*, *Philosophical Investigations* and *Vermischte Bemerkungen* (*Culture and Value*).

TS 232 und Zettel

Entsprechungen — Correspondences

TS 232	Z
4	79
15	469a
19	468
20	113
26	618
45 (Ende)	85
46	87
48	84
50	81
51	82
52	83
57	72
58	473
59	474
60	475
61	476
63	472, 483, 621
64	622a
65	623
66	624 Anfang
70	625a
71	625b
72	626
77a	629
80a	Vgl. 627
87a, b, c	630, 631
88b	632
89	633 Anfang
98	634
100	635

TS 232	Z
105	Vgl. 677
110	636
111	637
112	638
113 (der erste Satz)	640
119b	643
123	641
124	642
137	644
138	645
139b	646
140 (der erste Satz)	647
143	535
148	488, 489, 490, 491, 492
150a	Vgl. 532, 533
151	534
152	Vgl. 504
158	500
159	512
161a	501
166a, b	523
167	Vgl. 525
172	Vgl. 496
174	Vgl. 502
178(die ersten drei Sätze)	45
183	100
184	101
186	Vgl. 102
187	103
192b, c	Vgl. 129
194a, b	Vgl. 113; 112
200	114
201	117
202	118
203	Vgl. 98
205	Vgl. 99
206 (der letzte Satz)	115
207	116
212	Vgl. 89b
214	109
215	Vgl. 122
220	110
224 (Ende)	104

TS 232	Z
340	415
341	416
343	409, 410
346	660
348	366
349	367
351	657
352	658
353	659
355	Vgl. 208
392	350
393	351
395	330
403	Vgl. 300
404	301
405	302
406	303
407	304
408	305
409	306
410	307
411	308
413	318
414	319
423	354
424	355
425	356
426	357
427	358
428 (die ersten zwei Sätze)	359
429	362
431	363
432	364
433a	365
437b	353
466	162
467	163
468	164
469	165
470	166
471	167
497	159
498	515, 484

TS 232	Z
499	485
500	168
501	169, 170
502	171
503	172
504	173
505	174
512	673
520	674
521	216
522	217
531	179
548b, c	185
557	182
570	Vgl. 225
571a	Vgl. 183a
572	184
573	180
574a, b	181
575	1, 2b
578	Vgl. 183a
579	Vgl. 183b
582	44
583	661
592	662
593	663
594	664
595	665
596	666
597	667
598	192
605	393
609	570a, c
614	439; vgl. 527
617	543
621	556
622	Vgl. 392
629	567
631	389
632	391
633	Vgl. 571
634 (Anfang)	Vgl. 572
638	380

TS 232	Z
640	381
641	382
645	403
646	404
647	553
648	560
662	573
663	603
664	604
667	564
668	565
669	561
670	562
671	563
672	568
673	569
679	375
680	378
681	379, 380 (der letzte Satz)
682	555
683	374
687	Vgl. 173 (der letzte Satz)
693	373
695	157
700	390
702	557a, b
703	558
706	383
707	387
708	388
709	Vgl. 554
710	384 (der erste Satz)
712	566
719	537
720	328
721	516
722	78
727a	352
729	80
731	681
732	682
737	405, 406 (der erste Satz)

TS 232	PU
36	II, xi, S. 200e
358	II, xi, S. 209b
416	Vgl. II, x, S. 192e
419	II, x, S. 191f
434	Vgl. II, xii, S. 230c
445	Vgl. II, xi, S. 210–211
446	II, xi, S. 211a
449	Vgl. II, xi, S. 207b
451	Vgl. II, xi, S. 207e
452	II, xi, S. 200a
453	Vgl. II, xi, S. 200b
463	II, xi, S. 198d
472	II, xi, S. 212f
483b	Vgl. II, xi, S. 208e
484	II, xi, S. 208e
485	II, xi, S. 208f
486	II, xi, S. 209a
488	II, xi, S. 213b
489	Vgl. II, xi, S. 214f
491	Vgl. II, xi, S. 213a
492	Vgl. II, xi, S. 208b
494	II, xi, S. 213c
495	II, xi, S. 213d
519	II, xi, S. 210e
526	II, xi, S. 195d
535	Vgl. II, xi, S. 206d, e
538	II, xi, S. 208c
543	Vgl. II, xi, S. 213c
546	II, xi, S. 212d
556a	Vgl. II, xi, S. 193a
566	Vgl. II, xi, S. 224c
567a	II, xi, S. 224d
569	II, xi, S. 223g
612	Vgl. II, xi, S. 228f–229
613a	II, xi, S. 229c
688	Vgl. II, xi, S. 227f
694	Vgl. II, xi, S. 227g
697	Vgl. II, xi, S. 228a
723	Vgl. II, ix, S. 189b, c

INDEX

Die Nummern beziehen sich auf die
Nummern der Bemerkungen.

INDEX

*The numbers refer to the
numbers of the remarks.*